"山西传媒学院'1331工程'校级出版资金专项资助项目"学科建设专著

传统文化参与中国电视
文化身份建构的路径研究

赵娅军 著

中国社会科学出版社

**图书在版编目 (CIP) 数据**

传统文化参与中国电视文化身份建构的路径研究/赵娅军著.
—北京：中国社会科学出版社，2020.8
ISBN 978 - 7 - 5203 - 6049 - 4

Ⅰ.①传… Ⅱ.①赵… Ⅲ.①传统文化—关系—电视工作—研究
—中国 Ⅳ.①G229.2

中国版本图书馆 CIP 数据核字 (2020) 第 034405 号

| 出 版 人 | 赵剑英 |
|---|---|
| 责任编辑 | 陈肖静 |
| 责任校对 | 刘 娟 |
| 责任印制 | 戴 宽 |

| 出 版 | 中国社会科学出版社 |
|---|---|
| 社 址 | 北京鼓楼西大街甲 158 号 |
| 邮 编 | 100720 |
| 网 址 | http://www.csspw.cn |
| 发 行 部 | 010 - 84083685 |
| 门 市 部 | 010 - 84029450 |
| 经 销 | 新华书店及其他书店 |

| 印 刷 | 北京明恒达印务有限公司 |
|---|---|
| 装 订 | 廊坊市广阳区广增装订厂 |
| 版 次 | 2020 年 8 月第 1 版 |
| 印 次 | 2020 年 8 月第 1 次印刷 |

| 开 本 | 710×1000 1/16 |
|---|---|
| 印 张 | 15.5 |
| 插 页 | 2 |
| 字 数 | 195 千字 |
| 定 价 | 78.00 元 |

# 目　录

摘要…………………………………………………………………（ 1 ）

导论…………………………………………………………………（ 1 ）

    一　问题的提出…………………………………………………（ 1 ）

    二　研究综述……………………………………………………（ 7 ）

    三　研究内容及研究方法………………………………………（19）

第一章　传统文化参与中国电视文化身份建构的

        必然性分析……………………………………………（21）

  第一节　传统文化………………………………………………（21）

    一　文化…………………………………………………………（21）

    二　传统文化……………………………………………………（25）

  第二节　中国电视文化身份建构寻求传统文化的必然………（28）

    一　传统文化是中国电视发展的资源库………………………（28）

    二　传统文化是中国电视保持民族性的支柱…………………（37）

    三　传统文化是中国电视建构"想象共同体"的

       必然之选………………………………………………………（41）

  第三节　传统文化建构中国电视文化身份的可行性分析……（45）

    一　传统文化传承方式被动改变………………………………（46）

二 电视的特殊属性为传统文化提供了新的传播平台…… (49)

三 电视媒介与传统文化的美学共通性……………… (55)

第二章 传统文化参与建构中国电视文化身份的环境分析…… (61)

第一节 宏观环境分析………………………………… (62)

一 政治环境………………………………………… (63)

二 经济环境………………………………………… (69)

三 文化环境………………………………………… (75)

四 技术环境………………………………………… (82)

第二节 微观电视环境分析…………………………… (84)

一 版权引进与原创稀缺…………………………… (85)

二 泛娱乐化与"众神狂欢"……………………… (90)

第三章 传统文化参与电视文化身份的内容建构:以传统文化

类电视栏目为例………………………………… (96)

第一节 《百家讲坛》:文化走下神坛………………… (99)

一 讲坛内容的转变………………………………… (99)

二 讲述方式的转变………………………………… (106)

三 后期包装的转变………………………………… (111)

第二节 《汉字英雄》等:开启益智新风尚…………… (113)

一 独特的价值主张与传播内容…………………… (116)

二 精巧的赛制设置与题目设计…………………… (119)

三 深度的选手挖掘与专家参与…………………… (122)

第三节 《传承者》:民间文化守望者………………… (126)

一 传承项目丰富多样……………………………… (127)

二 多重视角………………………………………… (129)

三 表现手段多元化………………………………… (132)

**第四章 传统文化参与中国电视文化身份的思想建构:**

**以电视剧为例** …………………………………………（141）

第一节 中国传统思想在电视剧中的艺术呈现 …………（143）

　一 爱国主义 ………………………………………（143）

　二 刚健自强 ………………………………………（153）

　三 人伦和谐 ………………………………………（161）

第二节 传统文化电视剧呈现的现存问题 ………………（172）

　一 粗制滥造 格调低下 …………………………（173）

　二 后宫争斗 价值扭曲 …………………………（177）

　三 伦理失范 导向错误 …………………………（180）


**第五章 传统文化参与电视文化身份的美学建构:**

**以大型综艺晚会为例** …………………………………（187）

第一节 央视"中秋晚会":全息山水景观晚会的美学创新 …（191）

　一 历史文化名城的选择意义 ……………………（193）

　二 精湛的舞美设计 ………………………………（195）

　三 节目内容的选择与晚会编排的中国风格 ………（200）

　四 技术手段营造的中国意味 ……………………（201）

第二节 北京奥运会开幕式央视直播的美学建构分析 ……（204）

　一 开幕式中的传统美学思想 ……………………（207）

　二 诗乐舞画相结合的传统美学意象 ……………（213）

　三 传统美学的现代技术表达 ……………………（216）


**结论** ………………………………………………………（222）


**主要参考文献** …………………………………………（225）

# 摘　　要

　　麦克卢汉在 20 世纪曾预言地球将会是一个村落，到今天已然成为现实。全球的紧密联系不单体现为物质商品的交换，而且更体现为信息的快速传播，在数字技术极其发达的今天，信息传播的速度前所未见。电视作为一种影像传播媒介，在信息传播当中发挥着无可替代的作用。

　　文化交流看似没有直接的经济和政治方面的目的，但是，一个国家在文化交流当中的独特身份和地位却潜在地影响着经济和政治方面的利益。在今天，消费成为拉动经济发展的重要动力，而消费不是简单的对物品的使用价值的消耗，如鲍德里亚所言，"消费也是符号的占有和接受"，因此文化对经济和政治的影响几乎不容置疑。美国学者在 20 世纪晚期提出"文化软实力"这个概念，便道出了文化与经济、政治之间前所未有的紧密关系，以及对别国的文化扩展将带来无法估量的经济和政治的利益。当电视这种媒介依靠数字技术而变得无所不在时，文化的扩展就轻而易举，人们不需要把物质产品运输到另一个地方，而只需要将影像复制传输，一个地方的人群就可以了解到别样的文化。所以，电视对于文化交流厥功至伟。

　　在 21 世纪没有哪个发达国家不是竭力树立自身文化形象的，尽可能发挥文化的影响力。显然发展中国家往往要付出更大的努力，因为它们首先面临的是发达国家文化产品的入侵，民众甚至会对自己的文化传统感到羞愧和怀疑从而试图彻底抛弃，这又连带导致国家经济和政治陷入被动。

中国在全球化的浪潮中也被裹挟着带入全球文化交融的漩涡之中，中国人广开文化大门欢迎八方来客，这种开放的心态无可厚非，因为中华文化的形成历史就是不断吸纳外来文化的过程。然而，由于近代中国在经济上的落后使得中国人在文化上也对本民族的文化产生了不自信，甚至还总是不由自主地向西方看齐。

20世纪末到21世纪初，中国电视同样经历了这样的过程。在节目形式上模仿西方、购买版权，直接舶来西方的电视节目；在内容上回避中国社会存在诸多问题的现实，而将镜头对准了大都市男女活色生香的精彩生活。加之大众文化以铺天盖地之势呼啸而来，为了追求收视率，精英向大众投降、深刻向肤浅缴械、责任向娱乐让步，中国电视上出现了大量思想浅薄、内容匮乏、娱乐至上的"三俗"节目，电视的舆论监督、思想教化的功能完全被忽视，致使很多有识之士认为电视仅是无聊的人打发时光的工具而很少打开电视。在这样的情形之下，中国电视逐步丧失了自己独立的身份，在全球的平台上找不到立足的位置。

进入21世纪以来，权利核心层和主流意识形态对"文化软实力"日渐重视，将文化繁荣提升到关系中华民族伟大复兴的高度，中国电视界开始了对自身文化及建构路径的回顾整理和摸索探寻。于是，一批具有鲜明民族特色的电视节目在屏幕上出现，涌现出以《百家讲坛》《中国汉字听写大会》《传承者》为代表的以传统文化为主要符号的电视栏目；以《康熙大帝》《闯关东》《大秦帝国》等弘扬中华优秀传统思想的电视剧；以央视"全息山水景观晚会"——央视"中秋晚会"等为代表的电视综艺晚会。这些电视节目分别从内容、思想、美学诸方面进行了中国电视"民族性"

的有益探索，使中国电视人认识到中国电视身份构建必须从中国传统文化中寻找表现内容和表现形式。

本文从中国电视文化身份建构的现实问题出发，通过对传统文化与当代中国电视结合的必然性考量，在分析电视媒介环境的基础上，对传统文化参与中国电视文化身份建构的途径进行了细致分析。全书共分为五章，并对"传统文化参与中国电视文化身份建构的路径"问题进行了论述。

第一章重点分析了传统文化与当代电视结合的必然性与可行性。一方面，中国电视要建构自身的独立文化身份必须向传统文化寻找资源支持，传统文化是中国电视保持民族性的支柱，也是建构"想象共同体"的必然之选；另一方面，传统文化赖以存在的土壤和生态环境在今天受到冲击，生存空间被挤压，传统文化被迫只能改变自己的传承方式。电视作为目前拥有最多受众的大众媒体拥有巨大的传播力和影响力，对传统文化具有巨大的吸引力，这为传统文化参与电视文化身份建构提供了可能。所以，无论从电视角度看，还是从传统文化角度出发，二者的结合都实属必然。

第二章从媒介环境入手，对中国电视的宏观政治环境、经济环境、文化环境、技术环境和电视本身的微观环境进行了分析，通过分析得出以下结论：当前，中央高度重视文化发展的政治环境、主流文化和精英文化在电视文化身份建构方面的高度契合的文化环境、电视产业化快速发展、技术的成熟与完善等，都为传统文化参与中国电视文化身份建构提供了有利的环境。然而不容乐观的是，从微观层面看，中国电视还存在着一定程度依靠版权引进、原创节目稀缺、电视娱乐化倾向明显等问题。宏观有利的环境背景与微观上不尽如人意的电视表现，使得中国电视文化身份建构越发显得必须与紧迫。

第三章以电视在 21 世纪以来出现的、以优秀传统文化中可直接呈现的内容为节目主体的电视栏目为载体，重点分析了使文化走下神坛的《百家讲坛》、开启益智新风尚的《汉字英雄》、民间文化守望者《传承者》等栏目，对传统文化参与电视文化身份的内容建构路径进行了探析，并指出内容建构是中国电视文化身份建构的基础。

第四章通过对多部优秀电视剧的分析，总结出 21 世纪以来电视剧对传统文化中爱国主义、刚健自强、人伦和谐等优秀思想的传承方式，同时也对传统文化在电视剧呈现过程中突出的粗制滥造、格调低下问题，价值扭曲、导向错误问题，伦理失范等问题做出了较详尽的分析。通过近 20 年来电视剧在传播传统文化方面的经验和教训，对传统文化参与电视的思想建构途径进行了论述，并指出思想建构是中国电视文化身份建构的核心。

第五章以央视"中秋晚会"和北京奥运会的电视直播为对象，通过对晚会地点的选择、精湛的舞台设计、中国风格晚会编排的分析，对央视"秋晚"的"全息山水景观晚会"的美学创新进行了论述；通过对北京奥运会开幕式中蕴含的传统美学思想、诗乐舞画结合的传统美学意象、传统美学的现代技术表达的分析，对北京奥运会开幕式央视直播的美学建构进行了论述。最后总结出中国电视美学身份的建构必须依靠中国传统美学思想和具体路径之所在，并指出美学建构是中国电视文化身份建构的关键。

通过对传统文化参与中国电视文化身份建构的路径研究可以看出，无论从内容层面、思想层面还是美学层面，传统文化都可以为中国电视建构自身的文化身份提供重要元素。在传统文化基础上塑造形成的中国电视的崭新身份一定可以具有自己的独立性与标识性，从而在世界舞台上拥有一席之地。

【关键词】中国电视　文化身份　传统文化　传承路径

【论文类型】基础

# 导　　论

## 一　问题的提出

电视是 20 世纪人类最伟大的发明之一，电视的出现给人类带来了莫大的惊喜，人类第一次摆脱了时间与空间的限制，使"过去"可以呈现在"现在"，使千里之外发生的事情可以呈现于咫尺之间。首先，电视的出现改变了人们获取信息的方式。在电视出现之前，人们通过口耳相传的人际交往、纸质媒体，以口头传播、报纸、书籍等为媒介的方式获取信息。电视出现之后，人们会选择打开电视收看新闻。即使到互联网已经全面覆盖的今天，每当重大事件出现的时候，有相当一部分人依然会选择打开电视获取相关的信息。因为电视给人的除了信息之外还有公信力，也就是说，有许多人认为电视上播出的内容是"真"的，是可信度更高的。其次，电视的出现改变了人们的生活方式。电视出现后人们改变了很多原来的生活习惯，比如回到家之后就会打开电视，即使不收看电视，也依然会让电视发出声响，起到"陪伴"的作用。还有为数不少的个人或家庭在晚饭之后习惯打开电视，消磨时光。20 世纪末期，中国多部电视剧之所以能产生"万人空巷"的播出效果，也正是因为当时的人们有晚饭后打开电视的收视习惯。再次，电视的出现也改变了人们的某些习俗，比如在电视出现之前的漫长岁月中，中国人在除夕夜都会与家人围坐一起"守岁",但 1983 年中央电视台开播首届春节联欢晚会,未曾想,临时的动议产生了巨大的传播影响力,进而成为主流意识认可和倡导的、特别是为民众认可和接受的、习惯性地镶嵌和融入传统节庆民俗生活中的一个固化的节目。之后在除夕之夜全家人围坐电视机前观看春节晚会已成为春节民俗活动中一道必不可少的"大餐"。作为"仪式"的除夕守岁方式被改变,有民俗专家甚至提出,将春晚纳入现代民俗研究的主要"主题",将它和"守岁"等主题并列为春节民俗的"规定动作",可见,电视、春晚对于民俗和民众生活影响之深远。最后,电视的出现甚至改变了人们的思维方式,纸媒时代人们需要用更多的理性思维参与对铅字的解读,因而被尼尔·波兹曼称为"阐述时代"。在电视为"元媒介"的时代,这一情况出现了颠覆性的改变,人们在收看电视时理性思维参与度较低,更多的是接收一帧帧快速变化的画面,这种接收没有阐述、没有解释,只有被动的接受。此间,人们的思维习惯在一定程度上被改变。

麦克卢汉说"媒介即讯息",尼尔·波兹曼也说:"和语言一样,每一种媒介都为思考、表达思想和抒发情感的方式提供了新的定位,从而创造出独特的话语符号。"① 电视创造出的话语符号不仅在表征着这种媒介的与众不同,而且在很多方面改变着人类的习惯。除了上面我们论及的四点之外,电视的出现也改变着人类文化的传承方式。在电视出现之前,文化的传承主要通过文字文献记载、教育和日常口头相授等方式进行,或是口口相传,或是手手相传。电视出现之后,因其独特的技术属性,使文字与图像、意义与形象能够完美地结合在一起,使字、形、义、象能合而为一,使形象与意义能得以立体呈现,从而迅速成为文化传承新的重要载体。

① [美]尼尔·波兹曼:《娱乐至死》,章艳译,中信出版社 2015 年版,第 11 页。

我们一起来回顾一下改革开放之后，尤其是进入21世纪以来，电视与中国传统文化结合产生的电视盛世：

2005—2006年，曾经一度名不见经传的讲坛类节目《百家讲坛》突然走红，不仅一时万人空巷，而且"捧红"了于丹、易中天、纪连海等一大批"学术明星"，引起了全中国各个阶层的广泛关注，同时引发了深远的影响。不仅多家地方电视台纷纷效仿，先后推出此类节目，同时通过《百家讲坛》而被大家熟知的学者们将讲坛中的讲义整理出版也纷纷取得了巨大成功。比如易中天的《品三国》在2006年5月进行无底价竞拍，上海文艺出版社最终以首批印量55万册、14%的版税获得《品三国》书稿的出版权，打破了中国出版界版税纪录。[1] 再比如于丹的《论语心得》首次印数就是60万册，两年间发行总量超过500万册。[2] 后续的《庄子心得》，在北京现场共签售图书超过1.5万册，购书者竟排出几百米的长队。[3] 这些都一再证明了《百家讲坛》取得的巨大成功。但这不仅是《百家讲坛》一个栏目的成功，更是电视媒体的成功；这既是传统文化之幸，更彰显了电视作为第一媒体的巨大影响力和魅力。

2008年8月8日，第二十九届奥运会在北京的国家体育场如期开幕，中国人的百年奥运梦终于梦圆。当晚的国家体育馆座无虚席，但现场毕竟容量有限，只能容纳不到10万观众，更为多数的观众是通过电视媒介收看奥运会开幕盛况的。据统计，通过CCTV、NHK、BBC、NBC等14家全球主流电视媒体，近40亿名观众共同分享了"同一个地球，同一个梦想"的宏大主题，共襄盛举。2008年8月9日CMS媒介研究所发布的数据显示，中国有8亿4千万人通过电视

---

[1] 数据来源：人民网新闻2006年5月23日，http://culture.people.com.cn/GB/22219/4393885.html。

[2] 数据来源：《新京报》2008年11月28日。

[3] 数据来源：中国经济网，2007年3月4日。

观看了北京奥运会开幕式，创下了自中国国内有收视率调查以来的新的最高纪录。在李宁以"夸父追日"般的姿态环绕鸟巢一周点燃奥运圣火的时间段，收视份额一度攀升到90%。① 当天美国全国广播公司（NBC）也宣布，美国电视观众非常喜爱独具中国特色的北京奥运会开幕式，开幕式的收视率达到21.5%。这一数据仅次于美国本土举办的亚特兰大奥运会开幕式27%的收视率，超过了其他任何在美国以外举行的奥运会开幕式。②

自2013年暑期以来，一批以中国传统文化为主要题材和内容的传统文化类电视综艺节目在中央电视台和各大省级卫视联袂登场，在电视屏幕上再次刮起了"传统文化风"。《中国汉字听写大会》在2013年暑期的8月2日晚间亮相央视10套之后，迅速吸引了大众的眼球，也引发了网络上的关注，节目播出后短短几小时之内有关该栏目的微博话题就跃居电视节目评论话题排行榜之首。当年10月18日晚，CCTV-10和CCTV-1并机播出了《中国汉字听写大会》第一季的总决赛。据第二天公布的重点节目全国平均收视率统计数据显示，总决赛的收视率达到2.6%，排在同时段的第一位，收看人数达到1.2亿。③ 之后从2013年后半年起，河南卫视的《汉字英雄》与《成语英雄》陆续开播，河北卫视的《中华好诗词》、云南卫视的《中国灯谜大会》、贵州卫视的《最爱是中华》、江西卫视的《挑战文化名人》也先后登台亮相，央视在《中国汉字听写大会》之后又先后打造了《中国成语大会》《中国谜语大会》和《中国诗词大会》。此类节目均取得了不错的收视成绩，也收获了良好的社会效应。一些中小学校甚至把收看《汉字英雄》和《中国汉字听写大

---

① 数据来源：《中国体育报》2008年8月11日。
② 同上。
③ 张爱凤：《2013—2014国内原创电视文化节目建构的多元认同》，《现代传播》2014年第8期。

会》等当成暑假作业。通过巧妙设计编排的节目不仅吸引了中小学生的目光，同时也唤起了很多成年人对汉语的热爱和重视，在民间悄然掀起了学习和传播传统文化的热潮。电视又一次将橄榄枝伸向了传统文化，传统文化又一次与电视亲密接触。

除此之外，从 20 世纪 80 年代中期到 90 年代末期的十余年间，中国古典四大名著《西游记》《三国演义》《红楼梦》《水浒传》都被陆续搬上电视荧屏，并取得了巨大的成功，其中最后被搬上电视的《水浒传》的收视率最高时接近 50%。进入 21 世纪之后，四大名著又在 2010—2011 年被陆续集中翻拍，同样引起了社会的广泛关注。除了文学古典名著，21 世纪以来，我国又拍摄了多部表现帝王将相丰功伟绩内容的历史正剧，取得了不俗的收视效果和良好的社会反响。根据二月河小说改编的《雍正王朝》《康熙大帝》以及《汉武大帝》《成吉思汗》等均取得了不俗的电视收视率，而且在社会上引起广泛评论，掀起一次次自发的"汉史热""明史热""清史热"，并带动相关图书和音像产品的热销，这中间电视媒体厥功至伟，不可小觑。

再往前看，20 世纪 80 年代，从《丝绸之路》开始，到《望长城》结束，以"山、路、河、墙"为线索和意象的文化纪录片，利用电视的声画技术，将能代表中华民族悠久传统文化的典型形象立体化、丰富化、深刻化，在"文化大革命"之后的文化寻根时期，成为国人重塑精神可以依托的"文化之根"，观众收看热情高涨。其中《话说长江》从 1986 年 7 月 5 日播出到 1987 年 3 月 28 日结束，历时 8 个半月，观众不仅收看热情高，而且还积极参与节目的内容设计，其中关于运河污染的一集就是在观众来信建议下制作的。同时，《话说长江》的主题曲《长江之歌》以其磅礴大气的词曲激荡起国人强烈的民族自信心和自豪感，至今唱来仍余音绕梁。

无论是《百家讲坛》、北京奥运会开幕式的电视转播，还是《话说长江》《望故乡》，都是电视与传统文化联姻的成功案例。从中我们看到了传统文化与电视节目结合的可能性以及巨大潜力。

在有感于中国电视与中国传统文化结合产生的巨大能量的同时，我们来重新审视一下中国电视所处的时代背景。就像麦克卢汉所预言的那样，地球已经成为"地球村"，各国之间的"距离"从未像今天如此接近。这种接近带动了国与国之间在政治、经济、贸易上的相互依存，同时也带来了不同文化之间的亲密接触。但这种接触给不同的国家和地区带来了不同的后果，经济强国在向经济较落后的国家输出先进的科技成果、物质文明之际，也一并输出了他们的精神文化产品。而经济相对落后的国家则在吸收外来经济产业、科技成果时也一并接受（有意或无意）了经济强国的文化。

1840 年之后，中国由于国力的衰退、科技的落后，在经济上与西方发达国家出现了很大的差距。从 19 世纪末，中国人就开始向西方学习，不管是"中学为体、西学为用"的引进，还是"五四"运动提出的"德先生"与"赛先生"，都在一定程度上反映了国人对于自身文化的不自信。中华人民共和国成立后，我们又事事向"苏联老大哥"看齐，我们民族的瑰宝被大家有意识或者无意识地"忽视"了，这种情况一直持续到改革开放之初。经过改革开放 40 多年的努力，中国从贫穷落后的弱国一跃成为世界第二大经济体。2010年，人均国民总收入跻身国民收入中等偏上国家行列。与经济增长相伴而生的是我国与其他国家的交流也日益频繁起来。在这当中有些人出现了"外国的月亮圆"的心态，于是肯德基、麦当劳、阿迪达斯、耐克、美国大片、香奈儿、兰蔻等外国产品席卷了中国大地。中国电视发展过程中也出现过类似的情况，亦步亦趋地模仿西方节目，出现了"日韩学欧美、港台学日韩、央视学港台、地方台学央视"的现象。近几年，国内综艺节目又开始大规模购买国外节目的版权进行外来节目的移植，其中也出现了种种水土不服等现象。而这个过程中，中国电视文化身份始终面目模糊、无法辨认。更为严重的是，由于中国电视等媒介文化身份的模糊，使得中国在国际上的形象主要由西方国家来塑造和描述，中国文化在国际范围内经常处于"缺席"和"失语"状态。就像爱德华·W. 萨义德说，随着殖民主义的扩张，西方人对于东方文化的偏见也随之而来，西方人总是以一种西方中心主义的眼光来审视东方文化，从而制造了一个歪曲变形的"东方"，而东方在这一过程中却成为一个无法言说自己的"沉默的他者"。①

中国电视该如何保存自己的独立性？中国电视面对扑面而来的外来文化时该如何保持文化身份的独立性？答案还需要从中国自身来找。身份理论告诉我们，只有在异于自身的"他者"的对照之下，身份才能得以确立。中国电视也只有在外来文化的参照之下，寻找到不同于"他者"的因素才能得以确立自身的文化身份。这其中最大的"不同于他者"的因素，就是中国所独有的悠久的传统文化。所以从这个意义上来讲，选择传统文化参与电视文化身份建构是当代中国电视建构自身文化身份的必然路径。那么，传统文化在学理上是否具有建构中国电视文化身份的可能性呢？传统文化建构电视文化身份的媒介环境又如何呢？传统文化电视传播的路径又有哪些呢？本课题的开展就是希望对以上几个问题做一番深入的探讨和分析。

## 二　研究综述

（一）关于身份研究

1. 关于身份。"身份"一词最早源自于拉丁词语"iedm"，后来

---

①　蒙象飞：《中国国家形象建构中文化符号的运用与传播》，博士学位论文，上海外国语大学，2014年，第32页。

发展成为拉丁词汇"identities"，包含两方面基本意思：一是身份；二是认同。国内对"identities"一词的译法并不统一，比较常见的译法有"身份""认同""身份认同""自我认同""自我身份""文化身份"等。译法不同侧重也不同，译为"认同""自我认同"时突出同一性，译为"身份""自我身份""文化身份"时则强调差异。身份概念涉及对我（我们）是谁和我（我们在哪里）的反思与自我与他人或内群（in-group）和外群（out-group）的界定与划分，在"球土化"时代到来之际民族—国家完整性在一定程度上受到挑战，所以从 20 世纪这一概念在理论研究中被提出后，几十年间身份理论被广泛应用于多个研究领域，成为人文社会科学领域中共同的主题。文中主要取"身份"概念，侧重强调中国电视的民族性，突出与异质文化语境中电视的差别。

关于身份的研究最早开始于哲学领域，表示变化中的同态或差别中的同一问题。在 20 世纪 40 年代，美国心理分析学家埃里克森将这一概念引入社会心理学研究领域，他在《儿童期与社会》中将"identity"与"identity crisis"列为自己论述的主题，将之作为社会心理分析的一个技术术语来使用。埃里克森的论述中主要有三方面的观点：第一，他认为因为现代社会从本质上是不断变化的、矛盾的和不确定的，所以认同危机（identity crisis）已经是现代人的典型的传记性危机。第二，埃里克森提出认同危机之所以出现，主要是由于青少年青春期出现自我概念的混乱和不稳定造成的，这明显区别于此前弗洛伊德的"人格发展决定于其早期经历"的观点。第三，埃里克森指出身份问题主要是对"自我"和"他者"关系的拷问，所以对个人和群体同样适用。奈尔森·福特（Nelson Foote）深受符号互动论的影响，他将人的认同动机解释为对某一群体认同的结果。斯特劳斯在 1959 年出版《镜子与面具：关于认同的研究》一书，他通过融合符号互动论和社会组织的观点，将研究的重点放在人们相互之间如何联结在一起以及如何通过这种联结而相互影响。

随着各种经典社会学理论、现象学研究等都被引入身份研究中，身份理论逐渐走出社会心理学的小天地，在社会学的一般理论研究中都占据了一席之地。在微观层面，有学者研究身份与宗教的关联，有学者研究将身份与社会结构联系，开始进行"族群认同"的研究。在宏观层面，身份认同问题也进入了主流的社会理论中。法兰克福学派代表人物之一的哈贝马斯就试图通过融合弗洛伊德和马克思的理论，得出社会认同是从初级神话和亲族基础发展到当代理性和沟通关系的结论。在哈贝马斯的带动下，越来越多的学者投入身份理论的研究。

2. 关于文化身份。文化身份（Cultural Identity）是身份概念的延伸，主要指个人主体或群体与特定的社会文化的认同。文化身份的概念最早由一些后殖民主义理论家提出，代表人物有加亚特里·斯皮瓦克（Gayatori Spivak）、霍米·巴巴（Homi Bhabha）等。欧洲启蒙运动之后，欧洲人普遍认为启蒙运动建立的工具理性观是优等的，因而对欧洲以外的族群充满了忧虑，认为别的文化代表着混乱、非理性，是次等的他者。

20 世纪 50 年代，在美国黑人和少数族裔文化与白人文化的不断冲突中，一些持有多元文化主义观念的文化精英，以一种边缘的姿态，立足于民族、种族、性别、阶层之中，发起一场旨在实现异质文化间的平等对话的、具有强烈解构色彩的意识形态文化批评理论。后殖民主义理论虽然质疑了西方中心主义所自我宣称的身份的优越感和民族文化身份中的本质主义，但是并不是要解构西方的文化优越身份之后再建一个本质主义的"东方身份"，后殖民主义理论家认为身份不但是被构建的，而是依赖"他者"建立起来的。同时，后殖民主义理论家提出"文化混杂"的概念，来描述文化流动过程中的文化身份问题。霍米·巴巴试图通过对大量具有殖民特征的英语文学文本的分析和解读，寻找定位作品中殖民后殖民场景中的混杂性，他不是依据静态的、僵化的、二元对立的两分法来考虑文化身份，而是关注"文化接触、侵略、融合和断裂的复杂过程的机制"，从而用混杂性理论建构了混杂性的文化身份。霍米·巴巴的理论对第三世界国家在全球化的时代建立自己文化的文化身份及路径有着重要的启示意义。

此外，在理解文化身份问题上，斯图亚特·霍尔在《文化身份与族裔散居》中提出了两种不同思维方式，对后世影响极大。第一种立场是将文化身份视为一个"稳定、不变和连续的指涉和意义框架"，文化身份反映共同的历史经验和共有的文化符码，是一种共有的文化，集体的"一个真正的自我"。第二种对文化身份的立场中，文化身份既是"存在的"，又是"变化的"。他说："我们先不要把身份看作已经完成的、然后由新的文化实践加以再现的事实，而应该把身份视作一种'生产'，它永不完结，永远处于过程之中，而且总是在内部而非外部构成的再现。"① 霍尔本人则更倾向于第二种立场，而第二种立场也对当下我们建立自身文化形象、确立自身文化身份提供了理论根据。

在我国，关于身份的研究在 20 世纪末就开始了，最初停留在引进翻译国外重要理论家的著作，在此基础上进行理解和解读。21 世纪伊始，我国越来越多的学者参与到身份理论的研究之中，并提出不少独到的见解。现阶段，身份研究在我国最主要还是集中在跨文化传播视域下的文学作品的翻译，以及旅居海外的中国作家（如严歌苓等）作品的文化身份分析，在文化研究领域也有周宪、王宁、

---

① ［美］斯图亚特·霍尔：《文化身份与族裔散居》，罗钢、刘象愚主编《文化研究读本》，中国社会科学出版社 2000 年版，第 213—215 页。

石义彬等多位先生进行了一系列的研究工作，并取得了一定的成绩。如清华大学王宁教授打破文学与文化研究之间的壁垒，发表了多篇基于文学文本之上的文化身份理论研究文章，如《文学研究中的文化身份问题》《流散文学与文化身份认同》《叙述、文化定位和身份认同——霍尔·巴巴的后殖民主义批评理论》《重建全球化时代的中华民族和文化认同》等。在其 1999 年发表的《文学研究中的文化身份问题》中就指出文化身份"主要诉诸文学和文化研究中的民族本质特征和带有民族印记的文化本质特征。在比较两种不具有任何事实上影响的文本时，学者们完全可以侧重于比较这两种文化语境下的文学的根本差异，并透过这种本质的差异而寻找某种具有共性和本质特征的相同点，当然这种认同主要是审美上的认同"①。石义彬教授在他的文章中提出，"文化身份兼具历史继承性和发展流变性，一方面它是固有特征的再现和延续；另一方面，它是创造性的生产和建构，总体上表现为一个再现与建构的过程"②。又说，"文化身份不是一成不变的，而是一个动态的社会建构过程。由于文化身份同时还是'固有特征'的延续，所以它还是一个再现过程，是再现过程和建构过程的统一，在再现过程中实现建构或重构"③。由此可见，中国学者在文化认同方面的研究也是卓有成效的。并且大家基本上都认同斯图亚特·霍尔所说的"文化身份是可以被建构"的观点，这一点对本研究的开展意义重大。只有电视文化身份具有建构的可能性，我们才能提出传统文化的电视传播是 21 世纪中国电视建构文化身份的基础和关键。

正如英国伯明翰学派著名学者乔治·拉伦（Jorge Larrain）所

---

① 王宁：《文学研究中的文化身份问题》，《上海文学》1999 年第 4 期。

② 石义彬：《大众传媒在文化身份再现和建构中的角色探究》，《武汉大学学报》（人文社会科学版）2011 年第 1 期。

③ 同上。

说，"无论侵略、殖民还是其他派生的交往形式，只要不同文化的碰撞中存在着冲突和不对称，文化身份的问题就会出现"①。我国文化学者陶东风也曾有如下论述："我们生活在一个不断复杂化的世界，在一个专注于经济增长、自由市场与技术速度与效率的世界上，社会内部的群体最需要的不是物质资源，他们特别需要的是使他们能够把握与解释周围世界和他们在其中的位置的知识资源。"② 在当下各国文化交流日益频繁的语境下，文化身份问题是中国文化与世界其他文化进行交流时必须要给予足够重视的，否则中国文化的独立性将会在一定程度上受到销蚀。环顾现实，我们看到每年圣诞节各大中小城市纷纷装点街道、商场，年轻人在平安夜外出娱乐、彻夜狂欢，平安夜、圣诞节这些原本属于西方的节日在我们年轻人中拥有众多的拥趸。而反观我们的传统节日——春节，很多年轻人感觉没意思。再者，以好莱坞电影为代表的外来大片占据着中国影院的银幕，从国外购买版权的综艺节目充斥着中国电视屏幕。面对这些，我们不得不说关于中国电视文化身份建构的问题是摆在当代中国人，尤其是知识分子面前的一道必须要攻克的难题。

3. 关于电视文化身份。随着身份研究在文化领域如火如荼地展开，众多学者将电视作为建构文化身份的重要途径，切利·巴克所说的"电视是人们建构文化身份最常用的资源之一"，就代表了很多文化学者在论述电视与文化身份的关系时的立场和观点。但就像我国学者邱戈所论述的一样，"媒介是由人来操作和运转的，人对自己的行为甚至意识本身具有一种反思性，当面对某一类行为，如传播行为；或一个特定的对象，如媒介机构时，会产生一种集体性的自

---

① ［英］乔治·拉伦：《意识形态与文化身份：现代性和第三世界的在场》，戴从容译，上海教育出版社 2005 年版，第 194 页。

② 陶东风：《文化研究：西方与中国》，北京师范大学出版社 2002 年版，第 35 页。

反性，正是这种自反性，使媒介具有了对自己传播行为的集体或者机构的反思性，具有了某种集体意识。这样看来，'媒介身份'不全是一种隐喻，也是建立在以人为'媒介灵魂'这样一种扎实的事实基础之上"①。所以媒介本身是有身份的，电视作为重要的媒介形式之一，理所当然具有独立的文化身份。

世纪之交，随着国外电视文化的深入展开和国内身份理论在文学领域的深入进行，我国学者开始进行电视文化身份的研究。其中，2000 年高鑫、贾秀清撰写的《电视文化身份》一文正式拉开了中国关于电视文化身份研究的序幕。高鑫、贾秀清在《电视文化身份》中从俯视、后视、外视、侧视、内视、前视 6 个角度对电视文化身份进行了全息式的观照和审视。在人类文学的整个系统中，"俯视"出电视的全能文化形态；在中国传统文化的基点上，"后视"出电视是传统文化发展链条上现在时段主体形态显著者的聚合文化形态；从社会化生存系统中，"外视"出电视文化的多元文化形态；在各种文化形态的横向队列中，"侧视"出电视文化在逃逸出传统美学范式的前提下，以复制的合法性将传统美学加以现代美学意义上重构的"重构"文化姿态；从电视文化本体"内视"出电视文化的综合文化和边缘文化的形态；从人类文化发展的未来，"前视"出电视文化具有"通天塔"式意义的全球文化的形态。他们的研究为系统全方位地继续研究电视文化提供了新的思路。

四川大学欧阳宏生教授在 2006 年出版的《电视文化学》一书中对电视文化身份也进行了专门章节的分析。首先，他指出"电视作为现代文明的记录者和见证者，自诞生之日起便进入了人类现代文化体系。无论从对电子科技的发展，还是从对社会、对人类的影响

① 邱戈：《媒介身份研究的基本理论框架》，《浙江大学学报》（人文社会科学版）2007年第 5 期。

来看，它都具备了人类世界的文化身份"①。明确提出电视具有独立的文化身份。其次，他在第十章中针对"全球化背景下本土电视文化的身份认定"进行了专门的讨论。欧阳先生分别从超越全球化与本土化的对峙、确立全球化语境中的中国问题意识、坚持全球化语境中的话语身份立场、全球化语境中的跨文化对话几个方面论述了中国电视在全球化语境中自身文化建构的可能性和重要意义。欧阳先生关于电视文化身份的论述对后来的研究者具有直接的指导意义。

此外就是邱戈撰写的《媒介身份论》，系统论述了媒介身份的基本框架、研究范畴和具体研究方法等问题，同时提出媒介研究的未来可能性。但是他的论著将所有的媒介视为研究对象，没有很好地分析不同媒介之间文化身份的差异及建构路径的不同，所以，虽然对后学之辈的电视文化身份研究有一定的启发作用，但是其理论支撑并不十分坚实，尚属探索阶段。

此后明确将电视文化身份定为研究对象的是吉林大学的刘婷博士，她在系统分析中国电视文化身份建构的时代症候的基础上，重点从同一格局的退场与多元化的转向、崇高感的消解与平民意识的提升、泛娱乐化与文化价值重构、中国情味的自然回归四个方面，分析了中国电视文化身份的 21 世纪转向。她将研究重点放在"转向"，理论基础扎实，论证充分，是近期研究电视文化身份的力作。但是她涉及的范围较宽泛，没有针对传统文化对 21 世纪中国电视文化身份建构进行成体系的论述，这为本课题的进行留下了空白。

（二）电视研究的宏观理论背景

本论文是关于电视文化身份建构路径的研究，属于电视研究的范畴，所以电视理论是本研究展开的宏观背景。因此有必要对电视研究做一个基本的理论梳理。一般来讲，电视研究主要有两种范式：

---

① 　欧阳宏生：《电视文化学》，四川大学出版社 2006 年版，第 5 页。

美国实证主义研究范式（也就是大众传播研究范式）和欧洲文化研究范式（即大众文化研究范式）。西方学者从符号学、结构主义、后结构主义、精神分析、女性主义批评，到叙事学、人类学、社会学等多个视角，展开了对电视与观众、社会复杂关系的研究。虽然各种理论都存在着某些方面的理论缺陷，然而借助各种理论的合力，我们可以越来越清晰地看清电视传播的实质。在本课题的研究中，对本研究有直接借鉴作用的理论主要有：

1. 法兰克福学派的批判理论

1923 年，德国法兰克福大学成立了"社会研究所"，从 20 世纪20 年代后期至今，这个研究所聚集了一批哲学、美学理论学者，主要包括霍克海默、本雅明、马尔库塞、阿多诺、哈贝马斯等，他们构成了法兰克福学派的核心人物，这些人创建了批判学派，并创造和阐述了学派的基本概念和关键词。

1947 年，霍克海默和阿多诺合著的《启蒙辩证法》出版，在这本书中两人首提"文化工业"这一概念，他们认为文化工业以大杂烩式的大众文化形式自上而下地强加给大众，把大众招待得仿佛专门为他们量身制作一般，实际上这种招待灌输的是统治阶级意识形态标准化了的形式和情感。1964 年，阿多诺在《意识形态》中继续阐述了他对意识形态和包括媒体在内的文化工业深层关系的理解："意识形态的首要功能，在于对群众进行思想灌输和意识操纵，而这一直是由文化工业——电影院、剧场、画刊、无线电、电视、各种文学形式、畅销书和畅销唱片……加以实现的。"① 依照阿多诺的意思，媒介之所以会成为意识形态的帮凶，关键在于媒介本身隐含着对人的强有力的操控能力。"操控"是法兰克福学派重要的概念，他

① ［德］霍克海默、阿多诺：《启蒙辩证法》，洪佩郁译，重庆出版社 1993 年版，第150 页。

们所指的"操控"主要体现在三个方面：一是对内容的控制。在阿多诺等人看来，统治阶级总是通过大众媒体传递对自身利益有利的政策法规等，而同时禁止传播对自己不利的事物，对于内容控制的标准就在于是否对自身有利。二是对媒介语言的控制。媒介语言是媒介内容的传递方式。法兰克福学派认为统治阶级操控媒体以规范的形式来对特定内容进行传播，不管是娱乐节目，还是政策法规都必须遵从他们认可的特定的传播模式，对媒介语言进行着秘而不宣的控制。三是对媒介传播过程的控制。法兰克福学派认为，媒介的传播内容和传播语言都是经过严格规范和控制的，目的也是为了达到对人的思想的管控进行统治阶级预想的传播效果。这个过程当中大众实际上是没有选择权的。个体看似可以通过媒体的海量信息来自由抉择自己所要阅读的内容，但是所有的内容和表达方式都是统治阶级提前预设好的，大众的自由本身只是一种"戴着镣铐的舞蹈"，是在一个巨大的隐形框架下进行的有限的自由。统治阶级就是这样通过控制传播内容、媒介语言、传播过程来实现预想的传播效果的，通过此举来改变人的思维方式和价值观念，达到更深层次的对大众的思想进行管控的目的。

虽然法兰克福学派是站在批判资产阶级的角度分析大众媒介是如何对大众进行思想管控的，但我们通过阿多诺等人的论述可以看出，媒介在影响大众的思维和思想方面作用重大。出于对本民族文化安全的考虑，我国电视媒介必须主动利用电视的视听表达的优势来传播正确的意识和观念，并且应该主动预设有利于国家安定团结和有利于民族文化得以传承的内容，进而实现对观众的引导。

2. 伯明翰学派的文化研究

英国伯明翰学派对于文化研究最大的贡献在于发展了文化研究的方法。伯明翰学派的学者们纷纷打破各学科的自我封闭、各自为政的状态，转而从社会学、文学、政治经济学等多学科中借鉴吸收研究方法，为人文社会科学的研究提供了更为广阔的学术视野和研究模式。伯明翰学派兼容并蓄的研究方法对各学科都有重大的启示作用。伯明翰学派的众多学者将这种研究方法应用在文化研究中，并取得了丰硕的研究成果，使很多原本难以深入的问题走向纵深。同时，伯明翰学派认为电视研究应该归入文化的研究范畴，其代表人物有威廉斯、斯图亚特·霍尔、戴维·莫利、约翰·费斯克等，他们的研究成果涉及文化的方方面面，其中以下理论对本课题的研究有着借鉴意义：

（1）霍尔的"编码解码"理论。霍尔把电视话语的生产流通划分为制码、成品、解码三个阶段。霍尔用"伪装、分裂和重新组合"来描述制码过程，比如电视在传播传统文化之时，就将物质层面、精神层面、制度层面的传统文化进行解构，再加入很多新的电视表达元素，形成新的符合电视媒体特点的符号编码再进行传播。所以这个过程中如何将传统文化进行合理科学的拆分与重组就是电视话语编码过程中首先要思考的问题。同时，霍尔将受众的解码过程分为三种不同的立场，分别是主导—霸权的立场、协商的立场和对抗的立场。为了使观众在接受电视节目，即进行解码的过程中，最大程度地接近编码过程的创作意图，创作者必须科学而艺术地进行编码。这是霍尔的理论对于电视工作者最直接的启示意义。

（2）莫利的"新受众研究"。莫利之前的经验主义学派将"受众"定义为"讯息接收者"，面目不清，铁板一块。莫利重新定义了"受众"，认为其是由阶级、种族、性别、民族、国家等多重因素共同决定的产物。受众的多样化对定向的窄众传播及受众分析提供了理论参照。

（3）费斯克的"生产性受众观"理论。有人称费斯克为"伯明翰学派电视理论的集大成者"。他与哈特利合著的《解读电视》，以及随后出版的《解读大众》和《理解大众文化》都对当代电视研究有着重要意义，是任何当代电视研究不能不关注的理论范畴。费斯克的"生产性受众观"理论主要围绕以下几个方面展开：首先，费斯克认为大众媒介是大众和霸权进行对抗的一个重要场域；其次，费斯克认为大众的构成方式是多层次的，并且认为其中的分层不是稳定不变的，而是呈现出一定的流动性；再次，费斯克认为受众解读大众媒介提供的文本的过程与文本生产的过程同等重要，他认为解读文本的过程就是发现意义的过程；最后，费斯克认为受众不仅能根据自己的社会经验重新解读文本，生产出自己的文化，而且还能在生产意义的过程中产生一种"解放的、创造的、游牧式"的快感。①

3. 多伦多学派"媒介技术决定论"

多伦多学派的核心人物是麦克卢汉，他的"媒介即讯息"等理论对传播学的发展意义重大。纽约《先驱论坛报》将麦氏称为是"继牛顿、达尔文、弗洛伊德、爱因斯坦以来最主要的思想家"。麦氏始终坚持研究媒介的各种形式和讯息的生产及其对个体、社会和文化的影响，他揭示了新媒介技术对重构人类社会生活的重要作用，但是他对技术的过分渲染又使他有明显的"唯技术论"倾向。虽然他的理论晦涩难懂，但是他提出的"地球村"已经成为媒介研究甚至整个人文学科进行研究的一个重要基础性概念。

4. 纽约学派的电视理论

纽约学派是全球范围内媒介环境学研究的重镇之一，其研究理论在 2000 年之后在美国乃至全球均产生了深远的影响，尼尔·波兹

---

① ［美］约翰·费斯克：《理解大众文化》，王晓珏、宋伟杰译，中央编译出版社 2001年版，第 99 页。

曼、约书亚·梅罗维茨等都是该学派的代表人物。尼尔·波兹曼批判了电视工业把严肃事实和娱乐混淆的做法，认为现代电视所主导的娱乐化氛围降低了公共话语的价值，削弱了人们的理性能力，造成了整个社会文化智力的普遍下降。梅罗维茨则在融合麦克卢汉和戈夫曼的思想基础上，在微观上对媒介环境学进行反思。他将"媒介理论"和"社会场景理论"结合起来，指出电子媒介的融合促使了场景的融合。虽然他们的观点也有很多人提出质疑，比如，梅罗维茨在强调媒介本身重要意义之时有陷入"媒介本体论"的倾向，但是他们的理论对电视媒体研究和发展却有着重要的意义。

## 三　研究内容及研究方法

（一）研究内容

本文整体的研究思路是，以中国传统文化参与建构 21 世纪中国电视文化身份的路径为主要研究对象，从文化学、广播电视艺术学、传播学、美学等多学科的角度探讨中国电视文化身份建构的路径问题。论文分别从传统文化参与中国电视文化身份建构的必然性，传统文化参与建构中国电视文化身份的媒介环境，传统文化参与中国电视文化身份的内容建构、思想建构、美学建构等几方面展开论述，力求对传统文化参与中国电视文化身份建构的必然性、外在环境以及方式途径做一个全面的梳理。

导论部分主要论证该研究展开的必要性和实际意义，从而提出本研究的论题：传统文化参与中国电视文化身份建构的路径研究。

本论文第一章拟在厘清基本概念的基础上，从一组互动关系中阐述传统文化参与中国电视文化身份建构的必然性，提出传统文化是中国电视发展的资源库、传统文化是中国电视保持民族性的支柱、传统文化是中国电视建构社会一体化的必然之选等观点。

第二章从媒体生态学视角分别从宏观和微观两个层面对 21 世纪电视媒介环境进行分析，探讨我国电视文化身份建构的客观环境和现实情况，通过二者之间的巨大矛盾提出电视文化身份建构的必要性和紧迫感。

第三章至第五章探讨的是传统文化在中国电视文化身份建构中的三种途径。分别从内容建构、思想建构、美学建构三个方面展开，这部分为本研究的主体内容。中国电视文化身份建构的路径研究在国内尚属首次，通过这部分的研究得出：传统文化建构中国电视文化身份的过程中内容建构是基础、思想建构是核心、美学建构是关键的结论。

（二）研究方法

多学科综合研究法　中国电视文化身份建构是立足于影视理论专业方向的学术探讨，但由于涉及范围覆盖面广，所以在论述过程中结合了哲学、美学、传播学、艺术学、文学等多学科、多领域的知识，力求对所探讨的问题有相对比较宏观和全面的观照。

典型案例研究法　本论文在研究过程中拟对《传承者》《百家讲坛》、央视"中秋晚会"以及诸多电视剧为典型案例和研究文本进行了深入分析，以求探析 21 世纪以来传统文化参与中国电视文化身份建构的路径和方式，从而总结出对其他节目可能行之有效的参考。

理论与实践相结合的研究方法　当前，中国电视文化身份建构不仅是中国电视面对的最大的理论问题，同时也是业界亟待解决的问题。所以，本研究在开展过程中拟通过理论的探讨和对实践的分析，对路径问题有全面的把握。

# 第一章　传统文化参与中国电视文化
## 身份建构的必然性分析

传播学之父施拉姆讲过这样一句话："电视是 20 世纪最伟大的发明，但人类是否能享受到它的好处，主要取决于我们运用它的智慧是否能与发明它的智慧并驾齐驱。"① 电视的出现对于人类来说意义重大，这一建立在现代科技基础之上的传播媒介，不仅拥有超强传播力，而且具有巨大影响力。中央电视台著名节目主持人白岩松曾在 2004 年央视黄金段广告招标说明会上用调侃的口吻说"一条狗拉到中央台连播 30 天自然成为一条名狗"，话虽糙，但在一定程度上却道出了电视媒体在观众中的巨大影响力。拥有如此巨大影响力的电视对于传统文化的传承意义何在？传统文化参与中国电视文化身份建构是否存在可能性与必然性呢？二者之间的关系究竟是格格不入、完全不兼容，还是存在共通性，相见恨晚、一拍即合呢？

## 第一节　传统文化

### 一　文化

关于"文化"是本论文展开之后论述之前必须探讨的概念，但

① 孔令顺：《中国电视的文化责任》，中国传媒大学出版社 2010 年版，第 1 页。

不必须、也不可能准确无误地厘清。只是作为本论文论述得以展开的理论背景，所以必须加以解释和展示。

"文化"一词在中国古已有之。"文"实际上就是"纹"。许慎在《说文解字》中说："文，错画也。象交文。今字作纹。""文"不仅通"纹"，除了指代狭义的文字之外，还可以指草木的文理、星座龟壳等其他无数的事物。很显然这正是文化的特征。"化"的古字为"匕"。《说文解字》解释为"匕，变也"。本义指变、改，后来才演绎为教化等，如在《周礼·大宗伯》中"以礼乐合天地之化"中"化"已经有教化之意。①

"文化"一词最早可以追溯到《易·象传》之释贲卦："小利而攸往，天文也；文明以止，人文也。观乎天文，以察时变；观乎人心，以化成天下。"孔颖达在《周易正义》中解释说："……观乎人心以化成天下者，言圣人观察人文，则诗书礼乐之谓，当法此教而化成天下也。""以文教化"的意思比较明确。到了西汉之后，"文"与"化"逐渐合二为一，成为一个完整的概念。刘向《说苑·指武》中说，"凡武之兴，为不服也；文化不改，然后加诛"，指的就是与武力相对的文治教化。② 汉代以后，"文化"成为一个常用词语。南齐王融《曲水诗序》："设神理以景俗，敷文化以柔远。"可见文化在我国古代是属于精神范畴的，体现了治国理政中的柔性特点，不仅有治国之道而且还具有伦理思想；其次，从词性上来看，"文化"在当代是名词，但在古代却多用作动词，与"武功"武力征服相对，强调用典籍、制度、伦理、道德等教化世人，也就是"文治"。但中国文化又强调"文治"与"武功"并举，二者相辅相成，讲究"先礼后兵"。

---

① 参见陆扬、王毅《文化研究导论》，复旦大学出版社 2015 年版，第 2 页。
② 同上。

今天我们所使用的现代意义上的"文化"之意，又与古代有所不同。现代"文化"所指是 19 世纪末期通过日文转译从西方引进的。"在中世纪晚期，'文化'一词的最早含义是指庄稼的种植和动物的饲养（由此而有农业的含义）；稍晚一点，同样的意义被转换用来描述对人的心智的培养。'文化'一词的这一维度，引起了人们对其后来用法的关注，即描述个体能力的发展，而且它已经被延伸到包含这样一种观念：培育（cultivation）本身就是一个普遍的、社会的及历史的过程。"① 现代意义上的"文化"定义最早来自于"人类学之父"英国学者爱德华·泰勒。泰勒在 1871 年的《原始文化》中说："文化或者文明，从其广泛的民族志意义上讲，它是一个错综复杂的总体，包括知识、信仰、艺术、道德、法律、习俗和人作为社会成员所获得的任何其他能力和习惯。"② 这个定义对学术界有很大影响。

在当代，"文化"一词被广泛运用，但是对于这个词语本身，我们难免"灯下黑"，对于这个我们再熟悉不过的概念到底如何界定它呢？正如法国学者罗威勒所说，"在这个世界上，没有别的东西比文化更难捉摸。我们不能够分析它，因为它的成分无穷无尽；我们不能叙述它，因为它没有固定形状。我们想用文字来规范它的意义，这正像要把空气抓在手里似的；当我们去寻找文化时，它除了不在我们手里之外，它无处不在"③。很多学者都从不同的角度对其进行界定，据一些学者的不完全统计，从不同角度出发，目前对于"文化"的定义多达二三百种，众说纷纭，莫衷一是。美国学者阿尔弗雷德·克洛伊伯和克莱德·克拉克洪在 1952 年出版的《文化：概念和

---

① ［英］阿雷恩·鲍尔德温等：《文化研究导论》，陶东风等译，高等教育出版社 2004 年版，第 3 页。

② 转引自陆扬、王毅《文化研究导论》，复旦大学出版社 2015 年版，第 7 页。

③ 转引自曾志华《中国电视节目主持人文化影响力研究》，北京大学出版社 2009 年版，第 24 页。

定义批判分析》中就将五花八门的 160 多种文化定义概括为哲学的、艺术的、教育的、心理学的等 9 种类型。

那么我们到底该怎样理解文化呢？有这样几种代表性的观点值得关注：

英国文化学者雷蒙·威廉斯说，关于文化的当代用法，常见的大致有三个：一是用来描述知识、精神、美学发展的一般过程；二是用于指涉一种特定的生活方式；三是用作象征知识，尤其是艺术活动的实践及其成品。

18 世纪德国启蒙思想家赫尔德尔在《人类历史哲学概要》中认为文化有三个基本特征：第一，文化是一种社会生活模式，它的概念是个统一的、同质的概念，无论作为整体还是社会生活的方方面面，人的每一言每一行都成为"这一"文化毋容置疑的组成部分。第二，文化总是一个"民族"的文化，它代表着一个民族的精华。第三，文化有明显的边界，文化作为一个区域的文化，总是明显区别于其他区域的文化。①

多伦多大学的 D. 保罗·夏弗教授提出一种总体视野的文化观念。他认为文化是一个有机的、能动的总体，它关涉人们观察和解释世界、组织自身、指导行为、提升和丰富生活的种种方式，以及如何确立自己在世界中的位置。从这一总体视野的文化观念出发，夏弗认为可以将文化看作是一棵根深叶茂的大树，具有树干、树枝、树叶、根茎、花朵和果实。打个比方，神话、宗教、伦理、哲学、宇宙观和美学构成根茎，经济和军事体系、科学技术、政治意识形态、社会结构、环境政策和消费行为构成树干和树枝，教育体系、文学和艺术作品、精神信仰、道德实践等则为树叶、花朵和果实。②

---

① 陆扬、王毅：《文化研究导论》，复旦大学出版社 2015 年版，第 9 页。
② 同上书，第 13 页。

文化学研究现在属于显学范畴，如 20 世纪 80 年代的美学一般。人们从结构主义、符号学、马克思主义、女权主义等各个方面来研究文化，但是，基于本论文的研究最终要落脚到中国的传统文化上，所以我本着实用的原则，只在纷繁复杂的文化定义的词海中摘取以上几条对传统文化电视传播研究有直接意义的定义：夏弗视文化为一个整体，赫尔德尔强调文化的民族性和地域性，威廉斯将文化日常化。据此我们可以看出文化具有的几个基本特点：整体性、民族性、地域性、日常性。尤其是赫尔德尔关于文化民族性的界定，对本文研究的进行有着直接作用，因为中华传统文化的电视传播研究的"传统文化"最明显的特点就是民族性，整个研究是基于区别于其他民族、在中华民族所独有的中国传统文化的基础上开展的。

关于文化的结构也是众说纷纭，有物质文化和精神文化二分的提法，有物质、制度、精神三层次说，有物质、制度、风俗习惯、思想和价值四层次说，有物质、社会关系、精神、艺术、语言符号、风俗习惯六大子系统说，等等，都存在一定的合理性。本研究中的文化主要采用二分的提法，将传统文化分为物质和精神两个层面的内容，并且将重点放在精神层面的传统文化上。因为物质的传统文化参与电视文化身份建构过程比较直观，比如通过纪录片等对物质层面的传统文化进行直接的表现来唤起观众的关注，同时以其直观可视的符号特点标识中国电视的身份。但是在传统文化参与电视文化身份建构的过程中，没有直接物质外形的精神层面的传统文化参与电视的身份建构的过程就相对要复杂得多。本文论述过程中不对传统文化做细化划分，因为它们经常是交织在一起互为表里的。

## 二　传统文化

"传统"一词是从拉丁语动词"tradere"一词派生出来的，从文化社会学角度阐释，是指世代传承的具有自身特点的社会历史因素，如代代延续的思想道德、风俗习惯、文学艺术、制度规范等。梁漱溟先生在《中国文化要义》绪论中指出："文化之本义，应在经济、政治，乃至一切无所不包。"① 且认为文化之"自有"与"外来"不可分。但为详谈"中国之文化"，以区别于他国文化，又说"以近百年世界大交通，中国所受变于西洋者太大，几尽失其故步，故大略划取未受近百年影响变化之固有者目为中国文化，如是而已"。② 其实梁先生这一界定不仅从地域上将中国文化与外来文化分开，而且在时间上也做了一个界定，"未受近百年影响变化之固有者目为中国文化"，梁先生撰写《中国文化要义》为 20 世纪 40 年代（具体为1941—1949 年），"此间的百年前"就到了 19 世纪 40 年代，大抵就是 1840 年前后的鸦片战争时期，即我们通常所说的中国近代史的开端时间。所以从时间上我们也可以说梁先生所指的文化是未受西方太多影响、自生于中国，发展成熟于漫长的中华民族的历史进程中的文化。这种文化就是中国传统文化。赵洪恩主编的《中国传统文化通论》中有类似的表达，他所说的传统文化是指"以中华民族为创造主体，于晚清以前，在中国这块土地上形成和发展起来的，具有鲜明特色和稳定结构的，世代传承并影响整个社会历史的，宏大的古典文化体系"③。本文中关于传统文化的时间界定遵从梁漱溟等先生的说法，以鸦片战争爆发为下限。

中国传统文化是以"求善"为目的的伦理型文化，伦理道德学说是中国传统文化的理论重心，在今天仍意义重大。这与西方以"求真"为目标的学术范式并不相同。正因如此，斯宾格勒把道德灵

---

① 梁漱溟：《中国文化要义》，世纪出版集团、上海人民出版社 2011 年版，第 7 页。
② 同上书，第 7—8 页。
③ 赵洪恩、李宝席：《中国传统文化通论》，人民出版社 2009 年版，第 7 页。

魂当作中国传统文化的基本象征符号。从地域特征上看，中国传统文化基本上属于大陆型文化，不同于海洋文化，属于一种半封闭的状态；按照观念文化和一定生产方式的内在联系进行分类，中国传统文化属于以农业文化为主导的农业文化与畜牧文化场次并存的文化类型。这种文化类型使中国人形成了勤劳朴实的美德，但也产生中国人往往乐土重迁、缺乏竞争意识、目光短浅等负面影响；从社会形态、阶级属性上进行分类，中国传统文化属于家国同构的封建宗法文化。在类型上的这种归属使得中华传统文化的显著特征体现为：同一性和多样性相统一，具有顽强的生命力；以积极入世的儒家思想为核心；以伦理道德作为维系社会道德的根本；重道轻器，重政务轻技艺；重和谐、重整体、重直觉、重实用的思维模式。①

　　当然如同任何一种其他文化一样，中国传统文化不是完美无缺的，在漫长的历史发展过程中，传统文化中也有消极、狭隘、落后的成分，也存在着大量糟粕，比如重农抑商、比如对女性地位的压制、比如愚孝、比如"忠君"的无条件遵从，等等，这些显然不适合现在社会的发展，如若继承，则为倒行逆施之举，非但不能促进社会向前发展，反倒可能引起社会的倒退或停滞。我们通常理解的传统是历史沿传下来的思想、文化、道德、风俗、艺术以及行为方式等，对人们的社会行为有无形的影响和控制作用；传统是历史发展继承性的表现，在有阶级的社会里，传统具有阶级性和民族性；积极的传统对社会发展起促进作用，保守和落后的传统对社会的进步和变革起阻碍作用。本文所谈论的传统文化主要指传统文化中的那些能对社会发展起促进作用的优秀成分。至于如何界定传统文化中优秀因子和糟粕成分，并没有泾渭分明的界限。但传统文化应当接受普世价值的检验，这是一个基本的标准。著名学者朱大可认为：

---

① 参见赵洪恩、李宝席《中国传统文化通论》，人民出版社 2009 年版，第 366 页。

"人类共同价值是一个广泛的价值谱系，它包括博爱、自由、独立、和谐、和平、公正、平等、民主、正义、尊严、诚信、教养等等。"①凡是符合这些普世价值的传统文化，就可以被继承和弘扬，相反，凡是违背这些价值的，就要予以抛弃。本文强调的是 21 世纪电视依靠优秀的传统文化来建构自身的文化身份，这当中应该自觉厘清和抵制传统文化中负面、消极、落后的内容和思想。

## 第二节　中国电视文化身份建构寻求传统文化的必然

### 一　传统文化是中国电视发展的资源库

中国作为历史悠久的文明古国，在漫漫五千年的文明进程中，创造出了辉煌灿烂的物质文化，还传承下来极其丰富多彩的精神文化和物质文化以及以兼容并蓄为主的传统文化特征，这些共同构成了博大精深的中华传统文化。中国传统文化以文化遗产的方式存留至今，就形态而言，有物质形态和非物质形态之分。有形文化遗产即我们通常所说的"文化遗产"，是指具有历史、艺术和科学价值的文物。根据《保护世界文化和自然遗产公约》（简称《世界遗产公约》）的标准，文化遗产，即有形文化包括历史文物、历史建筑、人类文化遗址。物质文化遗产包括古遗址、古墓葬、古建筑、石窟寺、石刻、壁画、近现代重要史迹及代表性建筑等不可移动文物，历史上各时代的重要实物、艺术品、文献、手稿、图书资料等可移动文物；以及在建筑式样、分布均匀或与环境景色结合方面具有突出普遍价值的历史文化名城（街区、村镇）。此外，传统文化遗产中还有非常重要的非物质文化遗产，主要包括：在民间长期口耳相传的诗

---

① 朱大可：《走出中国电影的文化瓶颈》，《电影艺术》2014 年第 5 期。

歌、神话、史诗、故事、传说、歌谣、民谚；传统的音乐、舞蹈、戏剧、曲艺、杂技、木偶、皮影等民间表演艺术；广大民众世代传承的人生礼仪、岁时活动、节日庆典、民间体育和竞技，以及有关生产、生活的其他习俗；有关自然界和宇宙的民间传统知识和实践；传统的手工艺技能；以及与上述文化表现形式相关的文化场所等。

中国国土面积辽阔，南北相距 5500 多千米，跨纬度约 50 度，并且是一个多民族国家，各民族在共同创造了悠久的历史和灿烂文明的同时，也创造了独具特色、多姿多彩的民族文化。正是这地域辽阔、民族多样等诸多原因造就了中华传统文化的内容丰富、包罗万象。文化植根于生发它的土壤，文化离不开滋养它的土地。这些内容丰富、灿若繁星的民族文化瑰宝在当前开放活跃的文化生态氛围中成为中国电视发展取之不尽、用之不竭的资源宝库。中国电视半个多世纪的发展也用事实证明了传统文化作为电视发展资源库的重要意义。不论是历史题材的电视剧，直接改编翻拍的古典名著，取材于传统文化的益智类节目、讲坛类节目，还是记录民俗风情的纪录片、专题片，以及在新闻、娱乐节目、电视广告中，都渗透着中国传统文化的元素，如电视广告《南方黑芝麻糊》《孔府家酒》《天和牌骨通贴膏》就是利用了传统文化中的诸多元素，再比如2013 年和 2014 年旧历新年之际中央电视台制作的"让爱回家"系列广告，就有效利用了中国人重视家庭的传统观念，向观众传递了浓厚的亲情感，效果非常好。可以说，中国电视在作品内容、表现形式和情感传递中都渗透着中国传统文化的元素。

1. 电视作品内容中的传统文化元素

电视作品在内容层面上包括作品的题材、作品中的艺术形象和作品的创作宗旨。

（1）题材的选取。中国文化经过了几千年的发展留下了浩如烟海的素材，成为电视媒介必然的素材来源。其中民间故事、话本小说、杂剧传奇，或者是今人写古人的题材，都是电视创作中的鲜活题材。首先，中国电视作品很多直接取材于古代历史事件和人物。比如《卧薪尝胆》《昭君出塞》《郑和下西洋》等电视剧就是以历史故事为素材，《文成公主》《康熙大帝》《汉武大帝》《宰相刘罗锅》等就是以历史人物为素材。其次，当代电视剧对传统小说、戏曲等重新演绎。如前所述，中国古典四大名著被反复搬上荧屏。此外，很多戏曲剧目也被改编成电视剧搬上荧屏，比如根据戏曲《打金枝》改编的电视剧《新醉打金枝》等。最后，以传统文化中可直接表现的内容为素材的电视节目。《百家讲坛》《汉字听写大会》《成语英雄》《国宝档案》《鉴宝》等栏目就取材于传统文化中可直接表现的内容，是这方面的典型代表。

（2）作品中的艺术形象。任何作品都是依托鲜活的艺术形象存留在受众的心里。综观中国电视作品的众多艺术形象，不管是人，还是景物，都被深深地烙上了中国传统文化的印记。首先，各种类型的电视栏目和电视剧中的主要人物，一般是符合中国传统文化思想的正面人物。这些人物身上可能有一些小的性格缺陷，但是从整体上说，这些人物身上一定潜藏着中华民族的精神品质和高尚品德。比如《渴望》中的刘慧芳之所以一度成为中国男性的择偶标准，就是因为刘慧芳身上所展现出来的中国女性隐忍、贤淑等传统美德，时至今日依然是国人十分重视和在意的。其次，电视作品中自然景物的呈现也带有明显中国传统文化的意蕴。比如20世纪的电视纪录片"山、河、路、墙"系列，以及《苏州六纪》《故宫》《大秦岭》等立足国家或者地域文化传播的一大批纪录片，就将自然景观、人文景观和民族风情等结合在一起，使景物也承载了节目主旨、参与了人物性格的塑造、抒发了深沉的情感。

（3）创作宗旨对传统文化的传承与反思。首先，大量电视作品中张扬着民族精神和民族气节。多部电视剧都凸显着中国人的人格力量和中华民族的民族智慧，强化了民族的文化特征，彰显了中华民族的精神气概。比如《闯关东》《乔家大院》《国家命运》《五星红旗迎风飘扬》等反映不同时空背景的电视剧中都弘扬了中华儿女刚健自强的民族精神。再比如，近些年来的历史电视剧，如《秦始皇》《汉武大帝》《雍正王朝》《台湾首任巡抚刘铭传》《一代廉吏于成龙》《长征》《开国领袖毛泽东》《走向共和》等都将爱国主义精神作为叙事视角，并用现代意识去观照传统思想。由于蕴含着深刻的反思性和独创的艺术性，从而使得这些电视剧具有空前的历史深度和文化内涵。其次，当代电视作品对传统文化进行了反思和批判。当代电视在表现传统文化、从传统文化中寻求素材的同时，也在多部作品中对传统文化的局限性和落后方面进行了反思和批判，尤其是对传统的伦理更是进行了全面的反思。

2. 电视作品表现形式中的传统文化元素

作品的创作是以受众接受为最终目的的，电视作品在创作中除了在内容方面符合观众的收视习惯外，在艺术表现形式上也应符合观众的审美习惯。

（1）"大团圆"结局。中国人喜欢大团圆的结局，这是国人的审美习惯。相较于震撼人心的悲剧，中国人更愿意接受皆大欢喜的美满团圆的收尾形式。因为从情感体验上来说，喜剧性的结局可以使剧中人物、作者的意愿以及观众的期待统一起来，构成和谐的一体，让人欣慰。这种结局体现了人性的美好，反映出国人向往团圆美满生活的朴素愿望。这种"大团圆"的审美习惯直接影响着电视作品的创作。比如，中国电视剧中不论是情侣、夫妻、家人，还是生意上的伙伴、曾经的敌人之间出现矛盾和冲突，最后都会消解误

会，重新建立和谐的关系。多部家庭伦理剧中感情陷入危机、婚姻
几近走到边缘或者已经解除婚姻关系的双方，最后总能在经历了挣
扎和反思之后，与"原配"破镜重圆，比如《婚姻时差》《婚姻保
卫战》《新结婚时代》等。反映家庭亲情的电视剧《大哥》《大姐》
《亲情树》《你是我兄弟》《亲兄热弟》《老大的幸福》等也都是兄弟
姐妹在经历了风风雨雨之后相互理解，冰释前嫌，关系重新回归到
"兄友弟恭"的和谐关系秩序中。甚至有些电视剧在剧中呈现出很多
在现实生活中难以解决的问题之后，都选择理想化的"大团圆"结
尾，为的就是满足观众的审美习惯。比如，反映中国养老问题的现
实题材电视剧《老有所依》，比较真实地反映了第一代独生子女在面
对养老问题时的力不从心，其问题在剧中全面展现，但是结尾处却
理想化地依赖政府建立了敬老院，从而解决了主人公的现实困难。
这个结局表现得牵强而又不太合乎生活逻辑，使该剧的现实性在一
定程度上得以消解，但是，这样的结局安排符合大多数观众"圆满
解决问题"的心理期待。

（2）"意象"与"意境"的美学表达。胡塞尔说，人对世界的
认识是从表象开始的。意象就可以理解为"意向性的表象"。当代中
国电视无论是选择带有民族印记的名山大川，还是选择英雄、领袖
的图像，都使这些物质性的图像成为意向性的表象。20世纪中国纪
录片中"山、河、路、墙"系列意象的呈现，就是借助现代媒介的
技术，将其转化为可以物理呈现的表象，从而帮助国人在心理上完
成文化寻根，并对民族文化形成反思。以实写虚的表现手法是意境
美的主要表达方式，中国电视作品中经常利用空镜头、人物的虚化、
构图上的含蓄等方式暗示或者隐喻一种暗含在意象之外的诗意化意
境，比如《大明宫词》《橘子红了》等电视剧在这方面就做出了有
益的探索。再比如纪录片《舌尖上的中国》以中华美食为切入点，

在探讨食物与中国人的关系的同时传递出浓郁的"天人合一"的东方哲学和美学观，以其独特的气韵风度广受好评。

3. 电视作品情感中的传统文化元素

苏珊·朗格说，"艺术是情感的符号，所有的艺术品都是用一定的符号来表达情感"。中国当代电视作品饱含中华民族独特的情感特征，主要有含蓄节制的情感抒发、忧国忧民的文人情怀和悲情传统的诗意表达。

（1）含蓄节制的情感表达是中华民族固有的一种情感抒发方式，影响着一代又一代的中国人。含蓄是古代诗学最吸引人的地方，比如唐代刘禹锡的《竹枝词》中"东边日出西边雨，道是无晴却有晴"，将恋爱中少女的将信将疑、忐忑不安的复杂情感写得含蓄而真挚。张籍用"节妇"拒绝追求者的口吻写成的《节妇吟》含蓄而决绝地拒绝藩镇高官邀请，更是令人拍案叫绝。现代中国电视作品在表达情感上也是含蓄而节制的，这不仅表现在电视剧中，在很多电视栏目中情感表达也经常是"点到为止"，非常含蓄。

（2）忧国忧民是中国文人历来的情怀，时至今天，知识分子依然秉承"先天下之忧而忧，后天下之乐而乐""穷则独善其身，达则兼济天下"的情思，关注民众疾苦，关心国家命运，这一点在电视作品的创作中也有充分体现。比如《英雄无悔》《苍天在上》《孔繁森》《国家使命》《老有所依》等电视剧都关注中国社会当下，将精英文化对社会现实的思考融入电视作品表达中。多档电视栏目，包括新闻节目，也都体现了中国知识分子忧国忧民的情怀。比如大量新闻节目，如中央电视台《新闻周刊》《新闻1+1》《焦点访谈》《新闻直播间》等栏目都聚焦中国当下改革和发展中遇到的问题，并从媒体的角度进行"舆论监督"，发挥着普利策所说的"船头眺望者"的职责。

（3）悲情传统的诗意表达。中国人历来喜爱喜剧，但中国也并不缺乏悲剧传统。从远古的神话《精卫填海》《夸父逐日》《共工怒触不周山》等故事中，我们就能看到中国人对生命的执着追求和对死亡的超越意识。这种悲剧意识影响着后世的文学艺术创作，从《离骚》《国殇》到后来的《孔雀东南飞》，再到《窦娥冤》《汉宫秋》《牡丹亭》《桃花扇》《长生殿》等作品都蕴含着浓郁的悲剧意识，塑造了悲剧性的人物。被王国维称为"悲剧中的悲剧"的《红楼梦》更是通过宝黛的爱情悲剧，写出了中国封建社会必然走向灭亡的历史命运，将中国古典悲剧引上最高峰。当代电视作品也对传统的悲剧意识进行了继承，比如在大量革命题材影片中，面对外敌侵略、山河破碎，英雄人物总是舍弃一己之身，视死如归，慷慨就义，影片的情感基调也总是高亢而悲壮的，洋溢着"悲而不怨"的生命激情。

综上所述，中国电视在作品内容、表现形式和情感传递中无不渗透着中国传统文化元素，中国传统文化为中国电视提供了源源不断的内容补给。下面我们再以传统文化中的戏曲对中国电视的影响为例，对这一问题进行深入的个案分析。

中国电视开播于 1958 年，当时戏曲艺术还处于比较辉煌的时期，剧场演出还比较频繁。中国电视开播之后就播放了大量的戏曲电影和戏曲节目。随着电视摄录技术的不断提升，1975 年至 1976 年，北京电视台利用彩色录像设备录制了一批戏曲名家的经典剧目，包括李和曾的《碰碑》，赵燕侠的《红娘》，高盛麟的《挑滑车》，张学津、刘长瑜的《游龙戏凤》，岳美缇、蔡瑶铣的《琴挑》《思凡》等，一经播出，取得了极高的收视率和广泛赞誉。而以 1979 年浙江电视台现代越剧《桃子的风波》和上海电视台拍摄的现代越剧《孟丽君》为标志，戏曲电视剧作为一种新的节目形态得以确立。之后的 20 世纪 80 年代，戏曲电视剧迅速发展，涌现出了一批取材于传统剧目的优秀作品。比如上海电视台的越剧《红楼梦》《梁山伯与祝英台》、青岛电视台的柳腔《王三卖鱼》、辽宁电视台的拉场戏《摔三弦》、江苏电视台的越剧《秦淮梦》、云南电视台的京剧《谢瑶环》、安徽电视台的黄梅戏《劈棺惊梦》《遥指杏花村》等。20 世纪 90 年代之后，戏曲电视剧更是进入了发展的高潮时期，涌现出了众多的代表作，比如上海电视台的京剧《潘月樵传奇》《曹雪芹》，安徽电视台的黄梅戏《孟丽君》《桃花扇》，辽宁锦州电视台的评剧《野戏班》，江苏电视台的京剧《太平公主》，河北电视台的河北梆子《钟馗》、京剧《孔雀胆》，浙江电视台的越剧《大义夫人》《天之骄女》，宁波电视台的越剧《琥珀泪》，福建电视台的赣剧《竹乡姐妹》等。此外，还出现了 10 集京剧长篇电视剧《曹雪芹》。戏曲电视剧的规模和影响进一步扩大。

除了戏曲电视剧之外，20 世纪八九十年代中国电视屏幕上还出现了戏曲电视晚会和竞赛类戏曲电视节目。1992 年开始，中央电视台开始播出"春节戏曲晚会"，迄今已有 25 届，受众广泛、影响深远。竞赛类戏曲电视节目早期局限在专业戏曲演员之间的专业大赛，比如 1987 年中央电视台的"全国青年京剧演员电视大赛"等，之后出现了一批以戏迷等非专业选手参赛为主要形式的非专业戏曲竞赛节目。

随着中国电视节目制作与播出专业化、分工化的发展趋势，戏曲电视栏目应运而生，其中有代表性的有：陕西电视台 1979 年开办的戏曲电视栏目《地方戏》（1988 年更名为《秦之声》）、中央电视台 1985 年推出的《戏曲欣赏》（1993 年更名为《九州戏苑》）、河南卫视 1994 年开播的《梨园春》、安徽卫视 1999 年 10 月开播的《相约花戏楼》、山西卫视 2001 年 3 月开播的《走进大戏台》等。此外，为了满足戏迷对演员等戏曲相关内容深入了解的需求，以戏曲演员和戏曲相关知识深度报道为主要内容的戏曲专题片也在 21 世纪重磅推出，出现了《昆曲六百年》《大戏黄梅》《京剧》等规模宏大、人文感厚重、制作精良的戏曲专题片。

进入 21 世纪之后，为了适应受众分众收视的需求，同时适应市场化运作的媒体环境，中国电视逐渐开始进行专业频道化发展模式。2001 年 7 月 9 日中央电视台正式推出戏曲频道。之后，梨园频道、东北戏曲频道、岭南戏曲频道等以传统戏曲为主要内容的专业戏曲频道纷纷亮相，戏曲电视进入一个新的时期。①

回顾戏曲与电视结缘的半个多世纪的历史，我们可以发现：第一，戏曲电视剧、戏曲专题片、戏曲电视晚会、戏曲类竞赛节目等电视节目形态都是在中国传统戏曲的基础上产生的。没有中国的传统戏曲，中国电视屏幕上不会出现这么多新的节目形态。第二，传统戏曲催生多种电视节目形态的同时，又为这些节目的发展提供了丰富的内容资源。虽然戏曲电视中也有一些现代戏曲，但是戏曲电视剧、戏曲晚会、戏曲专题片中仍旧是以传统曲目为主，包括近些年选秀类的戏曲节目中参赛选手演唱的也大都是经典的传统剧目。第三，为了对戏曲电视剧、戏曲晚会等与戏曲相关的节目有相对权威和有效的评价标准和体系，全国性的电视节目评奖活动也将戏曲节目纳入其中。"飞天奖""星光奖"两大电视政府奖分别设立了专门的奖项来表彰优秀戏曲电视剧及专题类、栏目类的戏曲节目。"金鹰奖"作为观众投票产生的民间奖项，从 1983 年举办之初就设有最佳戏曲电视片奖，之后又增设了多个专门奖项。此外，戏曲电视节目专门评奖还有全国戏曲电视剧和全国电视戏曲节目的"兰花奖"。

---

① 王玉坤：《戏曲电视节目研究》，博士学位论文，山西师范大学，2014 年，第 21—31 页。

奖励体系的逐步建立在促进戏曲节目发展的同时也完善了电视栏目品类的相关结构。

传统戏曲能够催生新的电视节目形态，也以其丰富的资源为电视的发展提供了内容支持。其他形式的传统文化也大都可以借助电视媒体进行不同态势的传播，所以说传统文化是中国电视发展得天独厚的资源库。

## 二 传统文化是中国电视保持民族性的支柱

民族性认知是国家的基础，没有民族性的共同认知，国家就要分裂。在电视版图之中亦是如此。如果电视能够保持本国的民族性，那么该国电视就可以在世界电视版图中占有自己的一席之地，如果某些国家的民族性没有得到确立和彰显，那么该国在世界文化版图中就可能处于"失声"的尴尬境地。所以说电视艺术绝不能失去民族的血脉。鉴于此，体现民族风格和民族气派，是当代中国电视的神圣责任和光荣担当。

与此相关的是中国电视发展的全球化背景。麦克卢汉在1964年出版的《理解媒介——论人的延伸》中提出"地球村"的概念，对后世影响巨大。麦克卢汉认为，电子媒介使得信息传播变得瞬息万里，地球上重大事件借助电子媒介实现了同步化，空间距离和时间距离已经不复存在，整个地球在时空范围中已缩小为弹丸之地，人类重新回到"部落时代"。随着电视全球化步伐的不断加快，人们越来越认识到保持或者建立本国电视民族化的重要意义，尤其对处于文化弱势地位的民族来讲，其独立性以及民族文化价值、文化传统、民族尊严都受到了空前的挑战，他们的文化价值在全球化的浪潮中极有可能被同化，甚至被取代。

美国电视剧塑造了很多代表美国精神和美国梦想的各种全球形

象，同时也塑造和改造了很多表现其他国家和地区的精神形象，而这些形象中或多或少都带有美国精神的标签。不管是《成长的烦恼》《加里森敢死队》《火星叔叔马丁》，还是《欲望都市》《尼基塔》《24小时》《兄弟连》，这些电视剧作品在向全球输出"影像"的同时也一并输出了美国的价值观。其中最具代表性的是《兄弟连》，全剧通过塑造英雄的美国官兵来体现出美国政府的正义与英明，用来宣读"美国必胜"的口号与信念，这本身讲述的就是美国和美国人的神话，美国在剧中是神话了的"救世主"，代表着正义和胜利，即"大美国主义"。这种"大美国主义"随着电视剧在全球范围内的广为传播也得到反复传播。可以说，美国文化在全球范围内较高的认同感一部分来源于其强大的经济基础，还有相当一部分来源于美国文化向全球的强势输出。

与我们毗邻的韩国同样以影视的方式向包括中国在内的亚洲国家输出自己的文化产品，并在这个输出过程中获得经济利益的丰收，同时在此输出过程中确立了其影视作品独立的民族性。比如为中国观众所熟悉的韩国电视剧《大长今》就大量运用了韩国传统服饰、饮食、医学等传统文化元素，《家门的荣光》中对韩国传统民俗中的宗族结婚仪式以及拜访他人、待人接物的讲究有细致的描摹与刻画，《澡堂老板家的男人们》《看了又看》等多部电视剧中讲述的都是妻贤子孝的故事，《人鱼小姐》《百万朵玫瑰》等青春偶像剧中处理矛盾冲突，都是以温和的基调、调和的"中庸"方式进行解决……综观韩国电视剧，不管是现代偶像剧还是传统古装剧都试图折射出温暖的人性光辉，渗透其间的诚信仁爱、长幼有序、孝悌忠信的传统道德是韩国民众认可和行之有效的家庭成员之间、单位同事甚至社会交往中的陌生人彼此之间的行为准则和道德规范，有评论认为："韩剧在整体上已经形成了自己的美学品格，这就是恬静淡雅的风格。韩国人着力于表现其民族性格中静的一面，展现其在现代社会中'趋动'的过程，从而取得了一个较为理想的美学尺度：动中有静，静中有动，动静结合。"① 这些迥异于西方的内容、价值体系及美学意蕴，使得韩国电视剧呈现出独立的民族性。

中国电视在半个多世纪的发展过程中也在不断探索民族化的发展之路，也已取得一定的成绩。我们仅以中美两国电视剧的差异为例对该问题进行分析。

1. 中美两国电视剧播出模式不同。美国电视剧基本演出单位是"演季"，一般是从每年 9 月中旬到次年的 4 月下旬，这段时间内各大电视网纷纷推出自己的新剧，继续打造以前已经成功的经典旧戏。除这个时间段之外的其余时间各大电视网都基本上以重播为主要手段。一般来说，美国电视剧会根据市场反馈延续前期成功的剧作，比如《指路明灯》（Guiding Light）已播出 57 季 15700 多集，《辛普森一家》已经播出至 27 季。中国电视剧一般没有这么长的规模，上百集的电视剧在中国已属少见，一般电视剧在 30—50 集。有部分反馈较好的电视剧也会推出续集或者第二部、第三部，但是与美国电视剧动辄一二十季的形制有明显不同。

2. 中美两国电视剧关注视野不同。中国电视剧与美国电视剧从主题和内容来看也存在明显的不同。美国电视剧多见医生律师剧、惊险动作剧、科幻剧、西部剧等，这些与美国社会主流价值观中的拓荒精神、冒险精神、专业精神等一脉相承，而中国电视剧多见历史题材、农村题材、现实题材、军旅题材以及革命题材等，这也与美国电视剧有着明显差异，而与中国的政治、社会、文化及历史息息相关。

---

① 杜悦：《21 世纪国产电视剧的中国特色——有关中国电视剧"民族性建构"问题的探索》，中国传媒大学出版社 2008 年版，第 193 页。

3. 中美两国电视剧叙事方式存在明显差异。美剧往往是多条线索平行演绎推进，很多剧中甚至不区分主线与副线，大量采用平行叙事，交叉蒙太奇，从而使得叙事节奏比较紧凑。中国电视剧往往喜欢平铺直叙，主要以时间为线索，循序渐进地推进故事的发展。除了主要线索之外，其他的很少交代，有的轻描淡写一带而过，有的干脆绕开不谈。

4. 中美两国电视剧人物塑造方式不同。美剧中多群像塑造，如《欲望都市》就塑造了四位纽约曼哈顿单身女人的形象。她们的性格、职业、故事各不相同，但是她们几人彼此呼应，塑造了生活在大都市事业有成的单身女性的群体形象，也展示了这个群体共同面对的问题：在充满欲望和诱惑的都市里，寻找真爱和归宿。《绝望的主妇》则用四位截然不同的主妇形象，展示了住在富有中产阶级聚居区的家庭主妇光鲜生活背后的生活真相。而中国电视剧多塑造突出的个体形象。不论是古装剧还是当代都市题材的电视剧，剧中都有比较明确的主要人物，所有故事的展开围绕他（她）展开。即使剧中有要与主要人物形成身份互文的其他人物，一般也是作为次要人物出现。

中国电视剧就是在不断的发展过程中，形成了有别于美国电视剧的类型、播出模式、内容和主题以及叙事方式及美学风格，由此逐渐建立了属于中国电视剧独特的民族性标签。虽然与韩剧、日剧等相比，中国电视剧的风格特点还不十分鲜明，不具有一看便知的标识性，但是中国电视剧已经在民族化探索道路上有了一定的经验教训，这也值得中国电视栏目等借鉴。只有包括电视剧在内的所有电视播出内容都深深植根于特色鲜明、特征突出的独特文化土壤之中时，中国电视的民族性才能得以确立。中国电视、中国特色电视节目和文化的生成和确立，使中国传统文化具有不可推卸的重要责任，媒体人必须清楚地认识到这一点。

电视产生于西方，电视拍摄及制作的技术均来自西方，但正如黄会林教授所说："电视的语言是国际的，电视的语法却是民族的。"① 中国电视只有创造出属于自己的电视语法，才可以在全球化的大背景下保持中国电视的民族性与独立性，传统文化在其中的支柱作用不容忽视。"向悠久的中国文化传统寻求滋养，建立具有民族特色的电视文化主题，将是中国电视今后的发展轨迹。"②

### 三　传统文化是中国电视建构"想象共同体"的必然之选

"想象共同体"这一概念，是 2015 年刚刚辞世的美国历史学家班纳迪克·安德森（Benedict Anderson）在 1983 年出版的著作《想象的共同体》中提出的。安德森认为国家和民族是一个现代性的产物，是"一个想象的共同体"，之所以一个国家是想象的，是因为"即使是最小的国家，市民也无法认识它的大部分成员、与他们见面，甚至听说过他们，然而在他们的心中都存有共同体的影像"③。同时他又指出："资本主义、印刷科技和人类语言宿命的多样性这三者的重合，使得一个新形式的想象共同体成为可能。"④ 在这个论述当中尤其应该引起我们注意的是印刷科技参与了近代民族与国家形成的观点。首先，安德森此处的印刷科技泛指媒介，尤其是大众媒介。其次，大众媒介的表意过程聚合了时间和空间，使得共同体的成员以一种独特的方式来理解这个"想象的共同体"。这当中强调的是大众传播在提高社会资本的增量中的作用。大众媒介通过一系列

---

① 李晓枫、邹定斌：《中国电视文化的理性重构》，中国广播电视出版社 2007 年版，第 166 页。

② 同上。

③ ［美］尼迪克特·安德森：《想象的共同体——民族主义的起源与散布》，吴叡人译，上海人民出版社 2005 年版，第 6 页。

④ 同上书，第 54 页。

仪式性的传播行为，"强化了通过推动协调行动来提高社会效率的信任、规范和网络"①，从而推动了社会一体化的进程。用这一理论分析中国电视与中国社会、中国文化之间的关系也是可行的。

中华民族一直是比较稳定的文化共同体，按照葛兆光的说法，中国这个民族国家共同体从宋代以后受到强大异族的挤压并已渐渐形成，这看似与安德森所论述的民族兴起于现代资本主义时期截然不同，但殊途同归。因为随着全球化浪潮的袭来，中国传统文化固有的稳定性也已被以西方文化为代表的外来文化所侵蚀蚕食，中国文化不可避免地需要在西方文化视野中重构自身的文化内涵，从而在外在文化的借鉴和传统文化的传承，抑或是二者之间冲突、融合建构成具有自身表征和标识的新的文化形象和文化模式。"想象"重新被需要。在"想象共同体"重构过程中，电视媒体恰恰可以起到重大作用。首先，电视的最大功能是传播信息，这一功能就暗含了电视的真实性特征。正如布尔迪厄所说的"电视穿针引线，自称只是一个录制工具，但却成为一个制造现实的工具"②。另一位法国学者富朗索瓦·若斯特也曾说过："电视首先被设想为接通世界的中介，设想为面对现实敞开的一个窗口，现在逐渐成为世界本身。"③ 甚至可以说通过光影变幻、借助外力，电视就可以做到偷天换日、乾坤挪移、以假乱真，既可以表现真实的世界，也可以打造假想的"真"世界。当然这里有两个"真"。世界既有自然真，也有想象真，这样说并无贬义，只是更突出电视媒体的传播影响力。电视媒介肩负了比以往任何媒介都要重大的"想象共同体"的建构责任。比如每晚7点播出的《新闻联

---

① 陈卫星：《传播的观念》，人民出版社2004年版，第419页。

② ［法］皮埃尔·布尔迪厄：《关于电视》，许钧译，南京大学出版社2011年版，第24页。

③ ［法］富朗索瓦·若斯特：《电视、全球化和文化的同一性》，刘云舟译，《东南学术》2003年第3期。

播》，2008 年北京奥运会开幕式的直播、重大体育赛事、春节联欢晚会、香港回归的直播，国庆阅兵，以及具有创伤性记忆的"9·11"事件、"5·12"汶川地震、国家公祭日等就是电视为观众建构的同一性记忆，意指"想象的共同体"。

电视在建构想象的共同体时，传统文化是非常合适的资源，因为历经几千年的中国传统文化是所有中国人的共同记忆，在这一点上传统文化拥有得天独厚、与生俱来的优势。比如，我国台湾地区作曲家侯德健于 1978 年创作的《龙的传人》获得了世界各地华人的广泛认同，正是因为"龙"是中华民族的图腾，这一形象突破了政治、空间、时间的限制。1988 年，侯德健在中央电视台春节联欢晚会上演唱这首歌获得好评如潮，24 年之后的 2012 年"春晚"王力宏再次演绎了这首歌，依然让华人华侨热血沸腾。我们再看中央电视台已经坚持举办了 33 年之久的"春节联欢晚会"。"春晚"作为"仪式感"极强的庆典活动，不仅体现着国家的意志，而且直接塑造了国家形象，所以"春节联欢晚会"是中国电视建构"想象共同体"的重要方式之一。而在意义如此重大的"春晚"当中，传统文化一直占据着相当重要的地位，这点可以通过历年"春晚"主题略见一斑：

表 1 - 1 　　　　　　历年中央电视台春节联欢晚会主题

| 年份 | 晚会主题 |
| --- | --- |
| 1983 | 团结、欢乐、希望 |
| 1984 | 爱国、统一、团结 |
| 1985 | 团结、奋进、活泼、欢快 |
| 1986 | 团结、奋进、欢快、多彩 |
| 1987 | 团结、向上、喜庆、红火 |
| 1988 | 团结、奋进、欢快 |
| 1989 | 团结、欢乐、向上 |
| 1990 | 团结、和谐、欢快 |

续表

| 年份 | 晚会主题 |
|------|---------|
| 1991 | 团结、欢快、多彩 |
| 1992 | 团结、欢乐、祥和 |
| 1993 | 团结、祥和、自豪、向上 |
| 1994 | 团聚、自尊、奋进、企盼 |
| 1995 | 欢乐、轻松、温馨、亲切 |
| 1996 | 欢乐、祥和、凝聚、振奋、辉煌 |
| 1997 | 团结、奋进、自豪的中国人 |
| 1998 | 中华民族春节大团圆，万众一心迈向 21 世纪 |
| 1999 | 欢乐、美好、动情、奋进 |
| 2000 | 江山多娇跨世纪，龙腾报春迎复兴 |
| 2001 | 21 世纪，新希望，新生活 |
| 2002 | 祖国颂，社会主义颂，改革开放颂，弘扬与时俱进的时代精神 |
| 2003 | 凝聚力和自信心，团结奋进、热烈欢快 |
| 2004 | 祝福 |
| 2005 | 全国大联欢 |
| 2006 | 和谐关爱 |
| 2007 | 欢乐和谐中国年 |
| 2008 | 盛世中国、和谐社会 |
| 2009 | 中华大联欢 |
| 2010 | 虎跃龙腾闹新春 |
| 2011 | 欢天喜地，创新美好生活　欢歌笑语，共享阖家幸福 |
| 2012 | 回家过大年 |
| 2013 | 新春中国 |
| 2014 | 温馨，回忆，亲切 |
| 2015 | 家和万事兴 |
| 2016 | 你我中国梦，全面建小康 |

资料部分来源于：邹媛媛《盛世中国　和谐社会——央视"春晚"主题内容浅论》。

　　历届春节联欢晚会的主题均重视亲情，都强调团圆美满、辞旧迎新，这些都是中国传统文化的体现；"春晚"舞台每年的红色春联、福字、灯笼，也是传统文化的表现；演员以暖色为主的服装造型也体现着浓浓的中国传统节庆文化特征。传统春节节庆民俗文化的主题、符号等为"春晚"的可能性、可行性、可视性提供了全套的文化精神认同支撑。

有学者就中国传统文化在现代社会中的作用和意义方面做出了研究，他指出，中国传统文化是中华文化的灵魂，它以强烈的色彩、底板、主调，展示出民族的心理、个性、品格特色，即便是在当今社会，它们依然闪烁着灿烂的智慧之光。传统文化是民族之根，是民族之魂，是民族之所以成为民族的源头。传统文化对当下各项事业，无论是政治、经济，还是社会、文化都具有巨大的影响。这种影响和作用有时是显而易见的，有时是潜移默化的，但无论如何它的影响都是无处不在的。同理，传统文化对于中国电视、中国电视文化身份建构也意义重大，五千年中国历史发展过程中不断形成和发展的传统文化，不论是物质形态的还是非物质形态的，都为中国电视的发展提供了丰富的资源。博大精深的中国传统文化是中国电视保持民族特色的基础和源泉。此外，中国传统文化因其携带的文化因子是中国人共同的民族记忆，所以中国传统文化更是中国电视建构"民族想象共同体"的必然之选。每个具有独特文化特征的电视节目所蕴含的文化都离不开其自身的历史和传统，中国电视文化更不能和传统决裂。

## 第三节　传统文化建构中国电视文化身份的可行性分析

如前所述，中国电视在建构有别于他国文化的自身文化身份的过程中，寻求传统文化是一种必然。因为传统文化不仅可以为电视的发展提供丰富的资源，同时也是中国电视保持民族性的支柱与中国电视建立国家民族"想象共同体"的必然之选。那么让传统文化建构中国电视文化身份是否是中国电视的"一厢情愿"呢？传统文化有没有参与中国电视文化身份建构的可能性呢？要回答这两个问题我们就需要从传统文化的当下现状和境遇以及本身的特质形态等出发。从 20 世纪初到现在，中国社会工业化、城镇化的发展速度越来越快，尤其在改革开放之后，中国发展也呈现了国际化的趋势。中国传统文化赖以生存的农耕社会的社会模式被逐渐改变，直至打破，包括很多传统文艺、手艺、伦理在内的传统文化的传承也出现了巨大的问题。而电视作为 20 世纪伴随着科技进步而出现的现代媒体，具有以往任何传播媒介所不具有的技术优势，表现在传播范围、手段和方式等方面，这种优势便于传统文化的传播与传承。并且电视作为一种与电影相似的艺术形式，与传统文化存在内在的美学共通性。这些条件的存在也使传统文化必然走向电视，所以说中国电视与传统文化的结合并非电视的"一厢情愿"，而是电视与传统文化双方共同的意愿，这种结合是"两情相悦"。

## 一　传统文化传承方式被动改变

中国传统文化产生于农耕时代，随着全球化的发展，西方文明的不断进入，中国工业化、城市化、国际化的步伐不断加快，主要依靠口传心授、师徒相传、家庭传承的传统文化的传播土壤及生态环境受到严重的冲击，传统文化赖以生存的社会空间被打乱，同时面临巨大的危机。大量的传统文化逐渐被西方文化排挤到社会边缘。"中国传统文化的精髓便逐渐掌握到了少数人的手中，很多文化传统已经不再是日常生活中自然流传下来的文化习俗，而成为一种社会的稀缺资源。"① 没有传承，传统文化会随着持有者的死亡而消失；没有传承，传统文化就不能得到保护和新的发展。所以传承对于传

---

① 田凡、何圆：《浅析中国传统文化的电视传播》，《宝鸡文理学院学报》2014 年第 8 期。

统文化来说是头等大事。传承需要传承者和传承方式，仅有传承者没有传承方式，传承活动无法展开，所以传承途径是传统文化传承的关键。中共十七届六中全会《中共中央关于深化文化体制改革推动社会主义文化大发展大繁荣若干重大问题的决定》指出："中国共产党从成立之日起，就既是中华优秀文化的忠实传承者和弘扬者，又是中国先进文化的积极倡导者和发展者。"并且提出了"建设优秀传统文化传承体系"的重大战略任务。对物质形态的传统文化主要是进行保管、保存和保护。而非物质形态的传统文化重点不在"物"，而在"物"背后的文化信息。从历时性的角度来看非物质形态的传统文化的传承过程，我们发现非物质形态的传统主要依靠代代相传，以此来保留和承继，一旦停止了传承活动，阻塞了传承途径，也就意味着非物质形态的传统文化丧失生命力，濒临消亡。从共时性角度看，如果非物质形态的传统文化不在个体之间、群体之间进行传递和传播，也就不会有非物质文化在同时代的人群中进行传承了。现阶段传统文化的传承途径主要有：以传承人为中心的传承途径、以节庆旅游为基点的传承途径、以物化的形态为载体的传承途径、以广大受众为关注点的传承途径、以学校教育为方式的传承途径、以宣传和评论为目的的传承途径等。[①] 上述分类存在交叉，但是阐述比较全面，尤其是其提及作为非物质形态的传统文化的传承者的人是不断变化的，不仅有年龄、代际的差异，而且同代人对同一项传统文化的态度也可能是不尽相同的，并且传承者存在的社会也是不断发展变化的，因而固守一成不变的传承途径是行不通的。为了拓宽传统文化的传承渠道，实现传统文化在当代社会发展中的时代意义，借助现代化的传承途径对传统文化进行传承是必然之选，主要包括学校教育传承途径、社会组织传承途径、大众娱乐传承途

---

① 夏宁博：《非物质文化遗产的传承途径探究》，硕士学位论文，云南艺术学院，2011 年。

径与媒体化传承途径。

其中媒体化传播途径尤其值得我们关注。每次有新的大众媒介出现，文化传承方式都会有一定程度的改变。在现阶段，大众媒介主要有广播、电视、纸媒、互联网等。之所以强调电视对于传承传统文化的重要载体意义，有两方面原因：第一，从传媒方式的历史演变来看，每一个时期都有不同的传播形式占据主导地位。早在 20世纪初巴拉兹就预言：人类在经历了漫长的印刷传媒主导的文化之后，进入了一个新的"视觉文化"时代。① 虽然这是针对电影而做出的预言，但是其后与电影技术基础与美学最为接近的电视媒介的快速发展更加证实了巴拉兹所言不虚，时至今天，视觉文化显而易见已经是发展的趋势。视觉性内容压倒了其他传媒形态成为当代中国传媒文化的主体。如果说世纪之初的"读图时代"的提法更多是针对纸媒提出的，那么当下中国的影视艺术已然开始了对华丽画面的追求，影视的"读图时代"已经到来。第二，在上述几种媒介中，印刷媒介作为传统文化传承方式时成本较高，对参与者又有文化层次的要求，"互联网对于非物质文化遗产的文化传播同样具有巨大的作用。一方面，互联网的超大容量，拓宽了非物质文化遗产的传播空间和渠道；另一方面，互联网在传播过程中构建起的立体的互动性强的感知环境，营造出的融合性强的文化氛围，可以增强受众接受的效果"②，但互联网媒介传承在现阶段仍旧对参与者有限制，是否拥有电脑和是否会使用互联网就成为限制低收入者和幼年及老年参与者的经济或技术门槛。广播媒体没有技术及经济方面的制约，但是广播媒体只有声音符号系统，不能将传统文化中很多需要有形

---

① 巴拉兹：《电影美学》，中国电影出版社 1979 年版，第 28 页。

② 谭宏：《关于非物质文化遗产传播的思考——基于"拉斯韦尔 5W 模型"的分析》，《新闻爱好者》2009 年第 6 期。

态展示、过程演示的内容予以全面立体的展示。比如剪纸艺术、社火表演、书法、绘画等，所以广播媒介本身依然存在着局限。只有电视可以通过自身符号、话语、形象的综合优势实现对传统文化相对充分全面的展示。因而，随着传统文化传承的原本土壤的破坏，传统文化必须寻找现代语境下适合自身传承的途径，电视媒体由于自身的优势成为必然之选。

## 二　电视的特殊属性为传统文化提供了新的传播平台

过去一去不复返，我们不能重建它，物理意义上的"过去"不可以重建，但是人类一直在用自己的方式继承着"过去"。从形体和符号时代、语言时代、文字时代、印刷时代到如今的电子时代，我们用各种文化传播方式对中华文化的发展、中华文明的曾经辉煌进行着传播和继承。20 世纪 30 年代出现的电视不仅是文化本体进步的物态成果，同时也为文化的传承提供了新的媒介。即使是强烈抨击文化工业的阿多诺，也"几乎完全承认技术介入带来的某些好处，我们必须指出，他几乎完全承认技术介入在古典音乐领域的好处"[1]。

1. 电视的媒介特性是电视传播传统文化的基础之一

电视作为现代社会重要的大众传播媒介之一，拥有不同于一般文化和传媒的形态、创制和传播的优势，主要表现在以下几个方面：

（1）传播符号的复合性。"影视语言由于运用了画面、文字、语言、音乐、音响等多种媒介手段，成为高信息量的媒介综合体，已经具备了强大的审美表现力、艺术表现力和思想表现力。"[2] 具体地讲，电视媒介作为复合的话语系统，具有自己立体的、多样化的符

---

① ［美］马克·波斯特：《第二媒介时代》，范静哗译，南京大学出版社 2001 年版，第 8 页。

② 彭吉象：《影视美学》，北京大学出版社 2002 年版，第 187 页。

号，主要包括画面图像、音乐音响、言语三个方面的内容。这些符号作为自身表意的构成元素，参与电视的话语活动，承担不同社会实践中相关价值和文化的载荷。电视媒介语言的三种符号本身就是意义和形式的复合体，从这个层面说，电视媒介语言具有庞大而具生成能力的符码库，其图像和音响的鲜明直观，经由多元素、多材料的科学叠加后，可在一瞬间展现真实、生动的全息形象，形成强烈而直接的感染力。这就意味着，受众能直接面对"原生态"对象，从画面和概念合一的同构性世界获得启悟，而无须常规情形下言语交流中的"解码"过程和通过联想、想象重塑客观对象的逻辑思维过程，这使其传播张力空前提升。同时，在科技手段的支持下，电视媒介超越文字传递，借助光波、声波传输，实现着跨越时空的交流，这种高效能、大覆盖、全方位的沟通，表明电视媒介语言的效能非同一般。事实上，电视有着远比一般语言丰富得多、灵活得多的符码元素（如画面、解说、音乐、图片等），它以视觉和听觉方式分别参与描述、分析、揭示和表现，从外在到内在透辟地诠释对象，而各种深具表现力的能指之间的相互叠加往往会产生无穷无尽的表现可能。因此，我们说电视媒介语言能全面地、最大化地满足受众的认知和娱乐需求。所以从现代传播的角度说，电视媒介语言又堪称是一种具有多项重要优胜指标的现代语言。① 中国传统文化在流变过程中，除了约定俗成的礼仪和道德规范外，更多的内容是以图画、服饰、器皿、手艺等形式保留下来。电视不仅以其强大的符号系统使传统文化中"物态"内容传播成为可能，而且以其独特的媒介语言形式使精神及制度层面的传统文化也可以借助电视进行传播。所以说，电视可以将四合八荒、古往今来的风土人情、帝王将相、精神思想等以电视独特的艺术方式表现出来，功能非常强大。

---

① 黄会林、彭吉象、张同道等主编：《电视学导论》，高等教育出版社2008年版，第8页。

（2）传播方式的直接性。正如海德格尔曾经所说，"真理不仅在于言说，更在于演示"。电视传播以声音与画面符号代替文字符号，以其直观、具象的符号系统消解了"能指"与"所指"的思维过程，突破了文字传播形成的障碍，所以只有看不懂书报的读者，没有看不懂电视的观众。虽然传播方式的直接性导致传播有可能浅表化，但是电视传播方式的直接性也使得有感知能力的人都可以通过电视媒介了解世界、接受信息、享受娱乐、欣赏艺术、接受教化、调整思维。在电视出现之前，从来没有任何一种媒介可以与电视传播方式的直接性相提并论，能使得文化可以如此广泛地被大众接受。

（3）传播对象的广泛性。电视传播彻底打破了地域、身份等级、职业阶层等诸多因素的限制，并为全人类所共享。据业内权威研究公司格兰研究统计，截至2015年2月底，我国有线数字电视用户达到18802.2万户，有线数字化程度约为81.39%（有线电视用户基数为2.31亿户，数据来源于国家广电总局）。昌荣传播《2013年上半年中国收视总结及下半年趋势分析》报告数据显示，"2013上半年，中国消费者电视接触度稳定在90%左右，电视依然是目前中国规模化最大媒体"①。另据北京美兰德媒体传播策略咨询有限公司发布的《2014年第十六届全国电视覆盖及收视状况调研成果》显示："2014年，中央电视台排名前五的频道全国覆盖人口均超过12.6亿、排名前五的省级卫视频道全国覆盖人口均超过10.2亿。"② 另据徐立军、王京《2012年全国电视观众抽样调查分析报告》，"2012年，我国4岁及以上的电视观众总人数为12.82亿人，其中13岁及以上的电视观众为11.56亿人，4—12岁电视观众为1.26亿人"③。虽然互联网

---

① 媒体市场新变化、跨屏成必备手段，昌荣发布：《2013年上半年中国收视总结及下半年趋势分析》，《声屏世界·广告人》2013年第9期。

② http://www.zongyijia.com/News/News_ info? id=28191.

③ 徐立军、王京：《2012年全国电视观众抽样调查分析报告》，《电视研究》2013年第2期。

已经在 2014 年超越报纸成为第二大媒介，但是在我国，迄今为止电视依然在传播领域占据着绝对意义的规模优势。虽然据央视索福瑞 2014 年电视收视市场报告显示，2014 年电视人均收视时长和观众平均到达率双双下降，但是下降之后的中国人均电视收视时长依然有 162 分钟之久，电视观众的平均到达率也尚有 64.3%。①

正是由于电视媒介拥有符号的复合性和传播方式的直接性，电视才拥有了广泛的传播对象。电视媒介本身的技术基础为传统文化的传播提供了技术保证。

2. 电视社会功能属性是电视传播传统文化的基础之二

现代社会中，大众传播发挥着重要的社会功能，是社会有机体的重要组成部分。关于大众传播的功能研究一直是传播学者关注的问题之一。

传播学者拉斯韦尔在 1948 年发表的《社会传播的结构与功能》中将传播的功能概括为三类：一是环境监视功能；二是社会联系与协调功能；三是社会遗产传承功能。其中所谓的社会遗产传承功能指的就是人类社会在发展过程中，对历史的继承和创新总是人类得以发展的基础。人类只有不断将前人的智慧、经验、知识等加以整理、记录并传给后代，人类才能得以继续发展。一个社会的文化和精神只有借助传播才能世代相传，才能够在历史长河中被不断继承并发扬光大。

此后美国传播学者赖特在《大众传播：功能的探讨》（1959 年）中提出了大众传播的"四大功能"，即环境监视、解释与规定、社会化功能、提供娱乐功能。其中，"社会化功能"指的是大众传播在传播知识、价值以及行为规范方面具有重要的作用，人的社会化不只在学校、群体中进行，也是在大众传播的环境下进行的，所以也被称为大众传播的教育功能。"社会化功能"与拉斯韦尔的"社会遗

---

① http://fun.youth.cn/2015/0403/1085537.shtml.

产传承"功能相对应。传播学的集大成者威尔伯·施拉姆曾先后两次对传播的功能进行了探讨和总结。在《传播学概论》（1982 年）一书中，他正式将传播功能定为雷达功能、控制功能、教育功能、娱乐功能。其中，教育功能与上述两人的社会遗产传承功能、社会化功能一脉相承。

此外，拉扎斯菲尔德在与罗伯特·默顿合著的论文《大众传播、大众鉴赏力和有组织的社会行动》中，讨论了大众传播的两种正面功能和四种负面功能。其中正面功能是指赋予社会地位的功能和重申社会准则的功能。斯图亚特·霍尔在《文化、传媒与"意识形态效果"》中指出，现代传媒首要的文化功能，便是选择建构"社会知识"和社会影响。大众传媒是通过传媒建构的这类知识和影像来认知世界，来体味他们曾经经历过的现实生活。

通过以上几位学者的论述，我们可以看出大众传媒具有传播文化的功能。但是正如拉扎斯菲尔德等所说大众传播也具有负面功能，比如大众传播能产生民族文化生存与文化认同危机。那么大众传媒如何实现正面功能而自觉抵制负面功能呢？大众传媒的"议程设置功能"便是对这个问题最好的回答。

大众传媒的"议程设置功能"是在李普曼的"拟态环境"以及拉斯韦尔关于大众传播的"环境监视功能"概念的基础上，通过实证研究提出的一个理论假说。主要观点之一是大众传媒对事物和意见的强调程度与受众的重视程度成正比，该理论强调受众会因媒介提供议题而改变对事物重要性的认识，对媒介认为重要的事件首先采取行动。电视媒介因其主流意识形态话语传达者的身份、电视信号覆盖的广泛性、电视直观生动的传播方式，对受众具有一定的影响力，往往是电视屏幕上某一时期播出什么，在社会上就会有相应的反应。

虽然当前电视的传播效果不是早期"强效果论"时期强调的不

管电视播出什么，观众都是一击即中的"靶子"，但是当前我国以电视为代表的传媒对大众的"关注力"还是有一定引导作用的。① 比如 2015 年《我是歌手》的备受关注就使得其中很多原本并不是非常知名或沉寂许久的歌手一跃成为一线歌手，比如李健。李健是音乐界的才子，之前作为"水木清华"组合的一员在 21 世纪初引起过一些关注，但是在组合解散单飞之后一直没有过高的关注度。虽然其间也创作了《传奇》《风吹麦浪》等优秀的作品，《传奇》在"春晚"上又一次成就了王菲，但李健本人的发展依然不温不火。2013年"春晚"李健和孙俪演唱了《风吹麦浪》，但是观众更多将注意力投向了当年在《甄嬛传》中成功饰演甄嬛的女演员孙俪，李健被隐藏在了孙俪的光芒之下。2015 年第三季《我是歌手》中李健补位出场，成功演绎了《贝加尔湖畔》《在水一方》《假如爱有天意》等歌曲，成为《我是歌手》第三季的亚军。至此，李健在收获广泛关注的基础上又得到了"音乐诗人"的赞誉，知名度和美誉度迅速提升。由于节目的成功从而使参与者知名的例子比比皆是，比如《南京零距离》《非诚勿扰》捧红了孟非，《百家讲坛》成就了易中天，所以说电视在当前还是具有较强影响力的。电视设置的"议题"能引导观众的关注方向，电视对所设置议题的态度能在一定程度上影响观众看待这些议题的态度和立场。

---

① "强效果论"是传播学中关于传播效果研究早期的观点，也被称为"子弹论""魔弹论""皮下注射论"等，在 20 世纪初至 20 世纪 30 年代末被普遍认同。核心观点是传播媒介拥有不可抵抗的强大力量，它们所传递的信息在受传者身上就像子弹击中躯体，药剂注入皮肤一样，可以引起直接速效的反应，能够左右人们的态度和意见，甚至直接支配他们的行动。过分夸大了大众传播的力量和影响，忽视了影响传播效果的各种客观社会因素，否定了受众对大众传媒的能动的选择和使用能力。之后，传播效果的研究还经历了两个阶段，分别是 40 年代至 60 年代的"有限效果论"和 70 年代之后的"宏观效果论"阶段。从表面上看，早期的子弹论与 70 年代以后的宏观效果理论都强调大众传播效果和影响的有利性，但两者之间有着本质上的不同。前者主张的是一种无条件的、无中介的绝对效果，而后者则是在充分考虑到各种制约因素的基础上，对大众传播的影响和效果作出的重新评价。

所以，作为社会公器的电视传媒应该主动担当起传播知识、传承文明的历史使命。电视出现比我们早、整个产业比我们发达的西方国家对电视的社会使命的重视由来已久。比如主管美国对外广播电视的媒体大亨杰弗里·科恩在 1996 年发表的《"美国之音"的六大任务》一文中，就明确指出"美国之音"（含电视台）的职责是"鼓动美国式的新闻自由""输出美国的价值观""提供广泛的学习机会""向全球解释美国的政策""为美国的文化、贸易、旅游等提供服务"等等。① 可见，电视作为大众传播的重要媒介，不传达国家意志和本国本民族文化是不可想象的。电视媒介就是在不断设置符合国家和大众意志的"议题"的过程中实现自身社会公器的价值的。马尔库塞也告诫道："人们真的能将作为信息和娱乐工具的大众媒体同作为操纵和灌输力量的大众媒体区别开来吗？必须记住，大众媒体乍看是一种传播信息和提供娱乐的工具，但实质上不发挥思想引导、政治控制等功能的大众媒体在现代社会是不存在的。"②

据此，我们说电视媒介的媒介属性和社会功能属性，使它成为当代语境中传承传统文化的重要载体和平台。

### 三 电视媒介与传统文化的美学共通性

美学作为一个独立的学科进入中国已经逾百年之久，但是百年间中国美学研究基本上都是对西方美学思想的移植，包括美学研究的基本概念、观念到体系构架等几乎都是照搬过来的。关于中国美学思想史的研究迄今依旧未成为主流。所以有学者说一个世纪以来的中国美学更像是"西方美学在中国"，但是中国传统文化中的美学

---

① 张志君：《相互作用，相互影响——试论电视传播与道德建设的关系》，《当代电视》2001 年第 10 期。

② ［德］霍克海默、阿道尔诺：《启蒙辩证法》，洪佩郁译，重庆出版社 1993 年版，第 134 页。

思想确实不容忽视。叶朗、李泽厚等学者大家都专门著书立说来研究中国美学思想，也已取得了一定的成绩。至于电视与中国传统美学的关系，黄会林教授早就提出"中国的文化传统与影视艺术有着天然的联系。中国古代就有灯影、皮影、木偶戏等艺术样式，反映了人们对活动影像的追求愿望。中国古典戏剧、诗词、绘画等艺术作品，在处理时间和空间的技巧上，常常与蒙太奇镜头语言神似；细加分析也是运用特写、远景、中景等画面和画面组接的技巧，这为我们影视艺术创作和发展，提供了美学的启示"①。下面我们就通过探寻传统美学思想中核心概念之一的"意境"与电视镜头语言的共通性来对这一问题进行梳理。

"意境"最初是针对唐诗创作而提出的概念。王昌龄在《诗格》中称诗有三境：物境、情境、意境。后来才单独提出"意"与"境"的概念。后来，"意境"一词也在绘画评论中运用。宋元时期是中国山水画水平的高峰时期，所以促使写意山水画中艺术"境界"这一特定的审美概念的提出。宋代郭熙父子在《林泉高致》中就明确使用"境界"一词来要求山水画家画出诗意。近代王国维完成"意境"概念的内涵规范。在影视艺术出现之前，意境多见于诗词绘画作品中。影视作品借助高科技的技术手段通过创造银幕和屏幕视像，通过声音、画面、色彩、构图等艺术元素的合理运用，也可以营造出"莺飞鱼跃、剔透玲珑"的意境。法国导演阿贝尔·甘斯就曾经说过："构成影片的不是画面，而是画面的灵魂。"② 法国著名电影理论家马塞尔·马尔丹也曾说过："电影画面含有各种言外之意，又有各种思想的延伸。"③ 这些表达都与中国美学中"意境"理论异曲

---

同工。

1. 长镜头与意境

长镜头一般长于纪实，能够真实再现事件与行动循序渐进的过程和完整表现空间全貌及事物之间的实际关系。纪录片中多使用长镜头，用接近常人的视角不加修饰地记录生活的原貌。但是长镜头同样可以渲染气氛、表达情感、营造意境，如乌克兰 15 分钟的纪录片《天堂》只使用了五个长镜头，没有使用音乐或者解说等任何一点声音符号，却绘就了一幅宛若"天堂"的牧民恬淡自由的生活画卷。具体镜头语言是这样安排的：（1）一名乌克兰妇女沐浴着柔和的阳光，非常娴熟地制作烙饼；（2）一个两三岁的小孩在毡房里一边哭闹一边津津有味地吃着奶酪；（3）毡房外，碧绿的草原一望无际，几只牛羊在草地上悠闲地吃草；（4）昏暗的灯光下，女人收拾餐桌上的碗筷，然后一边洗碗一边低声哼歌；（5）冬季雪天，男人驾着牛车拉着妻儿渐渐驶向远方……这部纪录片只选取了乌克兰牧民生活当中的几个小片段，用短短几个长镜头将之记录下来，流畅自然，富有美感，营造出诗情画意般的意境。

2. 空镜头与意境

几乎任何一部影视剧作品都会有空镜头，空镜头又被称为"景物镜头"，如高山、流水、茅店、小桥、白云、野径……以及任何一件具备意义的大小物件、动物等都可以是空镜头的内容。一般写景的"风景镜头"多用全景、远景；写物"细节描写"的多用近景、特写、中特写、大特写，甚至细部特写。空镜头经常用来介绍环境、交代时空背景、揭示人物心理、表达创作者态度，空镜头具有说明、象征、暗示、隐喻等多种功能，能产生借物寓情、见景生情、情景交融、渲染气氛、引起联想等多种艺术效果。如清宫戏的开场第一个镜头一般是紫禁城的全景镜头或者是电脑制作的特效镜头，都市家庭剧的第一个镜头一般是高楼林立、车水马龙的繁忙都市外景，农村戏的第一个镜头多是农田、乡间小道或者门前的一条黄狗、几只啄米的小鸡……或者用一些具体物象表示时间，如一轮朝阳表示清晨、一弯新月表示夜晚、冰雪消融表示春来、银装素裹表示冬至……这种造型功能及审美情趣远比旁白或者文字要生动得多。再比如，一轮红日喷薄而出代表新的时代即将到来；航拍的壮美山河多寄情于山水，展示个体的渺小或者暗喻故事中人物经历的种种磨难与时间的永恒相比只不过转瞬即逝、微不足道等，景物镜头都营造着景物之后的"意境"。正如王国维所说"一切景语皆情语"，空镜头中的"景"大都述的是情。

### 3. 色彩与意境

营销学上有"7 秒钟定律"，也叫"7 秒钟色彩定律"，指人们可以在 7 秒之内就决定是否对一件商品感兴趣，这段时间中色彩的决定作用占到 67%，所以说色彩能起到感染人的作用。在影视剧中，色彩是导演非常在意的镜头语言之一。比如李少红导演的《橘子红了》就用红色建构了丰富的意境。少女时代的秀禾身着红色的衣服，代表着她心里充满对生活和爱情火一样的热情，象征着火热的青春。在红色的橘园中，秀禾和耀辉两情相悦产生爱情，红色便象征了他们心中涌动的激情和对美好未来的憧憬，红色便营造了唯美的意境。然而当她沦为大太太夺回老爷的工具、被纳为老爷的小妾之后，最初代表着美好与憧憬的红色逐渐变成了禁锢爱情的枷锁，最后秀禾生产时大出血，满屏的红色触目惊心，红色彻底展示了封建社会中女性悲惨的命运。红色从最初的明媚暖色到最后的苍凉入骨形成了巨大的反差，在这个过程中人物的悲剧命运和人物性格特征一步步得以彰显，色彩在这部剧中营造出了故事之外的深层意境。

4. 声音与意境

画面有深刻的表意功能，能够制造意境。但是画面的表意功能有时又是模糊不清的，比如女导演莱妮·瑞芬斯塔尔执导的战争纪录片《意志的胜利》，德国纳粹将其作为战争宣传片。而大部分影像被美国、苏联等国借用配上新的解说词后就成了反法西斯的好影片。这当中就凸显了声音的意义。声音系统同样也是影视符号系统中非常重要的内容，包括语言、音响和音乐。其中语言是指电视中的有声语言，包括人物对话、自述、旁白和解说等形式；音响指电视中收录到的各种现场声音，也称为效果声，例如环境声、自然声等；音乐指在后期制作时配录到电视画面上的音乐或者歌曲，也称为配乐。声音在电视节目中有表达主题内容、增强气氛、连接和转化画面、增强画面感染力等作用。有声语言能够营造意境。圆润动听的声音，停顿合理重音突出、层次分明、感情恰切的人物对话、自述、旁白或者解说都能为观众带来美的感受。比如《舌尖上的中国》第六集"五味的调和"中有这样一段解说词："五味使中国菜的味道千变万化，也为中国人在况味和回味他们各自不同的人生境遇时，提供了一种特殊的表达方式。在厨房里，五味的最佳存在方式，并不是让其中有某一味显得格外突出，而是五味的调和以及平衡，不仅是中国历代厨师和中医不断寻求的完美状态，也是中国在为人处世、甚至在治国经世上所追求的理想境界。"解说人李立宏声音浑厚深沉，表达细腻温润，带有智者的韵味，将"五味"之于中国饮食、之于中国人经世治国的意义娓娓道来，在营造片子的意境上作用重大。再比如电视剧《乔家大院》中乔致庸每次要驾车出行时都会喊一声带着浓重山西腔调的"走嘞——"这一声拖着长调的吆喝荡气回肠，颇具仪式感。这一情节反复出现不仅仅是叙事的需要，同时更有表意的功效。这一声"走嘞——"喊出了乔致庸个性里的放荡不羁，喊出了他脱不了的文人的孤傲，喊出了晋商舍妻别子的艰辛不易，喊出了汇通天下的非凡胸怀，也喊出了山西人乃至北方人的气概。

音乐和音效也可以直接营造意境，比如电视剧中空灵而充满诗意的音乐，能够在全剧的某一段落成为调节情绪与节奏的主要手段。同时音效和乐曲的高低起伏也可以陪伴剧情的发展与故事的叙述，使故事简练而富有深意。比如《大宅门》中始终伴随的京胡的伴奏、《激情燃烧的岁月》中大量器乐演奏的音乐都营造出浓郁的民族味道。

电视视觉元素和听觉元素有效组接，就会造就时间与空间上的双重超越，不仅产生了时空变化，而且扩充了信息量，强化了意境效果的营造和渲染。

小结：传统文化与电视的结合是一种历史必然，一方面，电视媒介独特的物理属性为传统文化的现代传承提供了一种新的平台和模式；另一方面，传统文化本身博大精深、兼容并蓄的丰沛内容为电视媒介传播拓宽了视野，同时，传统文化也是当代电视在全球多元化语境中保持独立民族性的重要支持。从更深的美学层次来说，传统文化与现代电视媒体结合还来自于双方暗通的款款曲意。传统文化与电视的结合的必然性使得传统文化参与建构当代中国电视文化身份成为可能。

# 第二章　传统文化参与建构中国电视文化身份的环境分析

参与建构当代中国电视身份的传统文化通过电视媒介进行传播，是在一定的外围社会环境中进行的。

从历时性层面来看，传统文化是在"现在"而不是历史发展过程中的任何一个其他时间参与电视文化身份建构，这一时间的特殊性必然带来传播内容和方式呈现与之匹配的特殊性。比如，传统文化中的"仁义礼智信"，既包含着个体修身养德的内容，也包含着社会伦理、社会秩序的内容，有其精华也有其糟粕，那么在"现在"电视传播中，就需要有一个取其精华、去其糟粕的遴选过程，使其符合当下政治、经济、文化、社会的要求，扬长避短方能古为今用。再比如，中国传统文化中有"重农抑商"的思想，当下通过电视来进行传播与改革开放之前对此进行传播的立场和态度会有明显的差别。所以说，这一时间节点的特殊性对于传统文化的电视传播有着直接的影响。

从共时性层面来看，传统文化参与建构电视文化身份是在全球化与本土化共同发展的当下发生的，因此传统文化的电视传播不可能不受全球化带来的异质文化的些许影响，亦或者为了"回应"外来文化对我们自身电视文化带来的巨大影响，避免我们的电视成为西方文化的"东方试验场",我们必须有意识地"设置"一些传播内容和传播方式,比如面对西方世界针对中国经济崛起而忧心忡忡的"中国威胁"论时,我们就必须通过各种渠道宣传中国的"和而不同"与"和谐共处"的观念,宣传中国历来不独立强调"武功"。所以,只有在与其他文化交流中展示和显现我们文化的真实面貌,我们才能被认识并减少"误读"的出现。我们知道包括电视在内的媒体,作为国家对外宣传的窗口,是很多外国人了解一个国家的主要渠道。从窗口看进来时看到什么风景,他们就会对这个国家产生什么样的印象,如果这一印象反复强化,他们便会得出"就是这样"的结论。所以各国都十分重视对外传播。因此在一定意义上说,电视的文化身份塑造关系着"中国形象"的塑造,而中国电视文化身份的塑造需要传统文化的支撑。中国在与世界各国进行文化交流接触时,必须保持着自己的文化"底色",中国媒体也必须有自己的身份意识。所以从共时性角度看,传统文化的电视传播也必然要考虑"现在时态"中身份建构的环境。

本章就来分析传统文化建构中国电视文化身份的环境,即当前的电视媒介环境。

## 第一节　宏观环境分析

宏观环境是电视媒体发展的外围空间环境,其中包括政治环境、经济环境、文化环境和技术环境等诸多方面,这些环境从各方面对电视媒介的发展产生着直接的影响和作用,有利于电视发展的宏观环境会对电视的发展起到积极的促进作用,不利于电视发展的宏观环境则会对电视的发展产生制约和限制,阻碍电视的向前发展。脱离了对外围环境的观照，谈中国电视的文化身份建构将无异于"闭门造车"，这就像任何一个人对自己的身份定位过程中都不会脱离他所生活的环境一样。

中国电视文化身份的建构是在一定时代特定的政治环境、经济环境、文化环境和技术环境中进行的，离开了这些特定的环境，电视文化身份建构将无从谈起。

## 一　政治环境

政治是一个宏观概念，虽然政治的方方面面都与文化的发展及媒体的发展有一定的关联，但是在所有的政治范畴，国家统治阶层关于文化的政策和态度对文化、媒体的发展影响最为直接。国家的顶层设计在一定程度上决定了文化的走向及发展态势。优秀传统文化能否得以顺利传承，其先决条件在国家的顶层设计。如果国家高度认可传统文化，给予其足够的重视，认同文化发展关系国家的长治久安，并基于国家治理的考虑，对传统文化进行提炼、归纳、传播，那么传统文化就能够得以顺利传承并发扬光大。

1. 中华人民共和国成立后中央的文化政策的梳理

在 1951 年和 1953 年，毛泽东相继提出"百花齐放"和"百家争鸣"，1956 年的"双百"方针亦因此而得名。改革开放以来，中共中央又对文化发展进行多次部署，1996 年的十四届六中全会，中央提出"要积极培育和完善文化市场，一手抓繁荣，一手抓管理；深化文化体制改革，增强文化事业的活力"。在这一时期，文化发展逐步回归到顺应自身规律的主体本位。邓小平在南巡讲话中提出只有两个文明（物质文明和精神文明）都搞好，才是有中国特色社会主义。2000 年，中共中央十五届五中全会中"发展文化产业"的词汇首次出现在中央文件当中，文化产业在经济中重要的地位进一步提升。2002 年，文化体制的改革再次成为十六大文化、政治方面的一个焦点，中央希望文化领域进一步市场化，从而促进文化产业的繁荣，同时在法制的约束下和在政府的监管下，文化产品的质量能够得以提升。"推进文化体制改革。抓紧制定文化体制改革的总体方案。把深化改革同调整结构和促进发展结合起来，理顺政府和文化企事业单位的关系，加强文化法制建设，加强宏观管理，深化文化企事业单位内部改革，逐步建立有利于调动文化工作者积极性，推动文化创新，多出精品、多出人才的文化管理体制和运行机制。"①不过，就如何达成这一目的的具体手段，却是大而化之。

在 2007 年十七大的报告中，这些问题得到了较为明确的阐述，尤其是"文化软实力"一词被写入大会报告。文化问题由此在多重视野下得到观照，以社会主义核心价值观为主题，一方面是从国际视野来定位中国自身的文化身份，亦即"建设和谐文化，培育文明风尚"；另一方面，中国传统的文化同样得到重视，使之在现代文明中显出自身本色，因而使传统文化保持其连续性，成为中华民族凝聚的精神纽带，也就是"弘扬中华文化建设中华民族共有的精神家园、推进文化创新增强文化发展活力"。这些话题成为文化政策的重要战略任务。

2011 年十七届六中全会通过了《中共中央关于深化文化体制改革推动社会主义文化大发展大繁荣若干重大问题的决定》，其中明确提出了"文化强国战略"，并指出"要实现建设社会主义文化强国的奋斗目标，就必须整合各种文化资源与文化力量，启动文化大发展与大繁荣的步伐，同时还要不断借鉴国外优秀文化成果进行再创造和集成创新，不断提高文化建设科学水平"。② 这说明，在世界范

---

① 江泽民同志在党的十六大上所作报告全文，新华网，2002 年 11 月 8 日。
② 《中共中央关于深化文化体制改革推动社会主义文化大发展大繁荣若干重大问题的决定》，新华网，2011 年 10 月 25 日。

围内各国综合实力竞争日益激烈的时代，中央明确意识到，文化在国家的建设和长久发展中具有不可替代的作用。意识形态建设固然是文化的一部分，正如要"建设社会主义文化强国"，但是，文化的繁荣，共同体的身份认同却必须依靠更加民主的文化政策，所以报告中提出："建设社会主义文化强国，关键是增强全民族文化创造活力。要深化文化体制改革，解放和发展文化生产力，发扬学术民主、艺术民主，为人民提供广阔文化舞台，让一切文化创造源泉充分涌流……"① 由此我们可以看出，中央对文化发展越来越重视，对文化发展的规划越来越清晰，而凸显文化身份则是值得我们注意的一个重要思想。

2. 文化为何被重视

为什么中央如此重视文化的发展，并越来越重视呢？这自然是改革开放的应有之义，是增强国家竞争力的重要战略、是构建文化身份感的迫切要求，同时这也是中央从很多发达国家的经验中总结出的道理。

（1）文化是一种力量。美国学者约瑟夫·奈在20世纪80年代提出了"文化软实力"理论。他认为国家力量的运用主要有三种形式，分别是强制、援助和吸引，并形象地将三者解释为"大棒政策""胡萝卜政策"和软实力。并列出国家实力的公式：国家力量 = 强制 + 利诱 + 吸引。其中"强制"（军事力量）和"利诱"（经济力量）是硬实力，属于有形力量。而无形力量更多是以"软性"力量的方式存在，不是通过强制而是吸引来实现目标。约瑟夫·奈认为，历史上很多强大国家的衰落是因为缺少软实力。美国要保持强大，不能仅仅依靠经济和军事，同时还要更好地发挥美国价值观、生活方式

———————

① 《中共中央关于深化文化体制改革推动社会主义文化大发展大繁荣若干重大问题的决定》，新华网，2011年10月25日。

和文化的作用，用"说服"的力量来领导世界。虽然约瑟夫·奈处于对美国在未来保持强大而提出的"软实力"理论，但是这一理论对任何国家都有明显的借鉴意义。

（2）"文化立国"是很多发达国家的一种战略，也是体现自身文化独特性、增强国家和民族的自信心的必要举措。从 20 世纪末期很多西方发达国家纷纷提出"文化立国"的战略，将文化对于国家发展的意义提高到非常显著的位置，并与之配套制定了一系列的政策法规以保障文化立国政策的实施。"他山之石可以攻玉"，这些国家的成功经验使我国的权力核心层也认识到文化之于国家、民族的重要意义。

法国自中世纪以来便是欧洲强国，在文化上也是备受瞩目，虽经历轰轰烈烈的革命，但其文化传统也得以生生不息。到 20 世纪，法国在文化政策上也不敢有丝毫懈怠，也把树立"文化大国"形象为己任。1993 年，法国在世界关贸总协定的乌拉圭回合谈判中，首先提出了"文化例外"原则，意在反对将电影等视听产品列入一般性服务贸易范畴。英国政府同样不甘落后，在 1998 年提出"创意产业"的概念，无疑是试图通过发展文化创意产业，全面提高国家的核心竞争力。

我们的亚洲邻国日本、韩国等国也分别制定了相关的"文化立国"的国策。日本在 1995 年出台了《新文化立国：关于振兴文化的几个重要决策》，虽然因经历了"军国主义的冒险"而身负恶名，但在战后却在经济领域快速腾飞，而在文化领域，这个决策的意图也是不言自明，体现了目标远大的国家战略。日本不甘在文化领域遭受殖民，反而要以积极的姿态塑造其文化身份。这是日本在经历了军事立国、经济立国之后的第三次远航——确立了文化立国的战略。韩国的文化政策，相比之下更具体而明确。在 1998 年遭遇亚洲金融风暴之后，赫然提出"文化立国"的方针，以"两个五"简要表述：力争在五年之内把韩国在世界文化产业市场占有率从 1% 提高到 5%；力争在五年内培养出 1 万个内容创作者，其中 10% 有外销能力。

当今世界最强大的国家美国更是咄咄逼人，在军事立国、经济立国的同时强调用文化的强大来保持国际地位，重视以文化力量扩展国家的影响力。事实上，美国前总统克林顿就曾说过：美国的文化产品到哪里，美国的力量就延伸到哪里。奥巴马政府提出的"巧实力"概念也可谓强调软（文化）硬（经济和军事）兼施。2010 年5 月美国颁布的《国家安全战略报告》，要让"独特的文化吸引力"与"世界上最大的经济体、最强大的军事力量和强大的联盟"并驾齐驱，自不待言，若非"独特的文化吸引力"，就难以保持"世界领先地位"。

发达国家在文化领域的发展模式和推行措施固然各有差异，但"文化立国"的宗旨却是同出一辙。这些国家"文化立国"方针的制定对我国具有明显的借鉴价值。鉴于他国的成功经验，近几年中央越来越重视文化的发展。十八大报告指出："文化是民族的血脉，是人民的精神家园。全面建成小康社会，实现中华民族伟大复兴，必须推动社会主义文化大发展大繁荣，兴起社会主义文化建设新高潮，提高国家文化软实力，发挥文化引领风尚、教育人民、服务社会、推动发展的作用。"① "文化强国"的国家战略进一步得到提升。

3. 十八大以来对传统文化的重要论述

从上面的论述中，我们可以看到中央对文化的重视与日俱增。在中央强调文化强国战略的同时，十八大以来习近平对传统文化也进行了多次强调，充分肯定了传统文化的意义及传统文化在"文化强国"战略中的重要意义。这是中国自近代以来，政治核心层第一

---

① 十八大报告（全文），新华网，2012 年 11 月 19 日。

次如此密集而高调地对传统文化进行论述。

2013 年 3 月 7 日，习近平在中央党校建校 80 周年庆祝大会暨 2013 年春季学期开学典礼上的讲话中指出："中国传统文化博大精深，学习和掌握其中的各种思想精华，对树立正确的世界观、人生观、价值观很有益处。学史可以看成败、鉴得失、知兴替；学诗可以情飞扬、志高昂、人灵秀；学伦理可以知廉耻、懂荣辱、辨是非。"① 对传统文化的当代意义进行了高度的评价。在 2013 年 8 月 19 日《全国宣传思想工作会议上的讲话》中指出："宣传阐释中国特色，要讲清楚每个国家和民族的历史传统、文化积淀、基本国情不同，其发展道路必然有着自己的特色；讲清楚中华文化积淀着中华民族最深沉的精神追求，是中华民族生生不息、发展壮大的丰厚滋养；讲清楚中华优秀传统文化是中华民族的突出优势，是我们最深厚的文化软实力；讲清楚中国特色社会主义植根于中华文化沃土、反映中国人民意愿、适应中国和时代发展进步要求，有着深厚历史渊源和广泛现实基础。"② 2013 年 12 月 30 日在中共中央政治局第十二次集体学习时的讲话中又说："提高国家文化软实力，要努力展示中华文化独特魅力。在 5000 多年文明发展进程中，中华民族创造了博大精深的灿烂文化，要使中华民族最基本的文化基因与当代文化相适应、与现代社会相协调，以人们喜闻乐见、具有广泛参与性的方式推广开来，把跨越时空、超越国度、富有永恒魅力、具有当代价值的文化精神弘扬起来，把继承传统优秀文化又弘扬时代精神、立足本国又面向世界的当代中国文化创新成果传播出去。"③ 在 2014 年 2 月 24 日中共中央政治局第十三次集体学习时又讲道："要认真

---

① 习近平：《在中央党校建校 80 周年庆祝大会暨 2013 年春季学期开学典礼上的讲话》，人民网，2013 年 3 月 4 日。
② 《习近平论中国传统文化——十八大以来重要论述选编》，《党建》2014 年 9 月。
③ 同上。

汲取中华优秀传统文化的思想精华和道德精髓，大力弘扬以爱国主义为核心的民族精神和以改革创新为核心的时代精神，深入挖掘和阐发中华优秀传统文化讲仁爱、重民本、守诚信、崇正义、尚和合、求大同的时代价值，使中华优秀传统文化成为涵养社会主义核心价值观的重要源泉。"① 在 2014 年 10 月 15 日召开的文艺工作座谈会上，习近平又多次提到传统文化，他说："中华民族具有 5000 年连绵不断的文明历史，创造了博大精深、光辉灿烂的中华文化，为人类文明进步作出了不可磨灭的贡献。不论过去还是现在，都有其永不褪色的价值。"② 同时站在全球文化软实力竞争的制高点上，对文艺创作和传统之间的关系作出了如下论述："文艺创作不仅要有当代生活的底蕴，而且要有文化传统的血脉。要坚守中华文化立场，传承中华文化基因，展现中华审美风范。"③

对文化的重视是我国当前电视媒介发展最有利的政治生态环境，在这样一个宽松、和谐、良好的政治环境中，中国电视的文化身份建构有了可能。尤其是十八大以来政治核心层对中国传统文化进行了多次反复的强调，从传统文化在历史上对中国、对世界产生的重要意义和传统文化的当代价值等多方面进行阐释，表明了对传统文化在文化强国战略中重要意义的认可和推进。在这样的环境背景中，传统文化参与中国电视的文化身份建构得到了来自顶层的支持。从另一方面讲，传统文化参与中国电视的文化身份建构也是践行"文化强国"战略。

## 二　经济环境

中国经济从改革开放后进入快速发展阶段，中国电视的发展之

---

① 《习近平论中国传统文化——十八大以来重要论述选编》，《党建》2014 年 9 月。
② 中共中央宣传部：《习近平总书记在文艺工作座谈会上的重要讲话学习读本》，学习出版社 2015 年版，第 108 页。
③ 同上。

路也正是其不断市场化、不断适应我国经济体制改革步伐和节奏的探索之路。

　　北京电视台早在 1958 年便已成立，但在 1978 年之前，中国全国的电视台并不具有任何盈利性质，不具有产业功能，所有的开支都是政府拨款支付，电视台是典型的事业单位。在此期间，电视媒体完全是党和政府的喉舌，负责政治意识形态的宣传。然而，1978 年 1 月 28 日上海电视台破天荒播放了电视广告，自此中国电视才走上了产业化的道路。想来这一事件也并非贸然之举，因为到了 1979 年 11 月，中宣部发布《关于报刊、广播、电视台刊播外国商品广告的通知》，电视等大众媒体发布商业性广告没有必要再瞻前顾后，而是得到国家政策的支持。1983 年第十一次全国广播电视工作会议，更是借改革开放的东风，提出中央、省、地区、市县"四级办广播，四级办电视，四级混合覆盖"的方针，推动广播电视行业进入了大规模的扩张时期。从 1983 年至 1995 年，短短的 12 年间，中国的电视台从可怜的 52 座，一举飞跃到 3000 座以上，其中包括无线台、有线台、教育台、经济台等。但是"四级办台"政策并没有带来中国电视产业化的发展，"四级办台"的初衷是为了更好地进行宣传工作。实际上，数量的急速增长固然是电视媒体发展的一个标志，但伴随的却也是大量的重复建设，浪费资源，却没有创造应有的效益。到 20 世纪的最后几年，学界和业界都认识到产业化经营才是电视业发展的必然趋势，然后，上海和广东等地在电视台的体制改革上进行了积极探索，并出现了所谓"珠江模式"。这样，我们便可以理解 1999 年《关于加强广播电视有线网络建设管理的意见》出台，"四级"开始向"两级"转变，中央和省、自治区、直辖市为"两级"开始组建企业化、集团化的广播电视集团。

　　2002 年，中共中央十六大报告中第一次将文化区分为文化事业和文化产业，明确了电视除了新闻传播等政治属性之外还有产业属性，广电总局（简称"总局"）正式将发展电视产业提上重要议事日程。同年 12 月底，总局发布《关于促进广播影视产业发展的意见》（简称《意见》），第一次用正式文件的形式对发展广播影视产业的指导思想、基本原则、基本思路和政策措施等做了具体说明。《意见》中明确提出："坚持多种经济成分共同发展，有利于充分吸纳和利用社会资源发展广播影视产业，形成多主体公平竞争、开放有序的市场环境，促进市场繁荣和产业壮大。要积极推行广播影视产业领域公有制经济的多种有效实现形式，大力发展和积极引导广播影视产业领域的非公有制经济，凡是法律法规未禁入的领域都要允许非公有资本进入或参与。"[1]

2004 年是中国电视产业化发展的关键一年。2003 年年底，广电总局召开全国广播影视工作会议，会议提出将 2004 年作为"数字电视年"和"产业发展年"，并配套出台了一系列相关的政策。在《关于促进广播影视产业发展的意见》中将广播电视业划分为"公益性事业"和"经营性产业"两大类，并提出"可以把电台、电视台、广电集团（总台）的除新闻宣传以外的社会服务类、大众娱乐类节目，特别是影视剧的制作经营从现有体制中逐步分离出来，按照产业发展的方向和现代产权制度、现代企业制度的要求组建公司，实行所有权与经营权分离，自主经营、自负盈亏、依法纳税"。[2] 广播电视业中的公益事业部分主要承担政治宣传、服务大众的公益事业职能，其他被纳入产业体系，推向了市场，通过市场来调节。2004 年对于中国电视来讲，意义不仅在于年初的布局，更不同寻常的意义在于年底，12 月广电总局停止了组建和审批广电集团的步伐，

---

[1] http://www.51wf.com/law/1101756.html.

[2] http://news.xinhuanet.com/newmedia/2004-02/20/content_1323651.htm.

并且对已经组建的 20 多个广电集团进行了事业管理与业务运营的分离调整。"这一举动既体现了政府管理层对电视产业集团化浪潮中机构重复设置、人浮于事、效率不高、责任主体不清等问题的政策反思与历史审视，也反映出决策者在对前期市场关系和运营机构还没有理清的形势下，就匆促展开集团化进程的焦躁心态的沉淀与省思。"① 决策层和管理层在中国电视经过近 10 年的探索后意识到，"一元体制、二元运作"的模式并不能作为一种长久规划，而只能是一种特殊时期的权宜之计，因为这种模式存在着很多明显的混乱和权责的不明晰现象，这种模式很难产生竞争机制，中国电视的产业化不能依据此模式真正实现。

不可否认的是，电视台的集团化重组使电视真正地成为一种第三产业，这是 21 世纪之前人们所追求的目标，但也面临了前所未有的问题。这是中国电视发展的一个新时期，这一时期可以以 2005 年 12 月中共中央、国务院下发《关于深化文化体制改革的若干意见》为开始的标志。《关于深化文化体制改革的若干意见》"是新中国成立以来党中央、国务院第一次就文化体制改革做出重大决策"②。《意见》认为，随着国际交往过程中文化、政治、经济三位一体融合化发展趋势的加强，文化作用力在综合国力竞争中的地位和作用正日益突出，而与这种形势不相适应的则是我国文化体制改革所表现出的整体滞后状况——产业主体身份混沌不明、产权结构制度缠杂紊乱、资本评估体系严重缺失。针对这些问题，结合严酷的国际竞争环境和发达国家的体制改革经验，《意见》明确提出了重塑文化市场主体，建构"以公有制为主体、多种所有制共同发展的文化产业

---

① 杨状振：《1978—2008：中国电视产业化经营三十年机制流变研究》，《郑州大学学报》（哲学社会科学版）2009 年第 3 期。

② 齐勇锋：《解读关于深化文化体制改革的若干意见》，《出版参考》2004 年第 4 期。

格局"的观点。同时,《意见》第一次明确划分文化事业和文化产业的范围和界限,这是对我国电视界纠缠很久的问题的解答,也是对"事业单位、企业化管理"模糊说法的理论纠正。根据《意见》划分,"党报、党刊、电台、电视台、通讯社、重点新闻网站和时政类报刊,少数承担政治性、公益性出版任务的出版单位,重要社会科学研究机构,体现民族特色和国家水准的艺术院团,实行事业体制,由国家重点扶持"。其他不主要承担政治任务与公益任务的演出团体、出版单位、影视剧制作单位和文化经营中介机构等逐步转制为企业。根据《意见》规定,文化产业、文化事业都有了明确的社会分工和运营机制的不同。"中国电视管理体制改革也以《意见》为基点,开始了由原来全力追求产业发展外部结构调整和动力机制解放,向以强调产业链的完善打造和结构平衡为重心的建设转型。"①

经过 10 年的发展,中国电视一边在产业化道路上继续摸索,一边继续向前发展,并取得了长足的进步。广电蓝皮书《中国广播电影电视发展报告 2014》显示:纵然有互联网媒体四面出击,分流广告费用,但令人吃惊的是,2013 年全国电视广告总收入依然达到 1119.26 亿元,为历史新高。多档综艺类电视节目的冠名费更是节节攀升。湖南卫视的《爸爸去哪儿》创意独特,明星云集,冠名费自然也是名列前茅,高达 3.12 亿元的冠名费。浙江卫视的《中国好声音》(第三季)不遑多让,冠名费也有 2.5 亿元之巨。而江苏卫视的《非诚勿扰》可谓"历久弥新",2.4 亿元的冠名费也在情理之中。此外,浙江卫视《中国好声音》、湖南卫视的《我是歌手》和《快乐大本营》,分别以每秒 7.47 万元、6.47 万元、4.73 万元的广告价

---

① 杨状振:《1978—2008:中国电视产业化经营三十年机制流变研究》,《郑州大学学报》(哲学社会科学版)2009 年第 3 期。

格位列 2014 年卫视广告招标会单条广告价格排行榜前三名。[①] 这些天价的广告费说明电视对于广告资源还具有强大的吸引力，也在一定程度上反映了当前中国电视还拥有巨大的观众群和影响力。同时值得关注的是，民营电视节目制作单位也跃跃欲试，成为节目制作的有生力量。有统计显示，持有《广播电视节目制作经营许可证》的民营企业有 6000 多家，占制作机构总量的 80% 以上。[②] 由此可见，电视节目的生产制作体系，正向主体多元化方向深入发展，节目市场空前活跃。同时以市场化的平等合作为基础的新型制播分离体系正在逐步建立，电视媒体从传统的节目制作播出机构的角色正在向聚合各类优质资源的播出平台转变，从而得以拉动收视，提升自身竞争力。

但同时我们也要清醒地看到，现阶段中国电视媒体的经济环境还存在不合理之处，主要有：第一，当前中国电视的内容产品产量很高，同时受众对内容产品的需求量也很大，但是电视内容产品的供求匹配度不高，一定程度上暴露出结构性过剩的难题。第二，中国电视产品出口乏力，海外传播和销售仍是短板。2013 年，中国内地核心文化产品出口达 251.3 亿美元，其中全国电视文化产品和服务出口 7.4 亿美元。[③] 电视文化产品和服务出口仅占文化产品出口量的 2.9%，同时电视文化产品主要出口地区是东南亚、中国香港及台湾地区以及北美，其他如中东、欧洲、非洲等地市场还有待继续开发。第三，对既有资源开发不够，缺少盘活既有资源的有效价值增值机制。经过几十年的发展，中国电视已经积攒了海量的内容资源，但是这些节目往往只播出过有限的几次就被封存库房，一方面大量

---

① 《中国广播电影电视发展报告（2014）》，社会科学文献出版社 2014 年版，第 77—78 页。
② 同上书，第 72 页。
③ 同上书，第 141 页。

的磁带、录像带进行数字化转录存储确实费时费力，但另一方面这也说明电视台对这些既有资源的价值还未充分开发，有效增值机制尚未形成。第四，更为重要的是，目前我国电视的发展中最大的经济环境是电视依然处于行政计划模式和市场模式双重制度的环境之下，电视的事业属性和产业属性并没有真正厘清，多数电视台依然在事业的公益性和产业的利益性之间纠缠、牵扯。这个问题如若不彻底解决，中国电视在身份建构过程中就必然要遭遇经济效益和社会效益的冲突，就必然要带来难以调和的矛盾。所以文化事业和文化产业关系的厘清，尤其是相关政策的出台，就显得十分迫切。

## 三 文化环境

电视无论是作为一种媒介形式还是作为一种文化形式，都与其存在的文化环境有着密切关系。一方面，文化环境给予了电视文化存在与发展的外层环境空间，且文化环境对于电视文化的形态、特点及身份建构有直接的影响，直接制约和影响后者的方向；另一方面，电视参与社会文化环境的建构，因为电视本身就是社会文化系统当中重要的体系之一。中国电视当前的文化环境是随着我国改革开放和经济体制改革逐步建立的，也是在与异质文化交流中慢慢形成的。当前中国文化环境最大的特点就是主流文化、精英文化、大众文化的相互交织、相互影响、相互渗透，它们并行共存、杂糅融合。在三者不同因素或支脉的影响之下，电视文化显然缤纷杂呈，形成了电视主流文化、电视精英文化及电视大众文化相互依存、难舍难分的局面。

1. 主流文化

主流文化是指在一个国家和社会中居于主导地位的文化体系，是一个社会、一个时代起主要影响的文化，它是一个国家的主流意识形态的重要组成部分，以维护国家政治目标、表达国家意识形态为主要目的，并代表着一个国家的文化发展方向。

毋庸置疑，当代中国主流文化的核心内涵是中国特色社会主义理论。从毛泽东思想、邓小平理论、"三个代表"重要思想，到科学发展观，再到"中国梦"思想，这些富有中国特色的思想观念一脉相承，共同构成当代中国主流文化的核心内涵。当前我国主流文化的主题是中国特色社会主义共同理想。2012 年习近平第一次提出"中国梦"的概念，指出"实现中华民族伟大复兴，就是中华民族近代以来最伟大的梦想"。之后，习近平又在多个公开场合不断阐述和丰富这一理念。

"中国梦"是当代中国主流文化中最大的母题，在这一母题之下，主流文化意蕴更加丰富，表达更加多样，正是在这一母题之下，传统文化的意义更加得以彰显，因为实现中国梦，必须走中国道路，弘扬中国精神，凝聚中国力量，使历经几千年沉淀的中国传统文化中所有优秀的思想、精神为今天所用，推动中国梦的实现。所以从另外一种意义上说，当代中国的主流文化就是对传统文化的呼唤与弘扬。这是当前主流文化中最为响亮的声音，也正是在主流文化又一次对传统文化给予肯定并从中寻求发展动力之时，本课题的研究才显得更有必要。

2. 大众文化

20 世纪以来，与工业化、城市化和消费化的经济和社会潮流同时出现的是大众文化。大众文化不是大众的文化，也不是文化的大众化，而是与西方文化工业同质的商业文化。大众文化的兴旺发达，传播媒介无疑起到了推波助澜的作用，甚至是其重要的载体。如本雅明所言，电子传播媒介的一大优势是快速的机械复制，而与之相生相伴的大众文化也就不免呈现出批量化、程式化的特点，而当其与新的消费模式相结合时，又表现出平面化、类型化的形态。相较于西方发达国家，大众文化在中国是后生晚辈，但由于凭借市场经济的浪潮，在 1990 年初具规模，在短短 20 年后的今天，已是风起云涌、铺天盖地，足以和主流文化、精英文化分庭抗礼了。毋庸讳言，大众文化的日益壮大改变了中国的文化格局，也在一定程度上改变了中国人延续几千年的传统习俗、道德规范、精神面貌等。

大众文化的商业性是与其他文化最本质的区别，也正是基于大众文化强烈的商业属性，大众文化也被称为"消费文化"。这种文化不是自下而上来自于大众之中的，不是大众的文化，它是商业机制自上而下强加给大众的，目的是追逐商业利润的最大化。关于这一点我们每个人深有感受，普通品牌的商品和知名品牌的商品在实用价值上即使相差无几，知名品牌的商品价格也要远远高于普通品牌，尤其是现在很多备受追捧的奢侈品品牌，Prada、LV、Gucci、Hermes 等，一个普通的手包动辄大几千元甚至几万元、几十万元，消费者购买时用价格中的大部分购买的不是商品本身，而是商品的附加价值。这一附加价值就是经由商家策划宣传经营，大众媒体参与传播造势而获得的。阿奈斯特·埃克斯就一针见血地说："东西好，绝不是畅销的理由，让人觉得好的吸引力是 15 分，让人觉得要买的吸引力是 90 分，中间还有 75 分的差距要跨越！消弭这 75 分差距的，不是努力，而是惊叹号，让人眼前一亮的惊叹号。"① 大众文化就是创造这"让人眼前一亮的惊叹号"，即创造人的新的欲望，而这种欲望不是人所必需的，是人为创造出来为了吸引消费者的。所以大众文化的根本内涵就是满足为需要而需要的虚拟幻想的，操纵整个过程的就是商业目的。

电视与大众文化的关系十分密切，电视首先是大众文化重要的组成部分，同时也是大众文化宣传和传播的主要阵地。朱立元先生就曾经说过："如果说文化研究的中心是大众文化的研究，而大众文

---

① 转引自潘知常、林玮《大众传媒与大众文化》，上海人民出版社 2002 年版，第 10 页。

化研究的中心是传媒特别是电视文化的研究，这应该说不是夸张之词。"① 尤其是随着英国伯明翰学派在全球的影响越来越大之后，电视文化也越来越成为大众文化的代名词。虽然这种说法有些言过其实，但是电视与大众文化不可分割的亲密关系确实是电视文化生态圈中最重要的内容。电视大众文化就是这一内容的另一种表述。电视大众文化确实是当代中国人休闲娱乐的重要内容之一，在结束了一天的紧张工作、学习之余，打开电视看看完全不用动脑细胞的娱乐节目、电视剧、真人秀，看看热闹，不用思考，躺在沙发里做几个小时的"沙发土豆"……但是正像商业性是大众文化的本质属性一样，商业性、物质性也是电视大众文化的最重要的属性。出于商业利益的考虑，电视最是期待用最少的投入赢取最大的产出，于是很多电视节目就消解神圣、偏重娱乐，不追求电视作品长久的美学价值，而是偏好感性、停留于平面，于是反复复制、不追求新意，模式化、类型化泛滥，一档节目取得成功，就会迅速有很多同类型的节目纷纷登台，比如《中国好声音》取得成功后，"转椅子"就成为很多节目纷纷效仿的手段，一时之间"椅子"成为中国电视娱乐节目中最重要的道具，而这终将使节目走向平庸化、平面化，丝毫没有深度可言。正和约翰·费斯克认为的一样"大众文本是被使用、被消费、被弃置的，因为其功能在于，它们是使意义和快感在社会中加以流通的中介；作为对象本身，它们是贫乏的"②。本来科技的优势使电视文化应该走向更深邃的思想和更精湛的艺术，但是就是因为其商业的本质属性使得电视文化更多走向了娱乐，淡化了理性与审美。正是在这样的文化环境中，当前中国电视要建构自己

---

① 朱立元：《当代西方文艺理论》，华东师范大学出版社 2005 年版，第 460 页。
② ［美］约翰·费斯克：《理解大众文化》，王晓珏、宋伟杰译，中央编译出版社 2001 年版，第 149 页。

的文化身份，就必须认清自身身上背负的沉疴，正视大众文化带给自身身份建构的困境与束缚，唯其如此才能更主动地接受来自传统文化的养分滋养，在与外来文化的对话中形成自己的风格。

3. 精英文化

精英文化是与大众文化相对的一种文化形式，其创造者一般主要是职业阶层，尤其是在人文科学方面有较高修养的知识分子，因而精英文化的内容是有一定的专业性和学术性。因其教育程度设定的门槛，其受众自然是如 F. R. 利维斯所说的"少数人"，他们并不以衣、食、住、行等基本的物质生活作为生活目标，而是希望在人文关怀和自我实现方面有所收获，这也意味着精英文化在美学上是追求创新，甚至到了曲高和寡的地步。因此，精英文化被称作"知识分子文化""严肃文化""小圈子文化""高雅文化"，也是自然而然的事情了，虽然在一定程度上，精英文化也被视为一个国家或民族文明的标尺。精英文化的创造主体是精英阶层，这一阶层身份独特，一方面他们与主流意识形态保持一定的距离，以悲天悯人的情怀关注社会和大众，固守独立批判现实的使命；另一方面，他们抵抗商业化的诱惑，保持独立于经济之外的品格和精神，向民众传递着理性精神和价值标准，体现出强烈的使命感和社会责任感。

与大众文化相比较，精英文化具有如下特征：第一，在审美趣味上，精英文化关注真、善、美，追求审美的永恒价值，这与大众文化只追求流行而不过多考虑艺术独特性有本质的区别。正因为如此，精英文化一般生命力持久，可以跨越时空，比如中国古典文学当中的唐诗、宋词、元杂剧、明清小说等都可以跨越历史的藩篱，在今天依然散发出迷人的光芒，为人们所津津乐道。第二，精英文化讲求理性，一般具有较高的社会责任感以及终极关怀的气度，常常带有理想主义的色彩。知识分子基于对常识和专业领域专业知识的全面了解，形成对理论学说独立的判断能力，故而能对主政阶层提供决策参考，匡正其得失。同时又能对普通民众进行思想启蒙，比如西方的启蒙运动和中国的五四运动都是知识分子率先呐喊，走在前列，指引大众寻求前进的方向。

一般来说，精英文化的社会职能和社会作用主要有：第一，解释和宣传主流文化。通常情况下，知识分子通过将主流文化通俗化、大众化改造后对民众宣传社会理想，参与对社会意识形态的解释和宣传，从而将形式上的主流文化完成内在本质化，变成普通大众所能接受的主流文化。第二，承担社会教化的责任。知识分子通常通过确立价值尺度和审美趣味的标准来发挥价值导向的功能。第三，做社会的守望者。古今中外知识分子都在自觉不自觉间发挥着批判社会现实的职责，比如我国的新文化运动就是知识分子发起的期望通过改变文化继而改变社会的运动，充分体现了知识分子对社会自觉承担起的使命感和责任意识。在当代社会，作为精英阶层的知识分子同样是以社会批判为己任，密切关注社会在经济发展的过程中主流文化的起伏变迁，指正普通民众在道德、价值层面的是非得失，正所谓"先天下之忧而忧"，探索中国社会发展的合理方向。在这个全球化的时代，各个国家和民族不仅在经济上建立了紧密联系，文化上的交往也与日俱增，国家和民族一方面遭受着外来文化和意识形态的渗透和冲击，另一方面也希望主动扩展自身的影响力。在这种情势之下，精英阶层当然会自觉地研究外来文化的特点，这与普通民众不加批判的接受态度迥然不同，也与国家层面的战略政策有所不同，因而试图在大众文化与主流文化之间建立联系，也调停它们之间的紧张关系。就精英阶层的自觉意识而言，他们自当是先进文化的代表和传播者，然而，面对电子媒介协助下的大众文化的巨浪大潮，精英文化就显得有些势单力薄，被逼入被动的防守姿态，难免有不小的危机之感。不过，正是在此艰难时刻，方显精英阶层或知识分子的重大价值，他们能以新论冲破俗见、以高雅抗击平庸、以人文价值柔化物质利益，在全球化的时代，他们改良社会思潮、传播人文精神、提升民族情操，自是不在话下。但其可贵之处也在于，以人类文化的高度审视本土文化与外来文化的关系，重新塑造民族身份，给本国和本民族在国际交往中树立恰当的形象，既体现自身的自信，也容易被他人所接受。

当然，我们也应该意识到，在全球化的趋势下，在国内市场经济稳步成熟、经济体制改革不断深化的国内背景下，在科技迅猛发展的潮流之中，中国电视的文化环境呈现出主流文化、精英文化、大众文化相互依存的关系，各种文化之间并无楚河汉界的森严壁垒，只是彼此影响、相互协调、共同发展。比如以维护国家政治目标、国家意识形态为主要目的的主流文化同时也可以具有较高的艺术性，同时也并不排斥商业性。同样以思想启蒙、审美独创为主要目的的精英文化经常也会同主导文化具有强烈的一致性，并且也可能有商业性掺杂其中。同样在上述当前中国社会发挥主要作用的文化形式影响之下的电视文化就呈现出以下内容：具有主导文化倾向的电视主流文化、具有高雅文化倾向的电视精英文化和具有大众文化倾向的电视大众文化。三者多元并存构成中国电视文化最主要的格局框架。当然，在这个框架中三者的地位却是不尽相同，电视主流文化当仁不让，无疑是居于主导地位，而电视大众文化也非亦步亦趋、唯命是从，实乃居于主体地位。反观电视精英文化，或是为传统据理力争，或是为新锐思想开疆拓土，却未免位居边缘，处于弱势。进入 21 世纪，尽管在不同的时间段三者之间会出现此消彼长，但纵向来看，基本格局不曾有大的变动。但是三者关系中有一点值得我们关注，那就是主流文化出于自身政治利益的考虑，将传统文化提升至一个很高的位置，而精英阶层为了"民族文化的独立性"的人文立场考虑，对传统文化也推崇有加。主流文化和精英文化在传统文化的电视传播这一问题上显示出高度的一致。二者"联合"的态势必然对传统文化电视传播产生较强大的推动力。比如央视《中国汉字听写大会》栏目的主办单位之一——国家语言文字工作委员会，在比赛中多位语言学方面的专家也亲临现场担任评委。再比如，多部美学价值和思想价值都较高的人文纪录片也都获得了来自政府的认可和推动。中央领导在出访他国时就曾将优秀的电视剧作品等作为礼物赠送给外国元首。

所以说，主流文化、精英文化、大众文化三者在电视领域的角力中虽各有输赢，但是随着主流文化对传统文化的重视、精英文化对传统文化的推波助澜，二者产生的合力必然使大众文化也接受传统文化的渗透。而事实上成功的传统文化传播的案例也使我们看到，三种文化本身存在着交融的可能性与可行性，这为传统文化参与中国电视文化身份的建构提供了良好的文化氛围。

## 四　技术环境

技术是人类认识自然和改造自然的劳动手段、知识、经验和方法，技术不仅包括物化的劳动工具，而且还包括知识形态的技艺、工艺、生产管理方法等内容。这些劳动工具、劳动技艺和工艺，以及生产管理组织方法等共同构成一个体系，实现最优化的组合和最大的效率使生产发展得以实现。技术是实现生产发展的手段。当我们回顾人类历史传播事业的发展轨迹时，我们可以清晰地看到其间每一次的媒介发展中技术都起到了巨大的推动作用。造纸术、活字印刷术的出现才促使了书籍、报纸的出现；无线电技术的进步促使了广播、电影、电视的出现；卫星技术的发展促进了电视的兴旺；

互联网技术的出现带动了网络传媒的异军突起。每一次媒介的变革都与技术紧密相伴，尤其是现代社会中随着技术的快速发展，媒介也相应有了比过去前工业时代更为高速的更新和变革速度。从 1925 年英国组装完成世界上第一台电视机开始，技术就一直作为其存在的前提条件引导着电视的革新与发展。电视是一门技术性的艺术，技术是电视存在的前提，这一点毫无疑问。技术同样也是研究电视文化过程中的重要预设前提，电视技术环境是当前中国电视文化身份建构中的重要力量和技术保证。

近年来，我国电视数字化的革新速度非常之快，究其实，数字信号不过 0 和 1 两个电平，以今日发达的计算机技术作为保障，数字设备输出的信号的稳定程度已非昔日模拟信号可比，在非线性失真的现象大大减少的同时，信号的存储也变得容易快捷，所以，电视的画质和音质会更清晰，可以提高观众的观赏体验。央视的数字化进程自然是一马当先，早在 2006 年，央视的信号传输系统和播出系统便基本实现了数字化，形成了系统化、规范化、规模化的技术制作播出体系。其中播出系统更是实现了 100% 的数字化。各省市电视台也紧随其后，数字化的改革可以说是日新月异。

在中国电视快速数字化的进程中，互联网的快速发展使电视网络化的转型也日益明显。电视网络化主要包含内容和硬件两个方面的网络化，分别是电视节目的网络化传播和电视终端的网络技术创新。其中电视节目的网络化有两种途径：其一是通过电视媒体创办独立网站播放自己的电视节目，如央视就创办有央视网。其二是与知名网站合作实行多家视频联播的模式，比如爱奇艺网站就与河南卫视联合开发了《汉字英雄》等栏目，多屏联动也成为近几年电视网络化发展中的显著特点之一。在电视节目网络化传播过程中有一个关键指标就是点击量。点击量直接显示节目在网络平台上的播出次数。根据对比分析美兰德发布的《2013 年省级卫视电视节目网络传播效果分析报告》和《2014 年省级卫视电视节目网络传播效果分析报告》，我们得知，2013 年省级卫视视频点击量前 10 名的卫视总点击量是 298.1 亿次，2014 年这一数据变成 416.8 亿次，提高了近 40%。其中两年的前三名的卫视和点击量分别是：2013 年，湖南卫视 118.9 亿次、江苏卫视 41.4 亿次、浙江卫视 34.8 亿次；2014 年，湖南卫视110.5 亿次、浙江卫视 109.3 亿次、深圳卫视 55.0 亿次。快速增长的电视节目的网络点击量充分说明了电视节目的网络传播有巨大的受众群体。同时在内容传播网络化的同时，电视终端网络化也在快速发展。基于宽带和有线电视网络的互联网电视（OTT TV）集上网、通信、多媒体服务于一体，向家庭提供包括电视节目内容在内的多种交互式服务。比如乐视推出的"超级电视"就是其中的代表。

葛洛庞帝在《数字化生存》中将数字化革命带来的互联网与广播电视、报纸等传统媒体之间的融合成为是"随心所欲的多媒体"。这种融合不仅给每个媒体带来了新的机遇，也给传统媒体带来了巨大的挑战。如何在高度融合中不消弭自己的独立性，是包括电视在内的每一种传统媒体都必须深刻反思的。独立文化身份的建构在这种融合中越发显得弥足珍贵，对电视来说亦是如此。

通过以上的论述，我们可以看出，当前中央高度重视文化事业的发展的政治环境、主流文化和精英文化在电视身份建构方面的高度契合的文化环境、电视产业化快速发展、技术的成熟与完善等，都为传统文化参与中国电视身份建构提供了有利的环境。

## 第二节  微观电视环境分析

微观电视环境是电视的内部环境，马克思主义唯物辩证法认为外因和内因共同作用使得事物发展，而其中外因是事物发展的必要条件，内因则是事物发展的根本原因。所以洞悉当前中国电视内部的特点，对于寻求传统文化建构中国电视文化身份的路径有直接的意义。

<h2 style="text-align:center">一　版权引进与原创稀缺</h2>

版权引进是指将外国原创、生产或加工的版权商品（包括外国拥有的版权服务）购买后输入本国市场的版权贸易活动。20 世纪末期中国电视业刚刚开始产业化发展之时，就对外国的节目进行了学习和模仿，没有进行版权的购买，处于无序状态，因而所学节目也仅是学到外在形式，而很难掌握国外节目在制作细节等方面的真正精髓所在。1998 年央视的《城市之间》和《幸运52》的播出开启了我国电视引进国外版权的进程。进入 21 世纪之后，中国多档电视节目高价引进海外模式，尤其是娱乐节目的版权引进更是蔚然成风。2010 年东方卫视引进英国版权的《中国达人秀》节目，已经播出了五季，第一季该节目就因为较高的关注度和收视率而让国内首次大范围开始关注"版权引进"，此后 2012 年浙江卫视购买《荷兰好声音》版权制作的《中国好声音》取得了巨大成功并成为"现象级"节目，更促进了人们对电视节目"版权引进"的关注和重视。此后的 2013 年中国电视出现版权引进"井喷"现象，据统计，2014 年省级卫视和央视引进版权的综艺节目数量超过 60 多档，购买版权的总资金超过 2 亿元，其中涉及的栏目类型有选秀、益智、游戏、真人秀、模仿、访谈、婚恋等。当然，相较于 20 世纪中国电视直接模仿外国节目，全然没有版权概念而言，近期如此众多的电视节目版权购买行为说明了国内在版权观念上的进步。同时版权引进在一定程度上丰富了电视屏幕，活跃了文化市场，也一定程度地提高了电

视节目的档次和水平，从更深层次看，对中国电视制播分离的改革走向深入起到了一定的推动作用。如《中国达人秀》《中国好声音》《中国梦想秀》引进版权的节目关注当下现实、显示平民化视角、弘扬社会主流价值观，都取得了非常好的社会效益和经济效益。再如《最强大脑》等节目在引入版权后对节目进行了全面的本土化改造，除了将原节目赛季式的模式改成季播模式之外，还邀请了章子怡、周杰伦等明星客串助阵，增加了节目的话题性，使得节目赢得了一致好评。但是过度依赖版权引进，也给中国电视带来了明显的危害，主要存在以下几个方面：

首先，过度依赖版权引进导致电视节目同质化倾向严重。版权引进本身与节目同质化之间没有必然联系，但是 21 世纪以来我国电视屏幕屡屡上演的就是这样的戏码。比如央视在引进英国广播公司（BBC）制作的娱乐节目《GO BINGO》之后，大量竞猜益智类的节目就纷纷亮相，包括贵州卫视的《世纪攻略》、广东卫视的《赢遍天下》、江苏卫视的《夺标 800》、重庆卫视的《魅力 21》等，在欧美流行了数十年的电视竞猜游戏旋即风靡了中国大地。再比如《中国好声音》第一季取得收视率频频破 3、总决赛收视率破 5 的成绩后，从央视到地方卫视出现多档唱歌类节目、2013 年满屏都是跳水节目、2014 年又是铺天盖地的喜剧节目。这种一窝蜂似的恶性竞争，使得中国电视同质化现象十分严重。这种恶性竞争造成观众审美疲劳，使得节目很快就会因为丧失新意而被观众抛弃，节目的生命周期大大缩短。

其次，过度依赖版权引进会使电视制作团队形成惰性和依赖心理，这样会使中国电视产业丧失自主创新的动力和能力。依赖购买国外节目版权的跟风现象使得国内电视形成"宁愿高价购买现成的版权，也不愿自主研发新的节目形式"的怪圈，长此以往，资金就会更明显地流入购买版权的市场，而对需要资金、精力大量投入的原创节目的关注度就会明显下降，导致中国电视不敢创新、不会创新，彻底失去与国外电视业竞争的可能性与机会。如近几年，全球节目模式交易市场规模在以每年30%左右的速度增长，2012年市场规模已接近200亿欧元，英国等发达国家节目模式出口成为影视机构收入的重要组成部分。而我国节目欠缺模式开发，直接造成节目模式收益的短缺，影响了本土原创节目的价值链循环。我们可以通过2014年国内引进国外节目的一览表来直观感受中国电视版权引进之风是多么兴盛。但凡我们能叫上名字的娱乐栏目大都是引进国外版权的。

表2-1　　　　　　　　　2014年国内引进节目模式一览

| 序号 | 播出平台 | 节目名称 | 原产地 | 是否是2014年新引进 |
|------|----------|----------|--------|-------------------|
| 1 | CCTV-1 | 谢天谢地你来啦 | 澳大利亚 | 否 |
| 2 | CCTV-1 | 喜乐街 | 德国 | 是 |
| 3 | CCTV-1 | 为你而战 | 德国 | 否 |
| 4 | CCTV-1 | 正大综艺宝宝来啦 | 美国 | 否 |
| 5 | CCTV-2 | 味觉大战 | 美国 | 否 |
| 6 | CCTV-2 | 超级育儿师 | 美国 | 否 |
| 7 | CCTV-2 | 升级到家 | 以色列 | 是 |
| 8 | CCTV-3 | 开门大吉 | 爱尔兰 | 否 |
| 9 | CCTV-3 | 黄金100秒 | 英国 | 否 |
| 10 | CCTV-3 | 幸福账单 | 荷兰 | 是 |
| 11 | CCTV-3 | 完美星开幕 | 土耳其 | 是 |
| 12 | CCTV-3 | 中国正在听 | 以色列 | 是 |
| 13 | CCTV-6 | 来吧，灰姑娘 | 罗马尼亚 | 是 |
| 14 | CCTV-12 | 社区英雄 | 阿根廷 | 否 |
| 15 | 湖南卫视 | 我是歌手 | 韩国 | 否 |
| 16 | 湖南卫视 | 爸爸去哪儿 | 韩国 | 否 |
| 17 | 湖南卫视 | 我们约会吧 | 英国 | 否 |
| 18 | 湖南卫视 | 百变大咖秀 | 西班牙 | 否 |

续表

| 序号 | 播出平台 | 节目名称 | 原产地 | 是否是 2014 年新引进 |
|---|---|---|---|---|
| 19 | 湖南卫视 | 我们都爱笑 | 法国 | 否 |
| 20 | 浙江卫视 | 中国好声音 | 荷兰 | 否 |
| 21 | 浙江卫视 | 王牌碟中谍 | 英国 | 否 |
| 22 | 浙江卫视 | 我爱好声音 | 土耳其 | 是 |
| 23 | 浙江卫视 | 爸爸回来了 | 韩国 | 是 |
| 24 | 浙江卫视 | 奔跑吧，兄弟 | 韩国 | 是 |
| 25 | 浙江卫视 | 健康 007 | 日本 | 是 |
| 26 | 浙江卫视 | 星星的密室 | 日本 | 是 |
| 27 | 江苏卫视 | 一站到底 | 以色列 | 否 |
| 28 | 江苏卫视 | 芝麻开门 | 以色列 | 否 |
| 29 | 江苏卫视 | 最强大脑 | 德国 | 是 |
| 30 | 东方卫视 | 中国梦之声 | 美国 | 否 |
| 31 | 东方卫视 | 中国达人秀 | 英国 | 否 |
| 32 | 东方卫视 | 妈妈咪呀 | 韩国 | 否 |
| 33 | 东方卫视 | 小善大爱 | 英国 | 是 |
| 34 | 东方卫视 | 不朽之名曲 | 韩国 | 是 |
| 35 | 东方卫视 | 花样爷爷 | 韩国 | 是 |
| 36 | 东方卫视 | 两天一夜 | 韩国 | 否 |
| 37 | 东方卫视 | 巅峰拍档 | 英国 | 是 |
| 38 | 北京卫视 | 造梦者 | 荷兰 | 是 |
| 39 | 北京卫视 | 最美和声 | 美国 | 否 |
| 40 | 安徽卫视 | 我为歌狂 | 荷兰 | 否 |
| 41 | 安徽卫视 | 全星全益 | 英国 | 否 |
| 42 | 天津卫视 | 喜从天降 | 韩国 | 是 |
| 43 | 天津卫视 | 百万粉丝 | 西班牙 | 是 |
| 44 | 深圳卫视 | 年代秀 | 比利时 | 否 |
| 45 | 深圳卫视 | 男左女右 | 荷兰 | 否 |
| 46 | 深圳卫视 | 你有一封信 | 意大利 | 是 |
| 47 | 深圳卫视 | 一键启动 | 英国 | 是 |
| 48 | 深圳卫视 | 极速前进 | 美国 | 是 |
| 49 | 湖北卫视 | 如果爱 | 韩国 | 是 |

续表

| 序号 | 播出平台 | 节目名称 | 原产地 | 是否是 2014 年新引进 |
|------|----------|----------|--------|----------------------|
| 50 | 湖北卫视 | 我爱我的祖国 | 荷兰 | 否 |
| 51 | 湖北卫视 | 谁是我家人 | 荷兰 | 否 |
| 52 | 江西卫视 | 谁能逗乐喜剧明星 | 乌克兰 | 是 |
| 53 | 厦门卫视 | 鸡蛋碰石头 | 英国 | 否 |
| 54 | 厦门卫视 | 老爸拼吧 | 美国 | 否 |
| 55 | 旅游卫视 | 神探医生 | 泰国 | 是 |
| 56 | 旅游卫视 | 完美箱遇 | 美国 | 是 |
| 57 | 贵州卫视 | 最强大夫 | 韩国 | 是 |
| 58 | 云南卫视 | 舞动全城 | 英国 | 是 |
| 59 | 黑龙江卫视 | 全民电影梦 | 荷兰 | 是 |
| 60 | 重庆卫视 | 奇迹梦工厂 | 韩国 | 否 |
| 61 | 陕西卫视 | 家有陌生人 | 西班牙 | 是 |

　　资料来源：李冰：《海外节目模式的"引进热"与"冷思考"——2014 年电视综艺节目盘点》，《中国电视》2015 年第 2 期。

　　最后，大量引进国外电视节目的版权也会使得中国电视在无意识间丧失独立的文化身份，对建构自身的文化身份有明显的阻碍作用。"西方国家实施意识形态渗透的重要途径之一就是在'大众文化'消费过程中进行的。在消费过程中通过受众感知体验，开启意识形态渗透的心理机制，通过创造性艺术形式的表现和丰富的联想，释放意识形态感染力，使人们在享受中接受西方意识形态的影响。"①国外原创的节目，其原创意义不仅在于节目的形式，同时也在于节目内容所携带的价值观和思想内容体系，正如好莱坞的大片中随处张扬的"美国主义"一样，西方国家制作的电视节目中也带有他们民族的文化基因，而这些是需要我们在引进时候必须保持高度警惕的。比如《中国好声音》的版权方要求节目中 4 位导师中必须有一位是女性，且这位女导师表现出的语气、态度等必须与原版节目中

————————

　　①　薛叶、周丽：《电视节目版权引进的隐性文化霸权主义》，《新疆职业大学学报》2014年第 1 期。

这一角色定位相符合。这就无疑要求这位女性导师身上所展现的应该是西方女性的张扬的个性。虽然最终选定的那英并不是十分另类的、张扬的女性，但是可以肯定地说她也绝不是符合中国主流审美的传统中国女性温婉贤淑的形象。更有甚者，很多引进版权的节目中宣扬个人主义、展示人性的黑暗面，不符合我们观众的审美习惯，对构建和谐社会非常不利。当时由于缺乏强有力的监管机制，这些内容堂而皇之地出现在家家户户的电视屏幕上，所产生的负面效应不言而喻。从更深层次看，反映西方价值观与美学观的节目大量涌入中国，中国电视的原创性大为缩减，很多时候成为西方电视模式的"中国试验田"，不仅造成了资金的浪费，而且使中国电视无独立身份可言，沦为西方电视的附庸。所以中国电视要建构自己独立的身份就必须改变这种以依靠引进版权为主的制作播出模式，应该自主研发，在政策导向和媒体自觉以及观众保护的前提下，开拓大量原创节目模式，从而在世界舞台上发出自己的声音。

## 二　泛娱乐化与"众神狂欢"

娱乐功能是电视的基本功能之一，但是从 20 世纪后期到 21 世纪以来中国电视的娱乐功能空前膨胀，电视呈现泛娱乐化的倾向。从中国电视自身发展轨迹看，电视在经历了宣传品阶段、作品阶段之后随着商品经济和产业化的发展走到了商品化阶段。电视节目作为商品的意义被有意彰显，同时为了使这一商品价值最大化，电视台使出浑身解数来吸引观众，娱乐作为屡试不爽的法宝越来越被电视台尊崇。从外层环境看，在全球化的浪潮中西方的消费主义、后现代思潮等都涌入中国，促使了娱乐业的发展，也为电视传媒的泛娱乐化提供了土壤，也使中国电视传媒行业开始模仿西方的娱乐节目。加之现代社会竞争压力的加大，人们期望通过娱乐来缓解压力的现实情况也为电视的泛娱乐化提供了契机。同时电视行业从业人员在收视率的压力下或主动或被动地放弃了自己的社会责任感和人文精神，妥协于以娱乐为主要手段的媒体竞争中。再者中国观众整体上媒介素养的欠缺使泛娱乐化的电视献媚有了回声和响应。综合以上原因致使当前中国电视呈现出明显的泛娱乐化倾向。

1. 当前中国电视泛娱乐化倾向的主要表现

（1）新闻节目娱乐化

在传统的定义中，新闻的首要功能是传播信息，新闻追求真实、客观、公正，所以新闻类节目应该是所有电视节目内容中最应该讲求真实性和严肃性的。然而在电视娱乐化的泛滥之时，严肃的新闻就难免也被娱乐化。在 21 世纪初有人问凤凰卫视新闻节目主持人吴小莉"为什么不主持娱乐节目"的时候，她说她"正用新闻娱乐大家"的言论一时激起千层浪，大家对她把新闻和娱乐如此联系的说法纷纷质疑。然而 10 多年之后不再有人对吴小莉的这种说法表现出过多的异议，因为中国在此间的 10 余年间已经悄然走上了新闻娱乐化的道路。自 20 世纪末中国娱乐从大一统的国家话语体系中分离出来之后，在收视率的压力下，尤其是在央视等大媒体新闻垄断的无形压力之下，地方台为了博得眼球，就将主要注意力转移到收集社会新闻、民生新闻和娱乐新闻上了。

新闻节目的娱乐化主要表现在两个方面，一是社会新闻的娱乐化。传统的新闻报道向来是关心国计民生，多多少少显得重大而严肃。但在这个娱乐化的时代，电视新闻在选择内容时，又多多少少会削减严肃新闻的数量，或者简化内容以缩短播报的时间，结果，当观众打开电视时，映入眼帘的多半是家长里短的"街谈巷议"，或是持刀抢劫、街头斗殴等事件，真正是噱头迭出，令人瞠目。在讲述形式上，新闻节目也是"新意"百出，本来单调乏味的鸡毛蒜皮的小事也充满了曲折离奇的情节，此谓之突出新闻的"可看性"。基本上每家地方频道都有自办的这类新闻节目，比如以山西本土新闻为主的山西电视台民生新闻《小郭跑腿》《都市110》等。二是娱乐新闻的泛滥。现如今打开电视，我们总能在各个频道各种栏目中见到明星。明星的行程安排、时尚穿搭、绯闻逸事，无不是电视关注的焦点。娱乐新闻已经成为地方电视台新闻内容中的又一重要内容，以至于很多电视观众不知道本该知道的国家大事，但却对明星的隐私逸事了如指掌。这些都严重影响了电视行业的良性发展，使得电视成为无聊庸俗新闻的贩卖者。

（2）电视内容媚俗化

电视作为大众文化的重要载体，"俗"是其本来属性之一，必然具有公共性、大众化和通俗性的特点。但是这里的"俗"强调的是"通俗"，是大众所能接受的形式和内容，同时也是普通民众反映心声的重要载体和平台。这里电视的"俗"主要发挥着上情下达和下情上传的作用，与"媚俗"有明显的区别。"媚俗"是指电视媒体对受众存在低级趣味的迎合。近几年中国电视的内容媚俗主要在综艺节目、电视剧、电视广告等中明显体现。

首先，大量综艺节目内容苍白匮乏。当前有很多电视综艺节目没有实质性的内容，节目主要通过主持人之间的打打闹闹、装疯卖傻、插科打诨来填充时间，有时有嘉宾参与，但有些嘉宾拿腔作势、说些低俗肤浅的话，甚至会传递错误的价值导向，造成对公共资源的浪费，这类节目除了供人消遣之外再无他用。而这种节目现在不在少数。

其次，电视剧内容低俗。中国电视剧虽然产量极高，但优秀作品乏善可陈。并且同类电视剧扎堆出现，盲目模仿。一部《还珠格格》捧红了"疯疯癫癫"的"小燕子"，电视屏幕就迅速出现活跃在各个朝代、各个领域的"小燕子";《激情燃烧的岁月》使石光荣的形象深入人心,于是和石光荣一样难脱农民底色的军人角色便蜂拥而来;《潜伏》取得成功,于是各种潜伏类型的英雄角色便又相伴而来。远有穿越剧风靡一时,近有霸道总裁横扫屏幕……中国电视剧市场总是因其相互模仿、扎堆出现而消磨了观众的收视热情。

最后,电视广告内容格调不高,充满对金钱的崇拜。打开电视,各种广告充斥着屏幕。当前的电视广告大都通过营造一种奢华的生活方式,劝导观众要享受这样高品质的生活,从而让观众对所宣传之物产生欲望,比如大量的汽车、化妆品、高档食品等广告都是如此。这类广告隐喻着奢华的生活方式只有通过金钱的拥有和消费才能实现,向观众灌输了"金钱至上"的不良观念。此外,例如妇炎洁"洗洗更健康"、汇源肾宝"他好我也好"的广告词更是恶俗不堪。

2. 电视泛娱乐化的消极影响

(1)电视泛娱乐化会弱化电视媒介的舆论监督功能。电视具有监督舆论进而参与社会功能调整的职能,但是由于电视为了一味追求高收视率而主动降低身段,将目光投向娱乐八卦、奇闻逸事,或者在严肃节目中添加娱乐元素,"用新闻娱乐大众",甚至制造假新闻。当电视上的新闻真假难辨、电视剧荒诞不经、电视栏目空洞乏味、电视广告胡编乱造之时,公众就会丧失对电视的信任,这也正是很多人在当今不开电视机的原因所在。

(2)电视泛娱乐化导致电视文化价值的缺失。电视媒体走向泛娱乐化使得电视传递的价值观变得模糊不清,对观众尤其是年轻的观众造成错误的导向。当电视剧中每天都是高富帅的"王子"爱上了一无所有的"灰姑娘"的时候,电视机前年轻的女孩会每日祈求着这样的幸运降临在自己的头上;当大量的选秀节目让很多平凡的人一夜成名之后,一些电视观众蠢蠢欲动希望自己也能通过这样的捷径一步登天，如从《超级女声》在各个赛区的火爆报名场面就可以看出端倪；当有些人通过搏出位的表演、言语而迅速蹿红为人熟知之后，又有多少人恨不得通过更大胆、更出位的言语和行动来博取大众的关注。

（3）电视泛娱乐化会引起文化的冲突。在电视泛娱乐化的趋势下，为了追求收视率电视人往往把眼光投向能够直接幻化成收视率和经济效益的大众文化，不再推动甚至是主动摒弃不能带来直接利益的精英文化。在这种情形下大众文化被抬升到无以复加的高度，而精英文化则被逐渐挤压甚至边缘化，公众对精英文化的情结被斩断。如此，知识分子将失去话语权，从而被迫退出参与社会的电视舞台，电视也终将沦为彻头彻尾的娱乐至死的工具。

正像时统宇先生在《媒体泛娱乐化现象批评》中指出，"媒体传播低俗化的扩散已经影响到了政治、经济、法制等严肃主题，严重损害了大众媒体的健康发展"。电视的泛娱乐化已经到了不管不行的地步了。

小结：通过对当前中国电视的宏观环境分析，我们可以看出：第一，中国经济的快速发展促进了中国电视产业化的发展进程，但是，中国电视产业化发展过程中依旧存在结构性过剩、出口乏力等问题；第二，中国电视当前最大的政治生态环境是我国对于文化的重视，这使得传统文化参与电视建构获得了来自顶层的认可和支持；第三，当前，中国电视的文化环境的主要特点是主流文化、精英文化和大众文化交织影响的杂糅融合的局面，中国电视在身份建构的过程中要自觉抵制大众文化的消极影响而依赖精英文化的指导；第四，技术的发展使中国电视数字化、网络化的发展态势日益凸显，电视在寻求身份建构途径中还要兼顾技术带来的制播环境的变化。同时通过对当前中国电视微观内部环境的分析，我们可以看到中国电视依赖版权引进、不注重原创节目的开发，娱乐节目泛滥、形成"众神狂欢"的热闹场面，但是在热闹的表象之下我们也看到了中国电视缺乏核心竞争力和明确的身份符号。如何应对这样的媒介环境，我们认为传统文化电视传播是维持电视节目生态平衡的重要因素，是改变上述一系列问题的关键所在。

# 第三章　传统文化参与电视文化身份的内容建构:以传统文化类电视栏目为例

随着国与国交流的日益频繁,全球呈现经济一体化、政治多极化、文化多元化的格局。世界各国人民通过大众媒体等渠道对他国文化都有了一定程度的了解和认识,在此过程中,很多文化具有了"标签"意义,使无论身处世界何处的人看到之后都会确定"标签"的文化归属,即其文化身份。比如观众看到歌舞片就可以推测出电影的印度身份,见到"邦德"、米老鼠、蜘蛛侠就可以推测出影视作品的美国身份,见到美少女、七龙珠等就可以确认影视作品的日本身份……中国影视剧除了功夫、李小龙等很少的内容之外,至今仍缺少代表中国、中国文化身份的"符号"。

2008 年北京奥运会开幕式上三千学子"击缶而歌",日晷、飞天的展示,昆曲、京剧的传神演绎,活字印刷、丝绸之路的立体呈现,代表着"渊源共生、和谐共融"的祥云火炬,独具中国韵味的引导员的旗袍……这些都是中国电视借助奥运会的平台向外传播中国文化时,在内容方面建构的"中国符号"。这些符号向参与奥运会的人员和通过电视收看北京奥运会的外国人展示了中国的文化。这些符号是 2008 年北京奥运会电视传播中最稳固、持久、扎实的根基,这些符号通过电视传播在一定程度上加深甚至改变了很多外国人对中国及中国文化的态度,奥运会期间国外多家媒体对奥运会的善意评论就是最好的证明。并且我们发现,无论是日晷、飞天,还是卷轴画、长城,这些符号都来源于中国传统文化,基本没有例外。所以说,中国传统文化是中国电视文化身份建构过程中最根本的内容提供者,是中国电视文化身份建构的基础。

电视栏目是我们最常见到的电视节目类型之一,其承载的内容丰富多样。电视栏目可以将各种代表传统文化的"中国符号"应用在节目中,显示和标识电视的中国身份。本章我们就以电视栏目为例,来分析传统文化是如何对中国电视文化身份进行建构的。当然需要说明的是传统文化为电视提供可直接呈现或间接表现的内容符号,并不是仅能支撑电视栏目的身份建构,它对于其他电视节目类型,如电视广告、纪录片等也同样适用。不过因其体系太过庞大和复杂,所以我们仅以电视栏目为例,分析21世纪以来传统文化参与电视栏目身份建构的成功案例,来寻找传统文化参与中国电视文化身份内容建构的途径,窥一斑而见全豹,也可以在一定程度上揭示其本质。

电视栏目是常见电视节目形态之一,具有相对固定的栏目名称、节目内容、片头、播出时间、节目长度、风格样式、结构模式、叙事方式、主持人,从内容到形式的相对固定使节目传播有相对统一的样态,便于观众与之建立"约会意识",便于稳定收视群体的培养和建立,反过来也可以在固定套路的规范下将节目制作得更为精细。向我国输出的多档外国电视栏目在这方面就做得比较完善,比如《荷兰好声音》的版权被世界多国购买,究其原因,就在于《荷兰好声音》制作流程非常规范,从导师的选择标准这样的"大事"到现场摄像机的数量及拍摄角度等诸多"小事"都有明确的规定,所以在严格规程规定下制作出的《荷兰好声音》不仅在荷兰本土广受好评，而且因其规范的操作流程便于学习和模仿，所以该栏目才能够被多国引进，继而出现了多国版本的"好声音"。

　　21世纪以来，我国以传统文化为主要节目内容的电视栏目层出不穷，并涌现出了很多档"现象级"栏目，比如《百家讲坛》《汉字英雄》等，这些栏目的大量涌现不仅是传统文化借助电视媒介进行传承的举措，同时也是中国电视文化身份建构的重要途径。传统文化为中国电视文化身份的建构提供了最根本的内容素材，这些原汁原味的中国传统文化内容是标识中国电视文化身份的最直接的"名片"。首先是中央电视台的《百家讲坛》在2004年的华丽变身，奠定了自己的地位，并引起众多省级卫视的效仿，一时讲坛类节目频见于电视荧屏。之后继起的以知识传授为主要内容的栏目是2013年央视开播的《中国汉字听写大会》《汉字英雄》《中华好诗词》等。其次还有《鉴宝》（央视二套）、《投资收藏》（凤凰卫视）、《收藏》（北京财经频道）、《找你》（吉林卫视）、《艺品藏拍》（天津都市频道）、《艺术玩家》（湖南娱乐频道）、《宝藏》（浙江经济生活频道）、《盛世典藏》（昆明电视台）等鉴宝类节目的一时风行。再次，开播于20世纪末的戏曲擂台节目在21世纪保持了稳健的发展态势，形成了自己固定的收视群体，这类节目的代表有《梨园春》（河南卫视）、《走进大戏台》（山西卫视）、《相约花满楼》（安徽卫视）等。再次，天津卫视2014年开播的《国色天香》，将传统戏曲与现代音乐结合，独树一帜。最后，2015年北京卫视开播的《传承者》以中国非物质文化遗产传承人的展示为节目主要形式，拓宽了真人秀类节目的领域。这些节目都突出传统文化内容，成为中国电视文化身份塑造过程中独有的符号。

## 第一节　《百家讲坛》:文化走下神坛

《百家讲坛》初创于 2001 年，首播于 2001 年 7 月 9 日中央电视台科教频道，最初《百家讲坛》的定位是"文化品位、科学品质、教育品格"，选题范围很广，从自然科学到饮食起居，从人文科学到养生健康等，只要与学术沾边，都在其选题范围之内。但收视率总不尽如人意。2002 年 5 月 16 日，《百家讲坛》进行了大的调整，重新定位为"一所汇集名家名师的开放大学"，改版之后的节目以"建构时代知识，享受智慧人生"为宗旨，坚持学术品位。但收视率依然不佳。2003 年 9 月《百家讲坛》经历了第二次改版。之后的收视率有了一定的起色。2004 年 5 月，清史研究专家阎崇年在《百家讲坛》主讲了《清十二帝疑案》，这一系列措施出现了 0.57% 的高收视，而在此之前的《百家讲坛》的收视率普遍在 0.1% 以下。以此为起点，《百家讲坛》相继推出了《揭秘红楼梦》《品三国》《论语心得》《庄子》等系列节目并持续热播，收视率一路飙升，捧红了阎崇年、刘心武、易中天、于丹、纪连海、王立群、康震等一批原本只是在自己的专业领域比较知名的学者，同时节目的热播还带动了一条衍生产业链，多位主讲人根据讲义整理的书稿销售量都破百万册。分析《百家讲坛》从初期的"门庭冷落"到改版后的"高朋满座"的原因，主要就是在两次改版中真正进行了内容的转变、主讲人讲述方式的转变和节目包装等方面的转变。

### 一　讲坛内容的转变

正如上文中所说，《百家讲坛》在创始初期，定位比较高端，选题范围也很广泛。我们通过 2001 年全年《百家讲坛》的节目单可以看到些许端倪。

表 3 - 1　　　　　　　　2001 年《百家讲坛》的节目单

| 播出日期 | 播出内容 | 主讲人 |
| --- | --- | --- |
| 7.9 | 美与物理学 | 杨振宁 |
| 7.10 | 实验物理与物理学前沿 | 丁肇中 |
| 7.11 | 唐宋咏春诗赏析 | 程郁缀 |
| 7.12 | 泰山美学 | 杨辛 |
| 7.13 | 中国南北差异 | 胡兆量 |
| 7.16 | 世纪理论物理学的主旋律 | 杨振宁 |
| 7.17 | 科学与艺术的对话 | 李政道 |
| 7.18 | 三曹父子与建安诗风 | 钱志熙 |
| 7.19 | 孝的艰难与动人 | 张祥龙 |
| 7.20 | 古代希腊人的诗性生活——英雄主义 | 朱孝远 |
| 7.23 | 人类基因组计划 | 陈竺 |
| 7.24 | 书法与中国哲学（上） | 张辛 |
| 7.25 | 书法与中国哲学（下） | 张辛 |
| 7.26 | 不朽的威尔第 | 刘诗嵘 |
| 7.27 | 女性的道德发展 | 肖巍 |
| 7.30 | 数学科学的几种新的发展方向 | 林家翘 |
| 7.31 | 儒学与人生 | 钱逊 |
| 8.1 | 现代战争与大众传媒 | 杨民青 |
| 8.2 | 巴洛克音乐 | 朱秋华 |
| 8.3 | 超越简单与还原：复杂性范式的兴起 | 吴彤 |
| 8.6 | 科学的对话 | 布朗夏普 |
| 8.7 | 白血病的基因疗法 | 陈赛娟 |
| 8.8 | 远看梅兰芳 | 徐城北 |
| 8.9 | 作为情感媒体的电影艺术 | 刘一兵 |
| 8.10 | 信息化带动工业化 | 毛武、王常力 |
| 8.13 | 动物的语言与意识 | 苏彦捷 |
| 8.14 | 中西语言文字与文化的比较 | 辜正坤 |
| 8.15 | 古代文明的演进与儒家思想的根源 | 陈来 |

续表

| 播出日期 | 播出内容 | 主讲人 |
|---|---|---|
| 8.16 | 现代艺术的开始 | 朱青生 |
| 8.17 | 审美是人生的节日 | 童庆炳 |
| 8.27 | 高考与素质教育 | 孙东东 |
| 8.28 | 古代诗歌创作的奇思 | 葛晓音 |
| 8.29 | 电视艺术美学 | 高鑫 |
| 8.30 | 夏文化与夏王朝 | 邹衡 |
| 8.31 | 漫谈西方近代革命歌曲 | 朱孝远 |
| 9.3 | 纳米科技的现在与未来 | 白春礼 |
| 9.4 | 西方的传统:浪漫主义 | 朱孝远 |
| 9.5 | 中国"入世"的必要准备 | 刘光希 |
| 9.6 | 艺术与科学(一) | 李政道、张道一 |
| 9.7 | 现代人整体形象设计 | 徐晶 |
| 9.10 | 学为人师行为世范 | 周之良 |
| 9.11 | 诗的发现 | 吴思敬 |
| 9.12 | "入世"和中国经济改革 | 厉以宁 |
| 9.13 | 艺术与科学(二) | 熊秉明 |
| 9.14 | 风险投资:资本与知本 | 祈斌 |
| 9.17 | 生命科学基础与前沿 | 赵国屏 |
| 9.18 | 拥有心智生活 | 周国平 |
| 9.19 | 老年人合理用药的方法 | 陶国枢 |
| 9.20 | 艺术与科学(三) | 刘言、迁惟雄 |
| 9.21 | 汽车与生活 | 陈全世 |
| 9.24 | 计算机发展与展望 | 高文 |
| 9.25 | 聚焦全球管理热点——项目管理 | 弗莱姆 |
| 9.26 | 电子商务与网络经济 | 吕本富 |
| 9.27 | 艺术与科学(四) | |
| 9.28 | 认识试管婴儿 | 刘家恩 |
| 10.1 | 唐宋咏月诗赏析 | 程郁缀 |
| 10.2 | 一枝春雪冻梅花 | 黎烈南 |
| 10.3 | 空谷幽兰 | 李燕 |
| 10.4 | 竹与竹文化 | 李起敏 |
| 10.5 | 菊残犹有傲霜枝 | 张树林 |

续表

| 播出日期 | 播出内容 | 主讲人 |
|---|---|---|
| 10.8 | 中国的松文化 | 李永祜 |
| 10.9 | 如何适应大学生活 | 王登峰 |
| 10.10 | 物种多样性的挑战与未来 | 黄大卫 |
| 10.11 | 中国园林艺术 | 彭吉象 |
| 10.12 | 东西方经济的碰撞与沟通 | 李安渝 |
| 10.15 | 标准化与经济建设 | 李忠海 |
| 10.16 | 标准化与国际贸易 | 郭力生 |
| 10.17 | 标准化与质量管理 | 郎志正 |
| 10.18 | 市场竞争与企业标准化 | 李春田 |
| 10.19 | 标准化与环境紧密相连 | 李春田 |
| 10.22 | 标准化与高新技术 | 房庆 |
| 10.23 | 物理的挑战（一） | 李政道 |
| 10.24 | 物理的挑战（二） | 李政道 |
| 10.25 | 物理的挑战（三） | 李政道 |
| 10.26 | 艺术与科学 | 赵鑫珊、丁宁 |
| 10.29 | 数学与我们的生活 | 胡作玄 |
| 10.30 | 光通信——信息社会中流砥柱 | 厉定一 |
| 10.31 | 故宫与中国礼乐文化 | 王贵祥 |
| 11.1 | 艺术与科学（五） | 翟墨 |
| 11.2 | 趣谈天文学 | 贾贵山 |
| 11.5 | 21世纪的科技 | 杨振宁 |
| 11.6 | 钱学森的大成智慧 | 戴汝为 |
| 11.7 | 2001北京互联网发展论坛（一） | 丁磊、汪延 |
| 11.8 | 艺术与科学（六） |  |
| 11.9 | 音乐的倾向 | 刘索拉 |
| 11.12 | 百年科技创新的回顾与展望 | 路甬祥 |
| 11.13 | 知识经济与高等教育 | 杨福家 |
| 11.14 | 2001北京互联网发展论坛（二） | 张朝阳、周锡生 |
| 11.15 | 艺术与科学（七） | 刘兵、冼鼎昌、安妮卡·埃利克珊 |
| 11.16 | 风险投资及其在中国的发展（一） | 成思危 |
| 11.19 | 农业发展新阶段的科技与教育 | 张宝文 |
| 11.20 | 二十世纪数学的发展趋势 | 李文林 |

续表

| 播出日期 | 播出内容 | 主讲人 |
|---|---|---|
| 11.21 | 2001 北京互联网发展论坛（三） | 杜佩琳、王岳龙 |
| 11.22 | 艺术与科学（八）陶瓷 | 叶喆民 |
| 11.23 | 风险投资及其在中国的发展（二） | 成思危 |
| 11.26 | 现代企业治理结构的创新和建立 | 魏杰 |
| 11.27 | 漫谈金庸武侠小说 | 严家炎 |
| 11.28 | 2001 北京互联网发展论坛（四） | 张醒生、王雷雷 |
| 11.29 | 艺术与科学（九）视觉 | 亨利·霍普金斯 |
| 11.30 | 品德与现代人力资源开发 | 肖鸣政 |
| 12.3 | 中国航天的成就与展望 | 孙来燕 |
| 12.4 | 航天高科技产业的机遇、挑战与实践 | 闵桂荣 |
| 12.5 | 2001 北京互联网发展论坛（五） | 徐世平 |
| 12.6 | 建筑不是房子 | 王贵祥 |
| 12.7 | 知识经济下人力资源的开发与管理 | 张德 |
| 12.10 | 利用太空——新的机遇与挑战 | 杜祥琬 |
| 12.11 | 我国可持续发展水资源战略 | 索丽生 |
| 12.12 | 2001 北京互联网发展论坛（六） | 石怀成 |
| 12.13 | 人类与动物的行为对比 | 郑也夫 |
| 12.14 | 经营战略与文化探讨 | 金凯平 |
| 12.17 | 我国光电产业发展的思考 | 母国光 |
| 12.18 | 基因组医学与生物技术产业 | 巴德年 |
| 12.19 | 2001 北京互联网发展论坛（七） | 李志平 |
| 12.20 | 2001 北京互联网发展论坛（八） | 赵启正、姜勤俭 |
| 12.21 | 中国当代环境艺术 | 顾孟潮 |
| 12.24 | 展望明日的互联网 | 艾瑞克·布鲁尔 |
| 12.25 | 塑造健康的未来 | 罗伯特·简 |
| 12.26 | 揭开疾病的秘密 | 詹姆士·艾利森 |
| 12.27 | 亚洲经济的未来（一） | 劳拉·泰森 |
| 12.28 | 亚洲经济的未来（二） | 劳拉·泰森 |
| 12.31 | 以信息技术迎接的挑战 | 理查德·纽顿 |

资料来源：央视网。

从以上表格中，我们可以看出，2001 年《百家讲坛》共播出 121 期，其中涉及内容范围非常广泛，有自然科学，比如《美与物理学》《实验物理与物理学前沿》《物理的挑战》《二十世纪数学的发展趋势》等；有生物技术、生命科学相关内容，比如《白血病的基因疗法》《老年人合理用药的方法》《认识试管婴儿》《基因组医学与生物技术产业》《揭开疾病的秘密》等；有经济方面的内容，比如《标准化与国际贸易》《标准化与质量管理》《风险投资及其在中国的发展》《亚洲经济的未来》等；有文学艺术，比如《审美是人生的节日》《电视艺术美学》《西方的传统：浪漫主义》《唐宋咏春诗赏析》《菊残犹有傲霜枝》《中国园林艺术》《音乐的倾向》《漫谈金庸武侠小说》等；也有与当年热点事件结合的内容，比如 2001 年 9 月 16 日在北京举行了互联网发展论坛，之后《百家讲坛》连续推出 8 期与这次论坛相关的节目。显而易见，2001 年百余期的《百家讲坛》的选题范围非常宽泛，并且专业性和学术性较强。但是观众似乎并不买账，收视率持续走低。究其原因，我们认为这样宽泛的选题不利于普通观众选择收看，很难形成相对忠诚的固定收视群体；而专业性和学术性较强在无形中又设定了收视"门槛"，把许多普通观众隔离在了节目之外。之后在 2002 年和 2004 年《百家讲坛》分别进行了两次改版，尤其是万卫担任了《百家讲坛》的制片人之后，对节目的内容等进行了大的调整。经过改版之后的《百家讲坛》在选题内容上有了重大的改变，我们从 2004 年 5 月阎崇年开讲《清十二帝疑案》开始，分析一下改版之后的《百家讲坛》的内容。

表 3-2　　　　2004 年第二次改版之后的《百家讲坛》节目单

| 播出日期 | 播出内容 | 播出集数 | 主讲人 |
| --- | --- | --- | --- |
| 2004.5.15—2005.3.26 | 清十二帝疑案 | 37 集（其中 2004 年播出前 25 集） | 阎崇年 |
| 2004.5.21 | 给清宫戏正"礼" | 1 集 | 李宝臣 |
| 2004.5.27—2004.5.28 | 千年少林 | 2 集 | 马明达 |
| 2004.6.8—2004.6.17 | 老舍的文学地图 | 7 集 | 关纪新、孔庆东 |

续表

| 播出日期 | 播出内容 | 播出集数 | 主讲人 |
|---|---|---|---|
| 2004.6.18 | 京味儿漫谈 | 1集 | 赵大年 |
| 2004.6.22 | 从《牡丹亭》看戏剧的文化意义 | 1集 | 董健 |
| 2004.6.23—6.25 | 身边的礼仪 | 3集 | 金正昆 |
| 2004.6.29—2004.7.2 | 文明的驻足地 | 4集 | 郭旃、吕舟、谢凝高 |
| 2004.7.8 | 视觉文化的来临 | 1集 | 周宪 |
| 2004.7.9 | 从文化视角看几首唐宋诗词 | 1集 | 冷成金 |
| 2004.7.14—7.16 | 海洋生灵系列 | 3集 | 曹玉茹、周开亚 |
| 2004.9.7—9.14 | 心灵鸡汤 | 4集 | 沉政、吴艳红、胡佩诚等 |
| 2004.9.16—9.17 | 杜甫的文化意义 | 2集 | 莫砺锋 |
| 2004.9.21—9.28 | 钤记中华 | 5集 | 李刚田、徐城北、倪宝堂、马明达 |
| 2004.9.29—10.13 | 张恨水系列 | 5集 | 袁进、孔庆东、许德明等 |
| 2004.10.14—2004.10.19 | 昆虫系列 | 3集 | 彩万志、张青文 |
| 2004.10.20—10.22 | 钱锺书系列 | 3集 | 孙郁、刘扬忠、孔庆东 |
| 2004.10.26—10.29 | 张爱玲系列 | 4集 | 周汝昌、淳子、止庵等 |
| 2004.11.2—11.5 | 王国维系列 | 4集 | 叶嘉莹 |
| 2004.11.9—1.12 | 传奇太后系列 | 4集 | 卜宪群、周思源、杨天石等 |
| 2004.11.16—2005.3.25 | 中国电影百年 | 10集 | 尹鸿、戴锦华、张颐武 |
| 2004.11.19 | 通古斯事件之谜 | 1集 | 李竞 |
| 2004.11.23—2004.11.25 | 教育系列 | 3集 | 陈建翔、王宝祥、孙云晓 |
| 2004.11.26 | 从"天圆地方"看宇宙 | 1集 | 赵复垣 |
| 2004.11.30—2004.12.17 | 红楼六家谈 | 12集 | 胡德平、周思源、刘心武等 |
| 2004.12.21—2004.12.29 | 古埃及及文明失落之谜系列 | 6集 | 李晓东 |
| 2004.12.30—2004.12.31 | 盘点2004国际形势、中国外交 | 2集 | 吴建民 |

资料来源：央视网。

通过上面的表格我们可以看出，经过两次改版之后，《百家讲坛》的选题范围日渐明晰，改变了过去选题宽泛、专业性学术性较强的内容，而在选题上突出传统文学、历史等方面的内容，主打"传统文化牌"。2004 年《百家讲坛》改版之后（从 2004 年 5 月 15日阎崇年开讲《清十二帝疑案》第一集算起）共播出 113 期，其中除了 3 期《海洋生灵系列》讲授海洋生物、3 期《昆虫系列》讲授昆虫、3 期《教育系列》讲授教育以及年尾最后两天盘点 2004 年国际形势和中国外交之外，其他近百期节目都是围绕文化展开。其中又以文学和历史为主，文学方面的内容有：杜甫的文化意义、张恨水系列、钱锺书系列、张爱玲系列、红楼六家谈等，历史方面最具代表性的就是阎崇年主讲的《清十二帝疑案》；从文化角度讲文学和历史的有《千年少林》《老舍的文学地图》《从〈牡丹亭〉看戏剧的文化意义》《文明的驻足地》《从"天圆地方"看宇宙》等。改版之后这样的选题更适合"大众口味"，更接"地气"，更利于大众接受，从而从根本上改变了节目最初的高端路线，也彻底改变了节目初期"高处不胜寒"的尴尬局面，受到了观众的热捧，成为现象级的电视栏目，实现了制片人万卫所说的"《百家讲坛》不是学术论坛，它是面向大众、传播大众文化、提升大众素养的节目"[1]。

## 二　讲述方式的转变

除了讲述内容的转变，《百家讲坛》改版之后对于主讲人的讲述方式也进行了重新的设定。最初《百家讲坛》的主讲人都是一流的学术大师，比如杨振宁、丁肇中、李政道、李竞、叶嘉莹，这些大师都是顶尖级的学者，专业成绩斐然，但是讲课方式未必精彩，很多人的授课方式与讲授内容都曲高和寡，不适宜电视这种媒介的传

---

① 转引自罗艳《"文化讲坛"类电视节目研究——以〈百家讲坛〉为例》，硕士学位论文，湖南师范大学，2009 年，第 22 页。

播，难以得到反馈。改版之后的《百家讲坛》的主讲人大部分仍是高校老师，但是这些老师在节目组的要求下改变了追求逻辑、讲究规范、苛于板书的授课模式，在讲授中增加趣味性、戏剧性、娱乐性、故事性，同时敢于和善于挖掘细节，这些都成为节目吸引观众的基本技巧。

讲授方式的转变首先取决于是谁在讲。在主讲人的选择上，改版前后的《百家讲坛》发生了很大的变化。初期栏目选人首先考虑的是主讲人的学术地位，所以邀请的都是专业领域中的翘楚。改版之后的《百家讲坛》依然把主讲人是否有深厚的学识根基放在首位考虑，以保证节目的文化品位，降低错误出现的频次，如此才不至于误导观众。但是改版之后的《百家讲坛》不仅要求主讲人的学术性，同时非常重视主讲人的语言表达能力和个人魅力。易中天和于丹通过《百家讲坛》被广大电视观众熟悉和喜欢，被称为"学术超男"和"学术超女"，成为该栏目品牌式的主讲人，像影视明星一样拥有自己的"粉丝"——"意粉"和"鱼丸"。这不仅源自于他们所讲的内容，更多源自于他们两人非常强的语言表达能力和个人魅力。易中天讲课机智幽默，模仿人物惟妙惟肖，经常还有"表演"的加入，比如在讲到韩信胯下之辱时就形象地表演了地痞流氓的无赖、围观群众的冷漠与幸灾乐祸及韩信对无赖的"无视"、讲到曹操安慰夫人时好言相劝的家常模样、讲"避席"时甚至脱掉鞋子亲自示范。易中天的这种授课风格得到了普通观众的追捧，大家觉得课堂有趣生动，在此过程中所授内容被很好接受。于丹也是一位能言善道的主讲人，并且个人风格比较明显，知性干练。由于经常参加央视节目的策划、研讨活动，于丹因其出色的语言表达能力而被节目选中，从而才有了《论语心得》《庄子》等系列书籍的推出。正如万卫曾经说过，"主讲人是《百家讲坛》的核心竞争力"，这些学识渊博、善于表达、富有个人魅力的主讲人改变了节目以往萎靡不振的态势,将《百家讲坛》推向了顶峰。

其次,即使是高深生僻学说内容,在授课过程中却力图充满趣味性与娱乐性。也许不是《百家讲坛》,大众真不知道易中天是何许人也,现如今易中天依然是观众非常喜欢的一位学术明星。无论"三国"故事如何的妇孺皆知,但要领悟其中的至理真谛,且不说对真实的历史细节半通不懂,那种略带文言的语言便是障碍之一。然而,易中天的"品三国"系列吸引人的一点是他那通俗幽默的语言,既带出鲜为人知的历史事实,也与三国故事相互映照,自是雅俗共赏、老少皆宜。观众自然觉得无论是帝王将相,还是英雄豪杰,总有几分与自己的遭遇相似,不由得产生共鸣,目不转睛,流连忘返。比如他授课中经常会出现一些流行语,比如"老板""帅哥""诸葛亮在城楼唱卡拉OK",还出现过经济领域的流行词汇,比如"绩优股""垃圾股""赢家""政治资本"等。这种授课方式与传统的说书非常类似。说书是我国传统的曲艺形式之一,有着悠久的历史。说书在20世纪与电视、广播等现代媒体结合,出现了《电视书场》和广播中的评书连播等节目形式。《百家讲坛》但凡讲文史内容的学者,人们很容易在他们身上见到说书人的影子,而本为中学历史老师的纪连海则直言不讳,说自己是单田芳、田连元等人的忠实粉丝,并且在课堂上刻意模仿。老实说,这类文化讲坛类节目的出现在一定意义上也是对说书艺术的传承。有人对此也有敏锐意识:"首先,在内容上,说书艺人往往选取历史和小说为主要演说内容,而'文化讲坛'类电视节目中的一些系列主题也都是历史经典和文学名著;在形式上,狭义的'说书'是只说不唱,往往一桌一扇,几乎不需要什么道具,以逼真、形象的表演来吸引观众。同样,'文化讲坛'类电视节目的主讲人虽然借用了现代电视设备,但主要还是凭借幽默风趣的讲说来宣传自己的学术观点。"① 将说书与文化《百家讲坛》主讲人的讲授等量齐观并不完全合适，比如说书作为曲艺形式以娱乐为主要目的，易中天等主讲人授课却是以知识的传授为主要目的，娱乐只不过是其采用的手段与方式而已。但是，这种等量齐观也折射出大众对于《百家讲坛》等节目主讲人娱乐式授课方式的喜爱。

最后，故事化的叙述。毛姆曾说过："听故事的愿望在人类身上，同财产观念一样是根深蒂固的。自有历史以来，人类就聚集在篝火旁或市井处听讲故事。"② 照此来说，故事化叙述是人类的天性，普通平常的事情，如果加入一些悬念和矛盾，一方面是有了完整的情节；另一方面也能吊人胃口，这便有了故事的意味。此外，故事的叙述也需要细腻逼真的细节刻画、惟妙惟肖的人物对话、生动激烈的行为动作，概言之，要有丰富多彩的场景。如此，故事自然就不同于历史，不仅是令人动情，也还能加入许多无以言表的深厚内涵。中国叙事文学传统虽然不如抒情文学传统成就突出，但唐传奇、宋话本、元杂剧、明清小说及戏曲也广为流传，相较于西方诗人热衷于神和英雄的事迹，中国传统俗文学却是把街谈巷议演绎成曲折生动、循循善诱的故事。《百家讲坛》改版之后在传播策略的选择上非常重视主讲人故事性的叙述方式，这也形成了此类节目的固定风格之一。如易中天的"品读"汉史三国、刘心武的"揭秘"红楼、阎崇年的戏说清宫"疑案"、纪连海的"正说"和珅的正史野说，实际都突出了故事化的叙述过程。故事化叙述方式改变了课堂教学的呆板模式，增加了讲授内容的趣味性。同时"《百家讲坛》始终

① 罗艳：《"文化讲坛"类电视节目研究——以〈百家讲坛〉为例》，硕士学位论文，湖南师范大学，2009 年，第 13 页。

② 李显杰：《电影叙事学：理论和实例》，中国电影出版社 2005 年版，第 1 页。

讲究故事化的叙事手法，以故事来建构每讲中的内容，这样就可以使节目线索明朗，人物突出，矛盾集中，并且，每讲内容相对比较独立，可以单独成篇。因而，观众无论什么时候打开电视都不会觉得不知所云，并且会被迅速吸引"①。易中天也曾在接受采访时说自己"以故事说人物，以人物说历史，以历史说文化，以文化说人性"②，《品三国》中易中天就是将三国中众多的英雄豪杰的作为以讲故事的方式向观众呈现，他以不变的人性为原点，以官渡之战等三大战役为主线，绘就了内容丰富的三国世界，塑造了多位血肉丰满的三国人物。这种叙事化的内容满足了人们听故事的需求，并且在听故事的同时接受了传统文化的熏陶。

当然，这种叙事化的讲授方式在满足了普通大众需求的同时也受到了质疑和批评。有学者认为，学术与电视嫁接容易导致学术的低俗化、庸俗化和功利化，最终导致学术的异化与不堪，更有"十博士联名抵制于丹"，一时间学界、媒体众说纷纭，各执一词。看似观点和立场水火不相容的双方各抒己见、互相诘难。面对质疑和批评，于丹的回应可谓直接而中肯："中国文化是金字塔，他们在金字塔尖做精细研究，我在基座上做大众文化普及。我选择的电视这个大众传播平台，这种传播方式决定要通俗……每个人都可以用自己的方式为中国文化做事，欢迎他们也做。"③ 其实，《百家讲坛》的成功恰恰在于传统文化的博大精深与电视媒体的巨大传播力之间的美妙结合，让传统文化成为电视媒体的内容源泉，也为传统文化借助电视之力走近大众，让更多的人收获知识，得到教育。所以从某

---

① 罗艳：《"文化讲坛"类电视节目研究——以〈百家讲坛〉为例》，硕士学位论文，湖南师范大学，2009 年，第 24 页。

② 《我走红因为我人性——易中天教授访谈》，《三联生活周刊》2006 年 8 月。

③ 转引自陈红梅《电视场对学术场的介越研究》，博士学位论文，华东科技大学，2012年，第 57 页。

种意义上来说，《百家讲坛》为百姓和学术搭建了桥梁，其兴盛从某种意义上修复了传统文化的断裂，诚所谓瑕不掩瑜、功大于过。

### 三　后期包装的转变

初期的《百家讲坛》以主讲授课为主，呈现的基本上是课堂的原生模样，其他辅助信息较少。节目形似"课堂"。调整之后的《百家讲坛》为了避免单纯主讲人讲授可能引起观众的审美疲劳，在包装时加入了很多新的视听语言元素，弥补了单纯语言表达的缺陷，同时使得节目显得更加生动、丰满。

1. 大量运用影视剧片段、动画等视觉表现符号。《百家讲坛》的录制现场比较简单，每集节目中一名主讲人讲课，所以视听语言符号比较单一。为了打破这种单调与唯一，让观众在收看过程中有新的符号的刺激，栏目组在后期制作时将大量的影视剧片段以及动画等视觉表现符号插入授课过程中。比如在讲《聊斋》时就插入了连环画、影视剧片段等，比如在《品三国》中就加入了大量电脑制作的动画以及电视剧《三国演义》的经典片段。

2. 恰当使用图片、字幕等说明强调工具。字幕是电视经常使用的视觉符号，可以对语言符号进行补充，从而提高信号的准确性、清晰度。《百家讲坛》的后期包装过程中会将一些只凭听觉不易理解的史料通过字幕显示出来，同时还会运用图标、关键字等形式对主讲人的讲授内容进行完善补充和强调。这时字幕的意义类似于课堂上老师的板书，便于学习者清晰明了地厘清线索、掌握重点、加深记忆。与此同时，《百家讲坛》对字幕的形式和效果处理的手法也是多种多样，字体颜色、背景图案以及旋转、飞入飞出等动画技巧的运用，都使节目看起来丰富、有趣。

3. 利用画外音设置悬念、调整叙事节奏。画外音也是电视听觉符号中非常重要的内容，画外音可以帮助电视画面等视觉符号表达比较抽象的创作意图、创作思路，同时，画外音还可以帮助转场、补充画面信息的不足、强调创作的主旨。此外，合适的画外音还可以引领主题、设置悬念、调节叙事节奏等。《百家讲坛》的画外音运用非常成功，节目开始处的画外音恢宏大气，不仅对系列中前面内容进行总结回顾，而且迅速以悬念的方式开启下面的节目内容；在节目中画外音也总是恰如其分地出现在主讲人讲授内容中的关键环节，对整个叙事进行了节奏的调节；结尾处的画外音对后续内容进行悬念的预留，让观众对下期的节目充满期待。

总之，《百家讲坛》在后期包装上不墨守成规，打破了传统电视课堂的传播模式，大量使用动画、影视剧作品片段、字幕、图片，以及利用画外音等丰富的视听语言手段，让观众在观赏节目学习知识的同时享受观感的刺激，从而保证了节目信息的广为传播。

《百家讲坛》作为21世纪初推出的传统文化类电视节目，在经历了初期的摸索与调整后，一度成为最具影响力的电视文化节目，不仅获得了普通观众的认可，同时也获得了官方的肯定，2008年《百家讲坛》获得了中国电视文艺领域最高荣誉——电视文艺"星光奖"。《百家讲坛》的成功之道就是使传统文化从神坛上走下来，不断走向大众，不仅在节目内容上选择大众更容易接受的以文学、历史为主的传统文化内容，而且在讲授方式上改变课堂教学的刻板单调，用故事化的叙述方式增加节目的趣味性，同时辅以多样的现代视听语言，使得节目表现方式灵活多样，从而实现了精英文化被大众接受的节目创作初衷。

## 第二节 《汉字英雄》等:开启益智新风尚

益智类电视节目在我国电视屏幕上出现最早可以追溯到 20 世纪 80 年代,当时盛行的知识竞赛可以算作我国益智类节目的雏形。1994 年 7 月,上海电视台第 8 频道开播的《智力大冲浪》可以算是真正意义上我国最早的电视益智类节目。之后,中央电视台先后推出《幸运 52》《开心辞典》《三星智力快车》等大型益智类节目,都取得了巨大成功。于是多家电视台纷纷效仿,湖南电视台推出的《超级英雄》、江苏电视台推出的《无敌智多星》、广东电视台推出的《步步为营》等,可以说在世纪之交"益智风"刮遍神州大地,中国电视迎来第一个益智类节目的黄金期。但随着节目同质化倾向和观众的审美疲劳,以《幸运 52》等为代表的益智类节目逐渐沉寂。2012 年以来,由于广电总局陆续出台多个文件对上星频道的综艺节目进行了调控,益智类节目重获了发展的机遇与空间,仅 2012—2013 年,全国上星频道的益智节目就达到了近 30 档,知名度较高的有央视的《中国汉字听写大会》《中国灯谜大会》《为你而战》,江苏卫视的《一站到底》《非常了得》《芝麻开门》《好好学习》,浙江卫视的《心跳阿根廷》《王牌碟中谍》,重庆卫视的《征服全场》《周末驾到》,东方卫视的《梦立方》,广西卫视的《猜的就是你》,河南卫视的《汉字英雄》《成语英雄》,中国教育电视台的《天才知道》,黑龙江卫视的《幸运电梯》,福建东南电视台的《百变十三猜》,河北卫视的《中华好诗词》等。至此,中国电视屏幕上第二个益智类节目的黄金时代宣告到来。这一时期的益智类节目在内容方面更加多样化,比如《一站到底》中的考题从天文地理、政治经济、文化体育、电影音乐到生活常识、历史文学，无所不包，很多都是普通观众可以答出来的。这样在收看过程中，观众会自觉参与，并且在答案正确后获得心理的愉悦。

其中最值得一提的是以传统文化为主要节目内容，尤其是以传统文化中汉语字词、传统诗词、成语、谚语、名人故事、姓氏、历史典故等文史类知识为主的益智类电视节目，比如上面提到的《中国汉字听写大会》《汉字英雄》《成语英雄》《中华好诗词》《中国灯谜大会》《中国诗词大会》等，这类节目以其独特的内容选择而显得意义重大。2013 年 7 月，河南卫视的《汉字英雄》栏目开播，央视的《中国汉字听写大会》紧随其后在同年 8 月 2 日开播，也都取得了"开门红"效果。《汉字英雄》于 2013 年 7 月 11 日播出，初赛阶段的收视就位列全国卫视黄金时段收视排行的前 10 名，复赛阶段的播出更是一度升温，收视率最高时达到 0.9%，8 月 16 日晚的节目跻身全国省级卫视收视排行的前三位。8 月 2 日在央视科教频道开播的《中国汉字听写大会》从首期播出后就迅速成为微博话题的热点，点击量超过 18 万次，因其较高的关注度，节目从第四期就开始在央视综合频道与科教频道每周五晚间黄金时段同步播出，第五期的收视率高达 2.17%，收视份额占到 5.93%，受众累计达到 1.15 亿人次。[①]《中国汉字听写大会》获得第 27 届中国电视金鹰奖优秀电视文艺节目作品奖。此后多档类似节目井喷式出现，具体情况如下表：

表 3 - 3         2013 年以来传统文化类益智节目基本情况一览

| 节目名称 | 播出单位 | 播出方式 | 主持人 | 文化嘉宾 |
|---|---|---|---|---|
| 汉字英雄 | 河南卫视 | 季播<br>第一季：2013.7.11—8.30<br>第二季：2014.1.17—3.14<br>第三季：2014.7.11—10.10 | 马东 | 高晓东、于丹、张颐武 |

---

① 胡智锋、王锟：《文化真人秀节目热播的"问"与"思"》，《电视研究》2014 年第 5 期。

续表

| 节目名称 | 播出单位 | 播出方式 | 主持人 | 文化嘉宾 |
|---|---|---|---|---|
| 成语英雄 | 河南卫视 | 季播<br>第一季：2013.11.21—<br>2014.1.16<br>第二季：2014.3.21—6.28 | 陈琨、<br>朱冰 | 崔永元、蔡志忠、<br>钱文忠、王蒙、<br>窦文涛 |
| 中国汉字<br>听写大会 | 央视 | 季播<br>第一季：2013.8.2—10.18<br>第二季：2014.7.13—10.10<br>第三季：2015.7.17—10.2 | 冀玉华、郎永淳、<br>海霞、郭志坚、<br>梁艳、李文静、<br>顾国宁、章伟秋 | 郦波、蒙曼、<br>张一清、康震、<br>钱文忠 |
| 中华好诗词 | 河北卫视 | 季播<br>第一季：2013.10.19 开播<br>第二季：2014.3.28 开播<br>第三季：2014.11.28—<br>2015.5.2<br>第四季：2015.11.7（开播） | 王凯 | 赵忠祥、杨雨、<br>梁宏达、王刚、<br>濮存昕、范曾、<br>郑予愁、梁晓声、<br>苏叔阳、刘心武 |
| 中国<br>灯谜大会 | 云南卫视 | 季播<br>第一季：2013.12.31—<br>2014.2.14<br>第二季：2014.12.31—<br>2015.3.5 | 文青 | 梁宏达 |
| 最爱中国字 | 黑龙江<br>卫视 | 季播<br>第一季：2014.1.6—<br>第二季：2014.5.26— | 英达 | 阿忆 |
| 最爱是中华 | 贵州卫视 | 季播<br>第一季：2014.4.6—7.6<br>第二季：2015.1.25—5.13<br>第三季：2016.1.1— | 林海 | 王立群、纪连海、<br>康震、毛佩琦、<br>郦波 |
| 中华好故事 | 浙江卫视 | 季播<br>第一季：2014.8.1—8.3<br>第二季：2015.2.4—3.25<br>第三季：2015.8.11—9.29 | 蒋昌建、伊一、<br>戴军、李晗、<br>徐千惠、沈涛 | 钱文忠、龚鹏程、<br>蒋方舟、方文山、<br>唐国强、楼含松 |
| 中国<br>成语大会 | 央视 | 季播<br>第一季：2014.4.18—7.6<br>第二季：2015.11.20—<br>2016.2.5 | 张腾岳 | 毕淑敏、蒙曼、<br>郦波、蒋方舟、<br>余世存 |
| 中国<br>谜语大会 | 央视 | 季播<br>第一季：2014.2.11—2.13<br>第二季：2015.3.2—3.4<br>第三季：2016 年元宵节前 | 撒贝宁、周涛、<br>张泽群 | 蒙曼、阎崇年、<br>中国灯谜<br>学会专家 |
| 大国文化 | 甘肃卫视 | 季播<br>第一季：2014.7.24—9.25<br>第二季：2015.3.1— | 郭德纲、柳岩、<br>刘刚 | |
| 挑战文化<br>名人 | 江西卫视 | 季播<br>第一季：2014.7.20—10.5<br>第二季：2015.2.8—5.9 | 路一鸣、<br>刘蔚 | 蒙曼、纪连海、<br>阿忆、郦波、<br>康震 |

续表

| 节目名称 | 播出单位 | 播出方式 | 主持人 | 文化嘉宾 |
|---|---|---|---|---|
| 我是先生 | 山东卫视 | 季播<br>第一季：2015.7.5—9.20 | 董姝 | 李咏、马未都、<br>寇乃馨、高晓攀 |
| 中国百家姓 | 安徽卫视 | 季播<br>第一季：2015.10.8—12.31 | 赵屹鸥、周群、<br>周炜 | 钱文忠、<br>王立群、蒋方舟 |
| 中国诗词<br>大会 | 央视 | 第一季：2016.2.12— | 董卿 | 康震、蒙曼、<br>王立群等 |

以上栏目首先在内容上较为接近，都是以传统文化为主要节目内容的，尤其是以传统文化中汉语字词、传统诗词、成语、谚语、名人故事、姓氏、历史典故等文史类知识为主要考查范围；其次在形式上也较为相似，其中大部分栏目都采用答题竞赛再配以嘉宾开题或点评形式。我们将这种栏目称为益智类传统文化节目。益智类传统文化节目之所以能大量出现，固然与政府对传统文化的重视和广电局等官方机构的倡导有关，但更重要的是，这类节目在价值主张与传播内容、赛制设置与题目设计、选手挖掘与参加参与等方面都有独到之处。

## 一　独特的价值主张与传播内容

现代社会中人们的生活节奏越来越快，压力越来越大，人们都在寻求让自己安静下来和慢下来的方式。休闲娱乐的电影电视剧、综艺娱乐节目和很多益智类节目因其简单的情节内容、不需要观众深度参与的特点给人们带来了一定程度上的休闲与放松。但是当这些节目以铺天盖地之势席卷而来之时，观众产生了审美疲劳，他们希望有不一样的栏目内容出现。《汉字英雄》等以传统文化为主要内容的益智类节目就是在这样的背景下登场的。不仅给观众娱乐同时也要给观众知识的价值主张以及传统文化的传播内容就是此类节目最大的特点，而《汉字英雄》《中国汉字听写大会》等节目成为"黑马"，也正是源于此类节目独特的价值主张与传播内容。

以传统文化为内容的益智类节目都是主打"传统文化牌",都将传承和弘扬中华传统文化作为自己的宗旨,主旨都在唤起观众对于传统文化的关注。比如第一季《汉字英雄》以"寻找键盘里失落的汉字",第二季《汉字英雄》的宣传语变为"用好汉字,才是汉字英雄",第三季《汉字英雄》的主题变为"向汉字致敬"。由此可见,三季《汉字英雄》的主题宣传语都紧扣"汉字",从"寻找"到"使用"再到"致敬",表达的都是对汉字的真挚情感。再如《中国汉字听写大会》的宣传语是"书写的文明传递　民族的未雨绸缪",是希望在"提笔忘字"的电脑时代让国人重温汉字之美。此外,《最爱中国字》的主旨与这两档栏目比较接近。《中国成语大会》和《成语英雄》以成语为节目比拼的主要内容。而成语本身就是传统文化经过千锤百炼之后留下的文化密码,是中国文化的"活化石",传递着中国人的世界观和处世哲学。同时成语也是汉语言中重要的组成部分,是使用汉语进行良好表达和沟通不可或缺的重要工具。这两档栏目分别是央视和河南卫视在《中国汉字听写大会》和《汉字英雄》取得成功的基础上延伸创办的,都是希望通过节目唤起人们对于汉语辞章之美的关注和使用的兴趣。河北卫视推出的《中华好诗词》以弘扬中国传统诗词文化为宗旨,希望通过节目的播出,能够掀起全民诵读传统诗词经典的热潮,让广大观众自然而然地受到中华民族人文精神的熏陶和感召,自觉承担起传承中华文明、弘扬民族精神、实现"中国梦"的历史重任。陕西卫视的《唐诗风云会》、央视在2016年年初推出的《中国诗词大会》与《中华好诗词》较为接近,内容都是经典诗词。其中《唐诗风云会》内容更为集中,全部集中在唐诗的范畴内。因为《唐诗风云会》栏目依托的平台是陕西卫视,唐代都城长安即在今天的西安市,唐诗对于西安和陕西都具有名片意义,陕西卫视此举也是旨在提升陕西文化的全国影响力，而且对中华文化向周边与汉文化有渊源的其他文化区域的传播也具有一定意义。《中华好故事》以中华传统故事为主要内容，对民俗、风情、历史等领域都有涉及。题库主脑、节目嘉宾——浙江大学人文学院教授楼含松说："我们注重与时下文化热点交融，从而拉近中华传统文化与人们的心理距离，比如'一带一路'、抵御外辱等，就在我们选题范围内。我们希望人文知识与现实关怀相结合，以开阔的视野、丰富的题型，将节目打造成有精神回味的文化节目。"① 节目采用知识竞赛、故事演绎、名人出题、知名校友助阵等多元化方式，来普及中华传统故事相关知识。安徽卫视2015 年推出的《中华百家姓》则立足"讲述正宗的中国故事，传承纯粹的文化基因"，选择中华民族文化中极其重要的文化符号——姓氏作为切入点，不仅能够让观众了解更多关于姓氏的知识，比如历史上的帝王君主经常通过赐姓来表彰臣子、笼络人心，或者表明对外族的一种接纳等，同时更为重要的是通过收看节目能够唤起人们心中的民族认同感和精神归属感。因为姓氏文化深深镌刻在每一个中国人的心灵深处，到现代姓氏依然备受人们重视。"因此，《中华百家姓》看似展开一条姓氏文化寻根之旅，实际上切入传统文化的深度远远不局限于姓氏的层面。它是以姓氏作为一个切入点，将视野拓展到了中华文明之本身，将触角延伸到了传统文化之深处。就像一个数字产品的入口，可以轻易地链接到云端的每一个神经元当中。"②

创新是一个民族发展的不竭动力，创新也是一档电视栏目焕发生机和活力的最核心元素。在中国电视同质化倾向越来越严重，斥

---

① http://baike.haosou.com/doc/10955735 – 11492410.html.
② 李建臣：《创新是根本　融合是关键——〈中华百家姓〉热播探因》，《传媒》2015年第 12 期（下）。

重金购买国外节目的版权成为常态的电视媒介氛围中,电视人秉承传承传统文化的理念,原创了多档传统文化类益智节目显得弥足珍贵,这些节目的井喷式出现填补了中国电视这方面的空白,也彰显了祖国传统文化的魅力,建构了中国电视独特的内容体系,也唤起了观众对传统文化的关注和热爱。

## 二　精巧的赛制设置与题目设计

赛制是益智类节目进行的基本模式,2013 年以来的多档传统文化类益智电视节目都采用答题益智的形式,但又不完全一致,呈现"八仙过海各显神通"之势。《汉字英雄》主要依托"十三宫"答题,选手进入"十三宫"后,脚下的方格内会出现一道题,选手在答题成功后,向前迈一格继续答题直至走出"十三宫"。如答错则向左或向右移动一格继续答题,再次答错则继续平移,直至成功走出"十三宫"或被淘汰出局。《最爱是中华》采用"导师制",设计了"名师高徒"环节,让大家比较熟悉的明星学者与自己的队员组队,共同完成"一人叙述一人猜"的比赛环节。《挑战文化名人》选手直接与国内顶尖文化名人团队比赛。《我知道》将曾经在《南方周末》上风靡一时的"小强填字"搬上了屏幕,并且混入了"台球制""围棋制""黑马制"等形式的创新,《中华好诗词》邀请明星担任守关人与参赛选手进行对决。《中华好故事》最具代表性的题型是汉字墙题,第一季汉字墙题是大屏幕上显示 100 余个汉字,要求选手在规定时间内在众多汉字内找出一个历史故事。第二季汉字墙题在制作上更加精致,由第一季的平面效果改进为立体字样,排版样式、出入效果以中国古代四大发明之一的活字印刷术原理为模版,将中华文明的成就通过视频技术手段潜移默化地呈现出来,不仅题目关于传统文化,而且出题方式也非常别致新颖。

　　与一些传统文化类益智节目以知识点的记忆考核方式不同，陕西卫视的《唐诗风云会》在场次最多的晋级赛中设置了三个环节，体现出该栏目的最大特点。这三个考核环节分别是：众里寻他唐诗流韵、挑灯觅句。其中"众里寻他""挑灯觅句"考查的重点是选手对于唐诗的熟悉程度和背诵的数量，与其他栏目比较接近。"唐诗流韵"环节有两项内容的比赛，第一项是推敲成趣，即将唐诗名句中的某一字抽掉，让另选一字替换原来的字。比如有一期的考题为"海内（　）知己，天涯若比邻"，要求选手将原诗中的"存"换成其他不同的字，或保留原意，或另辟蹊径创造新的意象。还有一期考题为"仍（　）故乡水，万里送行舟"，选手将原诗中的"怜"换成了"怨""觅""念""记""惜""恋"六个不同的字，加之"翰林学士"和主考官康震又分别给出了"携""萦""逐""随"几个不同的字，再加上解读分析，冷冰冰的诗句变得有了温度，让今人感受到了 1000 年前的文字的温度，同时在这个推敲炼字的过程中唐诗的意蕴之美也再次得到了阐释。第二项是触景生句，给出一个设定的情境，让选手选取一句唐诗来入景。曾经出现的题目有："你在唐朝的饭店里大快朵颐，结账时发现忘带钱包。请用一句诗给饭店老板一个解释""请用一句诗来形容第一次见到中国大妈跳广场舞的心情""你在街上突然邂逅初恋情人，你会用什么诗句来形容当时的情景"等。通过这两项考核内容给看似属于完成时的静态的唐诗注入了生命的活力，唐诗不再远远伫立，而是在当代语境下也能发挥表情达意、传情达意的作用。只是背诵的考核形式类似"标准化考试"，缺少自由度和灵活性，选手对于知识的灵活运用的能力得不到充分考查。《唐诗风云会》以知识运用为主的考核形式使节目具有了"灵性"，增加了比赛本身的趣味性，这一方式的采用比在此类文化节目中强行加入娱乐元素要高明得多。另一方面，这类环节的设置大大提高了观众的参与度,尤其是文化层次较高的受众,他们会在比赛环节参与思考或参与答题,并对选手和"翰林学士"提供的答案进行自己的解读与评判。这种参与是"深度"参与,不是流于形式,也不是"浅表"的。以记忆为主的考核内容只能让观众在观看时简单参与,题目对于受众只有会与不会之分,不会思考答得好与不好。《唐诗风云会》"唐诗流韵"环节的考核更像是素质考核,比标准化考核更耐看。

在设计赛制与考题之外,第二届《中国汉字听写大会》发起"全民焐热冰封汉字行动",可谓匠心独运。每一期节目中都推出一个"冰封词汇",之后微博、微信推送,搜狗输入法发布,电视、报纸等媒体传播推送,全方位引起大众的关注,激发大家学习和分享该词汇的热情,让书写在古籍里的文字真正"活"起来。除了央视,全国多家媒体纷纷加入了这一文化传承的升温活动。总导演关正文介绍说:"书写在古籍里的文字有很多具有传承价值和在今天依然鲜活的使用价值。之所以需要'活'起来,是因为其中有很多被冰封了、处于冬眠状态。焐热这些汉字,是我们今天的中国人送给自己母语的温暖礼物。它的参与方式非常简单,我们通过电视、报纸发布,你只要仔细阅读了,就是在焐热。我们通过微博、微信发布,你只要转发了,就是在升温。我们通过输入法发布,你只要敲击了,就是在激活。你可以用它造句,让它更广泛地流传。每个人的举手之劳,一个冰封在古籍里的文字就会重新拥有生命的体温。"第二届《中国汉字听写大会》共推出了"葳蕤""搴芳""翊赞""剀切""哂纳""颠顸""藜藿""惮烦""香醪""骀荡""乖剌""驽骀""猬集"等十三期焐热词汇。这一焐热行动引发了大众的普遍关注和参与热情,首期焐热词汇"葳蕤"推出 24 小时之内,参与者就达到 119 万人,第二期焐热词汇"搴芳"上线仅半天参与人数就破百万,参与第三期焐热词汇"翊赞"的人数达到近5000万人，十三期焐热词汇累计参与人数超过5.8亿。针对此次《中国汉字听写大会》策划的"全民焐热冰封汉字行动"，有专家提出人为地"焐冷为热"没有可能也没有必要，但正如社科院语言所所长刘丹青先生说："语言分为有限语码和细分语码。过于强调了常用有限语码，就会让体现生动表意功能的细分语码萎缩，语言的生命力也会因此衰微。"①我们也认为，如果只把汉字的传承限定在3500个左右的常用字上，对文化来说是倒退，对母语来说是戕害。"焐热冰封汉字行动"的意义不仅在于真正为冰封的汉字解冻，让其重新回到大家的日常使用语的范围中，而且"焐热汉字"更是焐热了我们民族的根脉。

## 三 深度的选手挖掘与专家参与

益智类节目中，价值主张和传播内容是节目的灵魂，赛制设置和题目设计是节目的骨架，参与的人员是节目的血脉。在传统文化类益智节目中的人员构成基本上大体相当，最主要由参赛选手、主持人、嘉宾学者构成，部分节目还设置了成人体验团等。

1. 参赛选手是节目中最重要的人物设置。这些节目的选手可以分为以学生为主体的以及以成年人为主体的两种。其中《汉字英雄》《中国汉语听写大会》《中华好故事》等均是以学生选手为主体，都是经过初、复试选拔的某些学校团体参赛。比如首届《中国汉字听写大会》就是以国家级重点中学为主选拔参赛队，同时适当兼顾教育部语言文字应用管理司于2012年确定国家级规范汉字书写教育特色学校名单中的111所中学。学校的选择由大会依托当地教育管理机构推荐产生。在内地受教育的港澳台学生代表队在北京产生。听写大会统一向各地发放6套不同内容的笔试考题，考题为100个不

---

① 《汉字大会难度要不要适可而止?》，《北京晚报》2014年7月21日。

同难度的词汇，由各地国家级规范汉字书写教育特色学校或省区教育局指定的参赛学校组织考试选拔。综合成绩第一的学校中排名在前且符合比赛各方面要求的 5 位学生，作为正式代表队成员参加全国统一举办的复赛。复赛产生 8 队 40 位选手进入半决赛。两场半决赛产生两队 10 位选手进入决赛。所有未进入决赛的 30 支代表队中表现最佳的一名选手将进行一场附加赛，争夺最后 5 个进入决赛的名额。在 15 位选手的最终决赛中，胜出者即为听写大会的冠军。以学生为参赛主体的栏目均强调作为团体的参赛表现，在团体优异的基础上再选拔其中的优秀个人。其余的例如《挑战文化名人》《唐诗风云会》《中华好诗词》《最爱是中华》《大国文化》等都是个人参赛，强调个人的文化素养和文化积累。为了增加节目的看点和趣味性，大部分栏目都借鉴"真人秀"节目的手法，都对选手进行了不同程度的"真人秀"，这也正是一部分研究文章将此类节目称为"真人秀"文化节目的原因。但我认为，真人秀节目重点表现的是真人的"秀"，即在规定的任务目标实现过程中性格的展现、处理事情能力、协调沟通能力等方面的展示，如《爸爸去哪儿》《花儿与少年》等节目就属于真人秀，而《汉字英雄》等节目是以竞赛的形式来传递知识，在此类节目中个人的"秀"不是性格等，而是知识，从这个意义来讲，这类节目更具有益智节目的形态特征。但是不可否认的是这类节目确实有"真人秀"的痕迹，就像我们说到的这些节目中也借鉴真人秀节目的制作手法，对某些选手的特点进行放大，比如《唐诗风云会》中经常因写诗忘了卖菜的卖菜诗人、比赛中以唐代士子形象出现的吴空、用吟唱的方式记忆唐诗的小选手李尚荣，《汉字英雄》中有"字典妹"石舒雅、"笔画达人"黄首程、"喵星人"刘冠文、"繁体字美女"牛济源等标签化的称呼。虽然《中国汉字听写大会》强调团体作战，没有刻意挑选选手，但是也在深度采访某些参赛选手所在的家庭、学校之后打造出了一批话题人物，以此来展示参赛选手的全貌与个性特点，比如"小清新"的王笑奕、"大师"刘浥尘等。

2. 学者嘉宾也是文化类益智节目的标准配置。虽然在不同栏目中对专家学者的称号各不相同，但是多数栏目中学者嘉宾担任评委或者文化观察员，负责评判正误并对题目中涉及的传统文化知识进行引申介绍和讲解。从2013年传统文化类益智节目风行，多位学术名流从学术场又一次介越电视场，以电视为平台，推介传播传统文化，其中钱文忠、蒙曼、于丹、康震等都分别参与了多档节目，此外，王立群、郦波等也参与了至少两档以上节目。这些学者都是因为曾经走上《百家讲坛》而被观众熟悉，他们本身拥有固定的粉丝群体，同时又拥有丰富的电视经验，关键是这几位学者学识渊博、博古通今，有能力阐释文化节目中题面背后的知识。

以康震为例，康震先后参与了《中国汉字听写大会》《最爱是中华》《挑战文化名人》《唐诗风云会》《中国诗词大会》五档栏目。尤其重要的是，康震在陕西卫视的《唐诗风云会》中担任主考官。这档栏目不设主持人而设主考官，这个主考官不仅要读题，同时要与"翰林学士"一起指点评说。这就要求主考官不仅要有较高的文学造诣，而且能调动现场气氛、调动选手的情绪，把握节目的节奏，同时要与"翰林学士"形成良好的互动。康震是北京师范大学古典文学专业的教授、博导，先后在中央电视台等媒体主讲过《诗仙李白》《诗圣杜甫》《苏轼》《李清照》《唐宋八大家》等，不仅学识渊博，而且谈吐幽默、外形俊朗、富有激情，很受观众喜爱。康震从参加央视《百家讲坛》开始，参加了多档文化类电视节目的录制，比如《挑战文化名人》《最爱是中华》《文明之旅》等，比较熟悉电视的传播特性与传播规律，是"学术场介越电视场"的成功代表，具有较高知名度和影响力。作为专门研究和教授古典文学尤其是唐宋文学的学者,康震身上具有中国传统文人的儒雅、智慧,是风雅之士,所以《唐诗风云会》选择康震做主考官非常成功。

除了这些出身高校、经过《百家讲坛》打造的专家学者的加盟外,青年文化名流、青年作家、《新周刊》副主编蒋方舟也参与了《中国成语大会》《中华好故事》《中华百家姓》等多档栏目。节目组选择蒋方舟参与节目不仅是因为她本人的才学丰厚,同时蒋方舟出现在以年轻受众为主的节目中对青年学生有一定的偶像效应。蒋方舟自小被称为"才女",正因其传统文化的扎实基础,才能在文学上取得骄人的成绩。所以传统文化类的节目中除了德高望重的专家学者外,年轻一代嘉宾的加入对年轻观众也具有很好的示范作用。

3. 主持人也是节目中非常重要的人员构成,这些传统文化类益智节目分别启用马东、王凯、董卿等主持界文化素质较高的主持人担纲主持,他们的文化知识渊博、舞台经验丰富,对节目现场的把控和对考题内容的了解都使他们在节目中游刃有余,为节目增色不少。此外,《中国汉字听写大会》借助央视平台的优势每期邀请一位央视的主播做主考官,为选手读题,这一方面是为听写过程中主播们标准的语音方便选手的听辨,同时,主播们字正腔圆地播读能让观众感受到汉语的音韵之美。

在以上三部分传统文化类益智节目人员构成外,《中国汉字听写大会》还在现场设立了"成人体验团"。第二届《中国汉字听写大会》节目招募了来自社会各个行业的 100 名热心观众,他们与参赛选手同时答题,因为与第一赛场分隔,所以成人体验团的书写情况不会对参赛选手造成影响。在比赛进行的同时,节目组会及时公布成人组书写的正确率,这也成为《中国汉字听写大会》的一大看点。成人体验团的书写情况经常比选手要差,从中反映了成年人在"学好汉字、用好汉字"方面还存在着很大的问题，让成年人意识到传承汉字之美不仅是青年学生的责任与使命，也是全民刻不容缓的责任与使命。

## 第三节 《传承者》:民间文化守望者

2015 年 11 月中旬，北京卫视推出大型文化类真人秀节目《传承者》。首期节目就创下 1.55 的高收视率，在竞争异常激烈的周六晚间同时段排名第三。《传承者》首期收视率中，25—34 岁的年轻观众贡献了最多的份额，是这档语态传统的节目最让人意外的地方。[1]此后，《传承者》的收视率和口碑都不断走高。2015 年 12 月 26 日播出的第七期节目的收视率获得 34 城 1.75%，全国份额 5.08% 的成绩。[2]虽然栏目设定了初赛的"一席之地"作为通关标志、决赛之后选出 10 个项目走上国际平台进行展示的竞赛目标，但是这个目标在节目中始终处于被弱化的地位，竞赛获胜不是节目的指挥棒，因为节目的重心不在于此。首先，传承项目的传承人在展示完毕后很多选择了放弃获得"一席之地"，如鼻烟壶内画、咏春拳、红星二锅头古法酿造技艺、常氏相声、广东醒狮、马头琴等项目的传承人都未角逐"一席之地"，放弃去国际平台的机会，将机会留给更多知名度尚需提高、关注度不大、传承现状更堪忧的其他项目，让这些项目有机会被更多人知道，从而得到更好的传承。其次，栏目设定了导师席位和青年团 10 人，作为传承项目能否通过初赛获得"一席之地"的评判，四位导师和 10 位青年团成员权利相等，每人都有对每

---

① 邱伟：北京晚报—北晚新视觉网，http：//toutiao.com/i6220235708209037826/。
② 数据来源：《BTV〈传承者〉挑战文化综艺节目创新》，《京华时报》2016 年 1 月 5 日。

个项目投"通过"票或"否定"票的权利。四位导师分别是陈道明、王纪言、范明、侯佩岑，青年团成员多数是通过《我是演说家》《奇葩说》等栏目被大家认识的青年代表。从专业身份看，这些人都不是文化学者，所以对传承项目的价值估量只能是个人的、感性的，而非权威的、专业的。所以我们可以推断对这些传承项目的价值估量也并不是节目最重要的任务，选择哪些项目去联合国也不是节目组最在意的。于是我们有必要提问：那么《传承者》主旨是什么？我认为是对多项中华传统文化，尤其是民间文化的集中展示是节目的重点，过关比赛只是让展演有一个形式。栏目组希望通过展演，让更多的观众尤其是年轻观众了解它们、喜爱它们，继而能够传播甚至传承它们。正像《传承者》主持人每期在节目开始之初所说的，节目所做的就是"让经典再度流行，让传承走向世界"。

## 一　传承项目丰富多样

非物质文化遗产一般依靠人类口头和行为方式加以传承，也被称为是历史文化的"活化石"和"民族记忆的背影"，非物质文化遗产是一个民族或种族的基因和名片，对于一个国家和民族都具有非同寻常的意义。中国的非物质文化遗产发端于农耕时代，世世代代流传下来，很多迄今都是在农村中保留。但是，随着中国社会由传统的农业社会向现代工业社会转型以及这些年城市化进程的加快，传统文化传承的环境已经发生彻底的改变，在市场经济的"召唤"下，农村劳动力大量涌入城镇，他们对原来的生活方式越来越排斥，甚至怀疑，使得很多世代相传的民间技艺出现传承的断层。很多非遗项目面临着"人去技绝、人走曲歇"的严峻形势。就是在这样的背景下，《传承者》将不同类型的非物质文化遗产项目搬上电视屏幕，成为全国首档传统文化综艺类节目。《传承者》以传承者为切入角度，对多项非遗项目进行了集中展演，主要项目有：

        第一期：霍童线狮、掼牛、内画、中国朝鲜族农乐舞、马头琴

        第二期：咏春拳、高杆船技、海陵撂石锁、刘三姐歌谣、寿山石雕刻

        第三期：蒙古弓箭、首饰龙、顶板凳、侗族大歌、古阮

        第四期：赤脚斜走大刀、古彩戏法、二贵摔跤

        第五期：高空叠椅、驯鹰、回族重刀、孔楼杂技

        第六期：达瓦孜、转盘飞刀、敖鲁古雅

        第七期：驯虎、稷山高台花鼓、三棒鼓、溜溜调

        第八期：打火球、抖空竹、猴子戏、柔术

        第九期：提线木偶、川北大布偶、常氏相声、晃管

        第十期：广东醒狮、秦腔、霹雳布袋戏、红星二锅头传承百年酿制技艺

这些项目当中有大家比较熟悉的项目，比如咏春拳、内画等。但是也有很多是普通大众所不熟悉，甚至根本没有听说过的。《传承者》就利用电视平台将这些散落在民间的、受地域限制的、种类繁多的传统文化推向观众，获得最大程度的认同。《传承者》在宣传片中有这样一段话："传承是什么？是波澜壮阔的隽永画卷、是亘古不变的薪火相传、是贯穿古今的如箭光阴。有这么一群人，他们从历史的河流中拾起先祖的技艺，他们在时代的变迁中，传播文明的勋章。他们就是传承者。"《传承者》栏目以非遗传承人为切入点，由人带出非物质文化遗产项目，同时又以人为本，对传承人现状进行较为细致的交代，由点到面对整个文化传承的艰难现状进行描绘，

借此引起观众更多的关注。比如康定溜溜调的传承人毛云刚，他是现在唯一能唱溜溜调长调的人，并且他已经收集了三种溜溜调唱法，但却面临着后继无人、"人去曲歇"的尴尬境地。节目通过对毛云刚个人的介绍，让观众了解了溜溜调的现状和对其进行保护的紧迫性。

## 二　多重视角

视角是指观察和叙述事件的角度，单一视角会导致对事件观察和叙述的片面，多重视角利于全方位地解读对象。面对《传承者》中每个不同的项目，每个人都会有不同的感受和评判，穷尽所有人的观点是不可能的，栏目组设定了四位导师和10名青年团成员组成的评判团，对每一个项目进行可否过关的评判，导师视角偏重文化与记忆，青年团视角偏重形式与创新，多方思想汇聚，从而对非遗项目进行多视角的观照。

导师中陈道明、王纪言两位导师年龄上较为接近，同时阅历都较丰富，学养深厚，有较强的社会责任感，就像陈道明之前从不参与电视综艺节目，参加《传承者》是他的"电视综艺节目首秀"。此次担任《传承者》导师是想为传承和弘扬中华传统文化尽自己的力量，"每一个人都有义务去传承文化，这已经不是北京台的事了，这是中华民族的事"。正是这样的责任担当，使陈道明、王纪言两位在节目中不调侃逗趣，而是与传承人真诚交流、一针见血，同时对青年团和观众还经常讲述一些关于传承项目的引申知识。比如在霍童线狮表演之后，陈道明就对这个项目代表的福建人的团结协作、互不拆台的精神予以赞扬，在内画展示介绍后对鼻烟壶的历史也进行了详尽介绍。演员范明作为和陈道明一组的导师，是导师中的"体验派"，很多项目表演结束之后，范明都会或主动或被动地上台体验项目，以亲身感受过的经历和亲历者的视角对项目进行评价。比如在第七期节目中驯虎表演结束后，范明上台体验近距离和老虎相处，之后大赞传承人的不易。在第八期猴子戏表演结束后又上台感受，和猴子之间的互动笑料百出，在相对单调的节目形式中增加了节目的趣味性，取得较好效果。此外，导师中还有来自我国台湾地区的知名主持人侯佩岑，她以"台湾第一美女主播"的身份及其女性的视角对导师队伍都是一个很好的补充。侯佩岑对中国传统文化传承项目的认同带有两岸同根同祖、有共同民族文化认知的寓意，同时她的女性身份也给节目增添了温情的成分，比如在驯虎结束后，她上台抚摸了老虎，说："我现在可以感觉到它的那个呼吸，还有温度，暖暖的。"

《传承者》中设有10个青年团席位，他们和导师拥有同样的表决权和发言权。伴随改革开放与中国快速发展成长起来的"80后""90后"，他们接触民间传统文化的机会有限，大多数人对民间传统文化不甚了解。但是青年作为社会的主体力量之一，他们对传统文化的态度决定传统文化的未来。所以在以传承传统文化为主要目的的节目中设置青年团席位就显得尤为必要。他们对某一项目的观点能代表年轻人的观点，并且是10名青年团成员，10个不同的声音共同组成具有代表性的"青年的声音"，比如驯虎表演结束后青年团就提出驯虎是否人道的问题相互争执、讨论，形成思想的交锋，通过他们的声音，引起电视机前更多观众的思考。比如，在秦腔表演艺术家李梅表演结束后大家对秦腔和摇滚的结合、秦腔的方言以及传统戏曲的程式化等进行的讨论都能引发大家的深思。

陈道明、王纪言在节目中代表主流观点，范明代表"体验派"发言，侯佩岑的独特女性视角，以及10位青年团成员的观点多方交会，共同构成了《传承者》观照非遗项目的多重视角。一方面，多重视角的安排使观众在收看节目时能对节目有多角度、相对比较全面的了解和把握；另一方面，多重视角也会在节目中出现矛盾和冲突。当矛盾和冲突产生时，通过不同成员之间的不同观点的辩论，节目的主题能够在一定程度上得到深化。比如在第七期节目中有一个节目是山西稷山高台花鼓表演，表演者是一群 20 岁左右的年轻人。表演结束之后，青年团的成员首先发言，有人说"传统文化节目形式没有变化，没有创新"；有人说"我们把孩子领到了这个舞台上，甚至以后可能领到了世界的舞台上，然后呢？这些技能未必会在他未来的人生道路上给他一口饭吃"；也有人说："人这么多，都找不到焦点，不知道该看谁"，认为有突出的个人英雄才更有利于推广传统文化。然后青年团内部关于"群体"和"小我"的关系产生了争执，一位青年团成员言辞激烈，说出："牺牲小我、成就大我的事干得太多了。这几千年，小我都没了！"面对青年团引发的争议，陈道明明确表达了自己的观点。陈道明首先从群体性节目的特点出发，阐述了自己的观点，他说："这个群体性节目就是群体性的，它需要整齐划一的，有些节目就是需要这样的。仪仗队，你体现个性行吗？总体的要求它是整齐划一的，难点也就在整齐划一。这么多人，让他做成一个制式的动作，是很难的。"然后说"你们可能有很高的知识，但是对于有些文化，我们传承的文化，你们连常识都没有。因为你们没看过，你们就否定它的存在。我反对这个"，继而又说"你们就根据这一个鼓就否定中国的鼓文化"，又用略带开玩笑的口吻说："你们胆子好大呀！你们好大的胆！"从而对青年团成员进行了含蓄的批评。之后，陈道明针对有青年团成员说年轻演员们拿出那么多时间来学习鼓是不是有用，表达了自己的观点："我们传承不就是干这个的吗？文化也需要接力。尽管它可能时间很短，但它需要一个接力的过程。"然后他又结合自己在天津人民艺术剧院跑了七年龙套的经历，讲出"人要有一种关于寂寞的精神准备"的感悟，鼓励演员们"要努力，但不要着急"。又反问青年团成员"每一张脸怎么会是一样的呢？是你没看见他们每一张脸的样子。世界上没有这么多主角，大部分人一辈子可能要甘于寂寞，或甘于平庸。但并不要打击他们的努力。他们不是群众演员，他们是我们文化的一个基本的基础。"在这段多重视角形式的交锋中，多种观点得以亮相。最后，代表主流观点的陈道明阐述了自己对于文化传承、关于"群体"与个体的理解，在一定程度上完成了节目观点的表述与传递。

### 三 表现手段多元化

《传承者》中展演的多个项目都属于出现在农村、发展在农村、繁荣在农村，一直未走入殿堂的民间技艺，它们或出现在乡村集会，或在婚丧嫁娶之时表演，古朴自然，简单纯粹。当这些项目被放置在演播厅内表演时就出现了表演场地与内容不匹配的问题。还有一些相对比较静态的非遗内容在演播厅演示时也出现了一定困难，比如内画鼻烟壶完成起来费时费力，根本不是一期节目的时间内所能完成的。为了使节目具有更强的观赏性，栏目组调动了一切手段努力弥补这方面的欠缺。

首先，在演播厅的布置上，海陵撂石锁、赤脚斜走大刀、驯虎表演、掼牛表演等都需要特殊的场地。比如撂石锁需要有大量的沙子地以防石锁意外掉落砸坏地板，驯虎、掼牛表演都需要专门的笼子，赤脚斜走大刀项目更是要将一柄长 17 米、高 3 米到 4 米的大刀安置在舞台上，非常费力，为了 5 分钟的表演，安置这柄长刀时 100 人用了 7 个多小时才得以完成。

其次，为了醒目的舞台效果，声、光、电等辅助元素都进行了完美的配合，比如霍童线狮在表演时现场的灯光快速变化切换，使线绳操控的狮子显得更加活灵活现，观赏性得到很大提升。比如在齐·宝力高老人表演马头琴时，现场的大屏幕显示的就是辽阔的草原、成群的牛羊，使现场的景与琴声融为一体，浑然天成，强化了现场的视听效果和电视观众的收看效果。

最后，片花制作考究精细，与节目无缝对接。《传承者》中有很多项目的历史来源和价值意义不能通过节目直接展示并且不太为观众所熟悉，节目就在该项目展示的前后加上片花来做背景资料的补充。片花的制作非常精致，对传承项目来说画龙点睛，意义深刻。比如在"广东醒狮"表演前，片花中做了这样的解说："它是历史上驱邪避害的吉祥瑞物，威武勇猛、雄壮威风，它是广东舞苑中的一块瑰宝，历代相传，长久不衰。"极具悬念感，片花无缝对接了现场的醒狮表演。表演结束后又插入了一段短片，解说词对醒狮的意义又做了深化："醒狮在中国历史久远。《汉书·礼乐志》中记载的'象人'便是舞狮的前身。舞狮有南狮和北狮之分，风格特点各有不同。南狮头上扎有一只角，造型较为威猛，舞动时注重马步，鼓乐激昂、令人警醒，故又被称为'醒狮'。经过20余年的发展，醒狮文化被广大华侨带到了世界各地。"

《传承者》因其差异化内容的选择，与众多综艺类真人秀节目形成显著的差别，因而具有了自己的独特定位。除此之外，该栏目还具有可持续发展的潜力。做出这样的判断，原因有二：首先该节目选题范围为亟待传承的非物质文化遗产，其内容资源非常丰富。仅以戏曲为例，戏曲是中国的国粹之一，是中华传统文化中的重要内容。第一季的《传承者》中出现的戏曲剧种仅有秦腔一种。《中国戏曲志》中去掉跨省流行而被多卷重复收入的剧种之外，共列出现存剧种368种；《中国戏曲剧种大辞典》中收入戏曲剧种335种；《中国大百科全书·戏曲曲艺》（1983年）卷中的"中国戏曲剧种表"

中列出当时全国流行的戏曲剧种有 317 种；中国戏曲学院海震先生在对多种戏曲工具书进行分析的基础上认为"现存戏曲剧种的数量，可能也就 150 种左右"①；傅谨先生在 2008 年出版的《薪火相传：非物质文化遗产保护的理论与实践》中估计"目前仅有 60—80 个左右的剧种还能保持经常性的演出和稳定的观众群"②。即使按傅谨先生估计的 60—80 种戏的最少数目 60 种计算，秦腔也只是 1/60。仅是戏曲便可为《传承者》提供源源不断的内容素材和选题。其次，《传承者》第一季获得了青年观众的认可，在网络上也引起热议，为节目提供了受众保证。基于传播内容和受众数量的保证，我们可以乐观地期待第二季《传承者》的到来。

小结：作为世界上唯一从未中断的文化，中国文化有着几千年的发展历史。中国的传统文化为当代留下了浩如烟海的资源内容，当电影、电视等以科技发展为基础产生的现代媒介需要建构自身的文化身份时，传统文化成为不二之选，不论是语言文字还是书法绘画，不论是话本小说还是明清传奇，不论是历史典故还是民间传说，传统文化为当代中国电视的文化身份建构提供了取之不尽、用之不竭的创作素材。本章中我们以电视栏目为例，对 21 世纪出现的传统文化类电视栏目进行了一鳞半爪的描述和归纳。当然上文中提到了栏目远远没有穷尽涉及传统文化的电视栏目，如戏曲栏目、中华美食节目等。论述中未做过多涉及，主要原因有两个。一是因为有些栏目形态不是 21 世纪出现的，比如戏曲栏目，虽然《相约花满楼》《梨园春》《走进大戏台》等在传承传统文化和建构中国电视文化身份过程中都具有重要意义。但因为出现时间较

---

① 海震：《我们到底有多少"剧种"——对戏曲工具书中有关数据的分析》，《戏曲艺术》2014 年第 5 期。

② 傅谨：《薪火相传：非物质文化遗产保护的理论与实践》，中国社会科学出版社 2008 年版，第 86 页。

久、收视群体相对固定、理论研究文章较多，进一步研究的空间已经不大；二是因为如上述几档戏曲栏目虽是将戏曲搬上了电视屏幕，但是戏曲还是基本保持了原来的面貌，并没有很大的改变和创新。所以本章集中选取了 21 世纪出现的在各个年龄层观众中都引起较大反响、专家学者以及主流意识形态都称赞的几档"现象级"的电视栏目作为切入点。同时这几档栏目在时间上有历时性关系，从一个侧面也反映了 21 世纪以来传统文化类电视节目发展的基本轨迹和特征流变。当然，除了以上栏目，依然有一些近 10 年来出现的电视栏目取材于传统文化，被观众交口称赞，比如天津卫视的《国色天香》。《国色天香》将传统戏曲与现代流行歌曲结合，比如第一季的冠军霍尊就将大众耳熟能详的现代流行歌曲《千里之外》《卷珠帘》《美丽的神话》成功改编成戏曲唱段，决赛中更是与男高音歌唱家莫华伦合作将歌剧改编成戏曲，最终以男旦的形象与唱腔成为"年度戏王"。《国色天香》栏目的创新之举也获得专家学者与大众的一致好评。

此外，除了电视栏目直接在传统文化中取材，电视剧、电视纪录片、电视广告等亦大量取材于传统文化之中，共同用传统文化进行 21 世纪中国电视文化身份的内容建构。比如电视剧，首先，大量电视剧取材于古代的历史故事或历史事件，比如清宫戏中或直接反映康熙末年的"九王夺嫡"，或以此历史事件作为故事发生的历史背景。其次，古装剧的精彩纷呈架构了迥异于西方电视的中国形象，金庸武侠小说反复被改编成电视剧，从而建构了独具东方魅力与中国情感中的"江湖"与"大侠"。再次，电视剧对传统小说、戏曲作品等经典的改编和重新阐释都创造了独特的电视风景。中国电视剧从 20 世纪 80 年代开始对经典小说等进行改编，四大名著的改编剧接连上演，改编自戏曲的电视剧也接连登场，如改编自传统晋剧剧目《打金枝》的电视剧《新醉打金枝》、改编自传统越剧曲目《梁祝》的电视剧《梁山伯与祝英台》等吸引着观众的眼球。正如知名学者尹鸿所说："古典小说的改编和历史题材电视剧的拍摄不仅在政府、市场、知识分子之间找到了结合部，而且也在中国大陆与海外华人、大陆文化与全球中华文化之间找到了结合部。"① 除了电视剧之外，直接展示古老建筑、风土人情的纪录片，甚至新闻、娱乐节目、电视广告中都有传统文化元素。这些内容共同构成了中国电视中国身份的"符号系统"。

蒋原伦在《传统的界限：符号、话语与民族文化》中说"文化的形态是由符号和话语共同显示的"②，并指出符号是文化的物质部分，是可视可触可感的部分。话语是符号的组合，体现的是各符号之间的关系。文化由符号和话语共同呈现。"符号"这一概念大家都比较熟悉，美国哲学家皮尔斯认为"符号是对某个人在某个方面而言替代另一事物的事物"。也有人认为，符号就是发送者用一个可感知的物质刺激，使接受对方（这对方可以是人、生物、甚至具有分辨认知能力的机器）能约定俗成地了解关于某种不在场或未出现的某事物的一些情况。著名语言学家索绪尔将符号的构成分为"能指"和"所指"两部分，其中"能指"构成了表达方面，"所指"构成了内容方面。蒋原伦认为"一种文化与另一种文化的区别首先在于符号的区别……符号不仅仅是媒介，它同时就是实体。所谓民族文化，其根本的界限在于该民族所创造的符号所划定的范围内。符号的边界划出了某一民族文化的疆域"③，他将符号称为"民族文化的表象"。如此，电视屏幕上的中国内容便成为中国电视文化身份的

---

① 尹鸿：《冲突与共谋——论中国电视剧的文化策略》，《文艺研究》2001 年第 6 期。

② 蒋原伦：《传统的界限：符号、话语与民族文化》，北京师范大学出版社 1998 年版，第 5 页。

③ 同上书，第 40 页。

表象。越庞大的符号系统越能划出中国电视的文化身份,这是 21
世纪中国电视文化身份建构的基础。在这样庞大的符号系统基础
之上,电视才能利用符号组成话语,逐步明确自身的文化身份。正
如本章开篇所讲,中国电视屏幕缺少具有"标签"意义的"中国
符号系统",浩如烟海的中国传统文化资源就是中国电视提取"符
号"的库房,同时,当大量的具有中国文化标志的"符号能指"
共同指向"中国"这一所指时,中国电视的文化身份就会得以明
晰的确立。"特有的文化符号连接着一个民族的精神,能召唤起这
个民族的无穷想象。同样,一个蕴含着丰富的文化符号的民族也会
引发艺术家的创作冲动,它的所指意义亦很容易被同一文化群体
的人们所领悟,饱含着文化记忆的符号因此也会成为激活艺术时
空的民族想象力之源。"①

那么,哪些符号在国人心中能代表中国,可以作为中国电视建
构身份时的优先之选呢?

2008 年凤凰出版集团译林出版社出版了《符号中国》(套装全 6
册)中文版共 6 卷,精选数千张上自远古、下至当下被公认的中华
文化基因意义的"文化符号"的高清图片,从器具到食物、从风俗
到礼仪、从人物到景观的方方面面,同时由专家针对文字和图片逐
一进行权威解读。全书采用全彩印刷,图文相得益彰,设计精致古
雅,将宣纸、木刻等众多浓厚的中国元素贯穿其中,令人叹为观止。
主要内容涵盖中国物质与非物质文化遗产、自然遗产、历史遗产等
诸多方面,以这种形式向世界解读及传播中华文化的精髓,使其成
为中国读者继承和弘扬传统文化的渠道。

在此之前的 2007 年,由新浪网、中国网、人文中国网等多家媒
体主办了"寻找中国 100 元素"大型网络调查活动。最后调查结果

---

① 陈阳:《全球化时代电影民族文化符号的审美转换》,《人文杂志》2006 年第 2 期。

显示（以投票数据多少排序）：

第 1—10 名：长城、春节、龙、中国汉字、黄河、长江、儒家思想、天安门、唐诗、故宫；

第 11—20 名：五星红旗、秦始皇陵兵马俑、孔子、中医中药、北京、京剧、熊猫、凤、毛泽东、指南针；

第 21—30 名：宋词、黄帝、珠穆朗玛峰、56 个民族、中国书法、太极八卦、造纸术、甲骨文、《孙子兵法》、少林寺；

第 31—40 名：火药、少林武术、十二生肖、中国结、印刷术、端午节、太极拳、道家思想、毛笔、秦始皇；

第 41—50 名：筷子、中秋节、茶、麒麟、针灸疗法、《易经》、泰山、元宵节、清明节、周恩来；

第 51—60 名：脸谱、茅台、丝绸之路、长征、《本草纲目》、炎帝、对联、中国象棋、国徽、水饺；

第 61—70 名：天文历法、旗袍、敦煌莫高窟、上海、《红楼梦》、邓小平、人民英雄纪念碑、北京大学、华表、《论语》；

第 71—80 名：《诗经》、瓷器和陶瓷、牡丹、清华大学、布达拉官、24 节气、唐装、算盘、三峡大坝、元曲；

第 81—90 名：孟子、青藏高原、墨、孙悟空、月饼、黄帝陵、重阳节、《史记》、丝绸、粽子；

第 91—100 名：成吉思汗、百家姓、古筝、《三国演义》、宣纸、伏羲氏、同仁堂、2008 年奥运会、杂交水稻、汉服。

虽然该调查的调查时间是在 2007 年，调查的目的是为国家政府确立中国国家形象以及诠释人文奥运提供有益的借鉴和参考，但是调查的过程也是对传统文化进行了一次全面的梳理和探讨。从入选的前 100 名来看,其中以承载厚重民族文化的传统文化元素为主体,比如前 10 名中只有"天安门"现代意义较大,其余 9 项都直接来源于传统,包括黄河、长江能够入选,也是因其负载的民族母亲河的传统文化意义。通观前 100 名,具有现代意义的中国符号只有:天安门、五星红旗、毛泽东、周恩来、邓小平、人民英雄纪念碑、北京大学、清华大学、三峡大坝、青藏铁路、2008 年奥运会、杂交水稻,共计 12 项。其余 88 项均为传统文化中的中国符号。这些都是中国电视建构自身文化身份时应该优先选择的"符号系统"。

**附:**

**"寻找中国 100 元素"网络调查结果第 101—200 名**

第 101—110 名:砚台、围棋、水墨画、法家思想、《三十六计》、郑和下西洋、元宵、汉武帝、香港、风水;

第 111—120 名:李白、四合院、《西游记》、《道德经》、老子、苏州园林、神舟六号、京杭大运河、都江堰、李世民;

第 121—130 名:西藏、七夕日、庄子、黄山、篆刻、孙子、唐三彩、景德镇、梅花、人民大会堂;

第 131—140 名:诸葛亮、年画、中华鲟、《资治通鉴》、鞭炮、玄奘西行取经、大禹、二胡、《春秋》、全聚德;

第 141—150 名:天坛、《四库全书》、杭州西湖、青铜器、相声、台湾、麻将、乒乓球、门神、汉代竹简;

第 151—160 名:海尔、刺绣、颐和园、观音、鼎、印玺、李时珍、皮影、剪纸、秦砖汉瓦;

第 161—170 名:云南白药、红灯笼、《水浒传》、藏羚羊、五粮液、神农架、地动仪、乐山大佛、如意、貔貅;

第 171—180 名:舞狮子、关羽、琵琶、桂林山水、景泰蓝、风筝、康熙大帝、《皇帝内经》、"两弹一星"、财神；

第 181—190 名：周公、《康熙字典》、紫砂壶、麻醉术（麻沸散）、《永乐大典》、10 进位制、兰花、荷花、黄鹤楼、玉雕；

第 191—200 名：中山装、丹顶鹤、菊花、大庆油田、王羲之、南京、联想、雅鲁藏布大峡谷、周口店北京猿人、白鳍豚。

# 第四章　传统文化参与中国电视文化身份的思想建构:以电视剧为例

　　文化是一种大观念，也是一个大符号。它是一个由多层次、多方面内容交融而成的统一体系。正如马克斯·韦伯指出，"人是悬在由他自己所编织的意义之网中的动物"，那么我们对文化的分析就不是一种寻求规律的实验科学，而是一种探求意义的解释科学。由此，意义、思想也就成为文化体系中最具有内在性、最能体现其超越性和创造性本质特征的基础内容。正如帕斯卡尔所说"思想形成人的伟大"。人之为人在于思想，文化与文化之间的最大不同也在于思想层面的不同。比如，张岱年、程宜山两位先生在《中国文化精神》中对中西方文化进行差异比较时就从思想层面的四组关系（人与自然的关系、民族关系、家庭关系、宗教关系）四个方面进行分析。张岱年等认为"文化的基本思想，同时也一定是文化体系中起主导作用的中心思想，是文化体系中处于核心地位的基本观点"①。思想层面的文化是人们在实践中逐渐形成的，包括以意识、观念、心理等形态存在的文化。春秋战国时期华夏文化的基本格局确立，同时涌现出了儒家、道家、法家、墨家、阴阳家、名家、杂家、兵家、小说家等各种思想学说。孔子创立了儒家学说，之后，孟子、荀子

---

　　① 张岱年、程宜山:《中国文化精神》，北京大学出版社 2015 年版，第 14 页。

都不同程度地发展了儒家学说。有秦一代中央集权建立，文字、货币、度量衡得到了统一，华夏大地出现了"车同轨、书同文"的大一统局面，至西汉董仲舒提出"罢黜百家，独尊儒术"，进而实现了"行同伦"，儒家思想开始成为汉民族文化的主导思想。虽如此，华夏传统思想文化中也并非只有儒家思想，道家思想、禅宗思想、法家思想等都在一定程度上保留并传承了下来。虽然儒家思想从来不是中国传统思想的全部，但是中国的传统思想确实是以儒家思想为主，并且儒家思想也一直是占主导地位的，这一点毋庸置疑。时至今日，以儒家思想为主的传统思想文化依然"无孔不入地渗透在广大民众的观念、行为、习俗、信仰、思维方式、情感状态……之中，自觉或不自觉地成为人们处理各种事物、关系和生活的指导原则和基本方针，亦构成了这个民族的某种共同的心理状态和性格特征……"①

中国电视在建构自身文化身份时不仅要用具有中国特质的"中国符号"来塑造中国电视的外在形象，而且要利用传统文化中思想层面的内容来塑造中国电视的骨肉。正像思想是文化中最核心的层面一样，思想层面的塑造也处于电视身份塑造的核心，相较于只是表面符号的展示和铺排，深层符号——思想塑造才使得话语得以建构和形成。本章以电视剧为例，分析传统文化在中国电视剧发展的过程中是如何建构中国电视的思想身份以及期间出现的问题与解决的方案。

综观改革开放 30 多年间中国电视剧的发展，尤其是 21 世纪电视剧的发展历程，大都是以中国传统思想为内核的审美创作和艺术呈现，如《记忆的证明》《无愧苍生》《历史的天空》《媳妇的美好时代》《当幸福来敲门》《金婚》《我的青春谁做主》《国家命运》

---

① 李泽厚：《李泽厚哲学美学文选》，湖南人民出版社 1985 年版，第 25 页。

《东北抗日联军》《原乡》《青年医生》等优秀电视剧作品，塑造了真实动人的英雄或平民形象，演绎了惊心动魄的历史故事或真挚感人的百姓生活，传递的都是生生不息、刚健自强、中庸和谐、美善相济、真善美结合的审美取向和价值追求。这些具有强烈民族精神烙印的电视剧作品不仅使观众在内心深处产生深刻共鸣，同时获得了主流意识形态的认可，取得了社会效益和经济效益的双丰收。当然此间在商业化浪潮的推动下，电视剧创作在一定程度上也出现了媚俗、庸俗、低俗的倾向，有些电视剧粗制滥造，有些是非不分、价值扭曲，有些膨化虚空、华而不实，这些现象不容忽视，应该引起我们的高度警惕。

## 第一节　中国传统思想在电视剧中的艺术呈现

### 一　爱国主义

首先有必要分析一下"国家"这个概念。西方语系中"国家"和"家庭"是毫无关系的两个概念，"country""state""nation"等表示国家的词汇中都没有家庭的内涵。而在中国的文化传统中，"国"与"家"是密切相关的。孟子就曾说："人有恒言，皆曰天下国家。天下之本在国，国之本在家，家之本在身。"[1] 在中国传统思想中，国家在某种意义上就是扩大了的家，家国同构，修身、齐家、治国、平天下相通，强化了中国人的国家认同感。汉代班固说"国而忘家，公而忘私"，范仲淹说"先天下之忧而忧，后天下之乐而乐"，明代顾炎武说"天下兴亡，匹夫有责"，当中的爱国思想一脉相承。中国民族在漫长的发展过程中形成了以爱国主义为核心的伟

---

[1]　杨伯峻译注：《孟子》，中华书局 2008 年版，第 135 页。

大民族精神，张岱年认为中国传统思想中的"爱国主义"的意识能得以代代相传，还因为中国有一个"慨然以天下为己任"的儒生阶层，"这些人不仅掌握着文化，而且掌握着一定的政治权利，爱国主义正是通过儒生们的言传身教在人民群众中深深扎下了根，并认为爱国主义意识既是克服内容分裂、保持统一的强大精神力量，也是抵御周边少数民族入侵、肢解汉民族的强大的精神力量"。①

21 世纪以来，我国电视剧中涌现出了多部弘扬爱国主义的优秀作品，这当中有取材自真实人物和历史事件的，比如《毛泽东》《周恩来》《精忠岳飞》等，有虚构人物和故事反映英雄人物的爱国情怀的，这其中有为数众多的以抗日战争为背景的抗战剧，以及讲述大时代中的普通人物的忠于国家、保卫山河壮举的，同时也有一些反映改革开放以后新时期的普通劳动者在普通的岗位上为国家的发展克己奉公、自强不息的。

1. 历史剧中的爱国表达

在历史发展过程中每当国家和民族遭受外来侵略的时候，无数有血性的国人就会奋起反抗，以自己坚定的意志、满腔的热血、不屈的脊梁来维护国家的完整与统一、荣誉与尊严。所以，历史上每当有战争爆发的时候就是爱国主义集中展现的时刻。

比如宋代就是一个特殊的年代，300 多年的历史始终是中原的汉民族建立的宋王朝与北方少数民族建立的政府不断交战的历史，战乱一直是这一历史时期的突出主题，并且在长期的交战过程中，中原宋王朝多数时候处于弱势的被动挨打的境地。就是在这战火纷飞、国破家亡的历史背景下，涌现出了很多具有强烈爱国情怀的民族英雄，如韩世忠、岳飞、杨家将等。正所谓"国家不幸诗家幸"，一直以来以宋代战乱为主题或为背景的艺术创作就很丰富，比如以杨家

---

① 张岱年、程宜山：《中国文化精神》，北京大学出版社 2015 年版，第 104 页。

将为主要表现内容的艺术作品就有戏曲《四郎探母》《穆桂英挂帅》《四郎盗骨》《雁门关》《五台山》《碰碑》《夜审潘洪》等经典剧目，刘兰芳播讲的长篇评书《岳飞传》等，很多说书艺人进行创作都取材于宋代历史，现代作家金庸的众多武侠小说也都是以宋代为背景刻画众多铮铮铁骨、具有民族大义的"大侠"的，比如《射雕英雄传》《天龙八部》等。电视剧作为中国老百姓喜闻乐见的艺术形式，在创作内容的选择上也有多部作品不约而同地将目光投向了宋朝 300 余年的历史阶段。2000 年以来，以宋朝为历史背景的古装剧有《天龙八部》《巾帼英雄穆桂英》《江山美人》《杨门虎将》《凌云壮志包青天》《狸猫换太子传奇》《八大豪侠》《大宋提刑官》《少年杨家将》《水浒传》《天涯明月刀》《精忠岳飞》等 10 余部，其中具有明显爱国主题的就有《天龙八部》《杨门虎将》《八大豪侠》《少年杨家将》《精忠岳飞》，几近一半。

其中电视剧《杨门虎将》依据的是大家熟悉的杨家将的故事。杨家将的故事在中国可谓妇孺皆知，千百年来人们通过各种形式来传颂他们精忠报国的高尚情怀，在小说、评书、戏曲等艺术作品中都有大量体现，单是民间流传的各种传说就已经使杨家将在人民心里塑造了一种光辉不灭的爱国主义形象，并且这种形象已经成为中华民族必须具备的品质之一，成为要求我们子孙后代的一个标尺。不过与一般影视剧作品中一直以杨六郎或佘赛花、穆桂英等智勇双全的杨门女将为主角不同，这部电视剧中以在影视剧作品中一直以配角出现的杨四郎为故事的主要人物，展示了杨家将在抵御辽国入侵时体现出的强烈的爱国情怀。杨四郎的故事一直以来在中国戏曲中流传，《四郎探母》是经典传统剧目，京剧、秦腔、河北梆子、汉剧、湘剧、川剧等剧种中都有涉及。但是因为杨四郎被俘后投降了辽国，所以一直以来这个人物都极有争议。在"文化大革命"中

《四郎探母》被批判为"宣传投降主义路线的大毒草"。《杨门虎将》将杨四郎被俘辽国改为杨继业临死之前给四郎秘密任务要他潜伏在辽国窃取关键情报。之后，杨四郎在辽国心里怀着国仇家恨，忍辱偷生，获取了重要的情报资料，并让杨六郎押送投敌卖国的潘仁美回了大宋。但到达长城边时，守城老兵射来一支冷箭，杨四郎中箭倒地。该剧中，杨四郎被俘投降被设计成是潜伏，使这一人物摆脱了一直以来备受争议的投降者身份，反之成为杨家将中"身在曹营心在汉"的潜伏式英雄，支撑他这样做的就是保家卫国的坚定信念。同时在塑造杨四郎崭新的形象的基础上，刻画了杨家众人赤胆忠心、一心报国的群体形象。

《精忠岳飞》讲述了南宋抗金名将岳飞的人生历程和他带领岳家军征战沙场，抗击金兵入侵的传奇故事。虽然该剧存在编剧阶段的先天不足，在拍摄中也出现不尊重历史细节的问题，但是全剧对于岳飞爱国精神的讴歌却是值得肯定的，也正因为其高扬的爱国主义旗帜，该剧获得第十届中国金鹰电视艺术节优秀电视剧奖。岳飞是中国历史上著名的军事家、战略家，是南宋"中兴四将"之首。正如孙中山所说"岳飞魂，是中华民族的精神代表，也就是民族魂"。此外《精忠岳飞》并没有将镜头对准岳飞一个人，而是一并展现了爱国者的群像：深明大义、勉励岳飞从戎报国并在岳飞后背刺下"精忠报国"的岳母姚氏，抗金名将韩世忠、张俊、刘光世等，女中豪杰梁红玉等人。剧中刻画的是以岳飞为代表的，两宋之际反抗外族凌辱、维护民族尊严的英雄群像，宣扬的是崇高的爱国主义精神。

除了以宋代为时空背景的古装电视剧所集中刻画的爱国英雄外，在以其他年代为背景的古装剧中，也会屡屡以爱国为主题，比如讲述明末清初国破家亡、山河破碎之际，秦淮名妓和"复社"知识分子等人的坎坷命运以及爱国情怀的《魂断秦淮》《秦淮悲歌》；又如反映晚清中华民族遭受外国列强的欺凌，中华儿女奋起反抗的电视剧作品《台湾1895》《铁血莲花》以及讲述1890年到1949年间，无数民族精英、仁人志士前仆后继寻找救国救民出路的《走向共和》等，都表达了强烈的爱国主义情怀。

2. 革命历史题材电视剧的爱国表达

革命历史题材电视剧以中国革命史为表现对象，属于"主旋律"作品，只要电视剧是表现中国共产党建立和发展过程中所有的事件，在党的领导下所进行的建立人民政权、保卫人民政权进行的艰苦抗争的内容都属于这一题材。革命历史题材在电视艺术生产乃至整个文化生产中都具有导向和示范意义，是主流文化在电视媒体的直接表现形式之一。《长征》《延安颂》《江姐》《毛岸英》等"革命历史＋纪实"的传统类型电视剧已为广大电视观众所熟悉。应该更加关注的是，21世纪以来出现的表现革命历史但人物为虚构的电视剧，如《历史的天空》《激情燃烧的岁月》《亮剑》《人间正道是沧桑》《北平无战事》等，以及大量出现的以革命历史为背景的谍战片、反特剧，如《誓言无声》《暗算》《潜伏》《伪装者》等，都是革命历史题材电视剧中出现的新类型，这些剧作一改这类型题材电视剧的宏大叙事传统，还原英雄的普通人物的日常化特征及其身上所具有的平民属性，通过个人的生命体验和感悟展示对民族国家历史命运的关注与思考。

《亮剑》就是这种类型的革命历史题材电视剧的典型代表之一，全剧始终围绕一句话展开，这就是李云龙所说的亮剑精神："面对强大的敌手，明知不敌也要毅然亮剑。即使倒下，也要成为一座山、一道岭。"整部电视剧就是通过叙述李云龙不同寻常的"战神"一样的特殊经历，歌颂人物所表现出的爱国主义和英雄主义精神。然而，该剧最大的突破还是李云龙这一人物形象的塑造，它让英雄人物从"高大全"的神坛上走下来，具有了更多的平民属性，甚至很多缺点。

农民出身的李云龙文化程度不高，说话粗俗，"他娘的""老子"不离口，如他说自己被贬当被服厂厂长是"放屁砸脚后跟儿"式的"倒霉"。同时李云龙又有中国农民式的狡黠、精明：他帮国民党部队清除叛乱之后，"顺手牵羊"夺走了其部下的所有装备，还美其名曰这些是"跑腿费"，是"工钱"；他被贬为被服厂厂长，结果在复官之际还顺手"拿走"了一百套军装。他革命出发点不崇高，比如日本特种兵劫走了他新婚的妻子，他调集自己麾下全部兵力，并集结了兄弟部队、地方武装、友邻军队攻打平安县城，为的就是救回新婚的妻子。当副团长在战士面前说攻城是为了要为赵政委和赵家峪死去的乡亲们报仇时，李云龙扯着嗓子向战士们喊："我打开窗子说亮话，你嫂子被鬼子抓走了怎么办？"当他的警卫员、生死弟兄和尚惨死黑云寨之后，李云龙硬是关押了前来劝阻的八路军团长，自己带兵围剿了已经被收编的黑云寨，挥刀砍死了二当家的，为和尚报了仇。此外，他在长征路上因为筹不到粮食还纵兵抢掠，经常同自己的搭档政委赵刚发生各种各样的争执，在上门求婚过程中对田雨的父亲态度强硬，被要求上军事学院时常有抵触情绪，在课堂上顶撞老师，看电影时与其他观众发生冲突……虽然李云龙的很多次犯错都情有可原，但描写他身上的不足和缺点却真实地刻画了人物，充实了英雄也是人的主题表达。

李云龙身上有很多的缺点，并非严格意义上的"英雄"，但是李云龙对国家、对民族、对抗战大业无比忠诚，他的"粗口"是带有"兵痞"气，但他的"他娘的""老子"更多展现的是他的大大咧咧与豁达豪爽，并不使人生厌，反而让人觉得亲切。他有中国农民式的狡猾与狭隘，但是他"夺走装备""顺走军装"也并不是为了自己，而是为了部队的装备与物资补给。他经常在战场上抗命，不请示就擅自调动部队作战，用自己的打法指挥战斗，但次次都大获全胜，令敌人闻风丧胆，不仅赢得了士兵的拥护，而且赢得了对手和盟军的敬佩和尊重。相较于过去毫无缺点、空洞成符号、理想成虚无的英雄形象，李云龙所代表的英雄形象实现了"落地"，英雄从"神化"实现了到"人化"的转变。英雄从神坛上走下，让观众感受到英雄作为一个真实的人的存在，而不是抽象成符号的遥不可及的英雄，"英雄还原出小人物和日常化特征"①。这与《激情燃烧的岁月》中的石光荣、《历史的天空》中的姜大牙、《高地》中的王铁山和兰泽光等形象一脉相承，都是"人性化的英雄"。这些英雄身上的不完美部分消解了他们头上的英雄光环，降低了社会大众对于英雄的形象认知和情感接受的门槛。同时"这样的英雄形象唤起了观众内心深处渴望挣脱世俗羁绊的梦想，在不违背公共道德和社会秩序的前提下，通过观看英雄的'出格言行'满足了观众心中英雄化和世俗化的双重欲望，并借以消解自身压力"②。更为重要的是，宏大的爱国主义的叙事主题在这些"人性化的英雄"身上体现，更让人觉得真实可感，其感染力更强，震撼力更大。

《暗算》和《潜伏》是21世纪以来谍战剧中的优秀代表，《暗算》获得第十三届上海国际电视节最佳编剧奖，《潜伏》获得第十五届上海电视节最佳电视剧、最佳编剧、最佳男演员三个奖项。以这两部优秀作品为代表的谍战剧，在惊心动魄、险象环生的故事中塑造了以安在天、余则成等为代表的英雄群体形象。这些人在特殊

① 尹鸿、马向阳：《话语·身份·景观：从2009年谍战剧热看类型电视剧的生产、消费和意义生成机制》，《电视研究》2010年第1期。

② 张新英：《新英雄传奇的回归和传统叙事模式的魅力——评军旅题材电视剧创作的新倾向》，《声屏世界》2007年第2期。

的岗位上以意志、机智与敌人周旋，完成了党交给的艰巨任务，捍卫了国家和人民的利益。他们承受着巨大的压力，有时身边没有人理解，也不能把心里的秘密说给别人听，他们伪装着身份，压抑着本性，时刻保持警惕。他们首先是国家利益、人民利益的保护者，其次才是普通人。作为个人本体的人性是被压抑的，这种压抑既不能被人理解又不能言说，这种充满人性和不能张扬人性所带来的巨大内心痛苦恰恰是作品最引人关注的地方。

"早期中国荧屏间谍戏的英雄塑造注重宣传性、思想性，是当时政治文化的晴雨表。其谍战剧多揭露国民党内部的丑类恶物，反映了历史上敌我战时的遏制与发展"①，21 世纪以来，谍战剧中的英雄人物则被放置在观众可以平视的普通人的角度给予观照，他们与普通人一样有七情六欲、有压力、有烦恼，并不一定所向披靡，也会流血牺牲，更多体现的是作为普通人的日常生活中人性的一面，但同时他们具有坚贞的信仰和不朽的精神。就像《潜伏》中余则成在爱人左蓝牺牲之后，由敌人"陪同"去太平间看左蓝时，他知道敌人此举意在试探，表面轻松一笑，但是回家之后却一直诵读《为人民服务》。这一举动将余则成内心的痛苦展示得一览无余，他不能在敌人面前流露真情，回家诵读代表革命信仰的著名文章来使内心平静。这种拼命压抑的痛苦使余则成这一人物形象顿时立体生动起来，高尚的信仰也于此得到彰显。

3. 家族剧中普通人物的爱国表达

家族剧是指"电视剧创作中以具有母题性质的家族作为自己的审美表现对象，以两代及以上的大家族兴衰变迁作为叙事主干，以家族成员及家族间的关系作为叙事焦点，在家族史、民族史、个人史三者的交汇点上，以家族命运来反映自晚清以来中国历史本质的

---

① 南华：《从〈潜伏〉看谍战剧的热播与发展》，《当代电影》2009 年第 10 期。

长篇镜像叙事艺术"①。21 世纪以来涌现出的《大宅门》《乔家大院》《闯关东》《京华烟云》等多部优秀的家族剧，获得了市场主流意识形态及精英文化的认可。家族剧一般表现家族命运，具有从家族的兴衰来体现社会历史的变迁，塑造具有民族正义感的人物形象，对当代人在道德方面进行潜移默化的教导等特征。近一段时期以来，家族剧主要集中表现的是自清末到民初这一时间段内的大家庭乃至大家族的兴衰故事。家族剧的主人公相较于前面叙述的革命历史题材中的英雄人物而言，一般没有投身行伍真枪实弹地与敌人斗争，但同样捍卫着祖国的尊严和人民的利益。他们都是在时代变迁中，坚持着自己朴素的做人原则，在国家危亡之际，诠释了什么是爱国、什么是中国人。

《大宅门》中的中药世家白家老号平日里治病救人、悬壶济世。抗战爆发后白家上下演绎了一曲荡气回肠的爱国之歌。白家三老太爷白颖宇是纨绔子弟，曾经拿走柜上的钱中饱私囊，在药铺被查封、全家陷入绝境时一心要分家，抓住别人的把柄之后就不断勒索，为人有些"缺德"。但是，当汉奸要他的侄儿白景琦担任伪药行商会会长时，他挺身而出表示愿意当会长，但在就职典礼上，他怒斥日本鬼子和汉奸，英勇地在众多药行老板面前做表率，然后毅然吞食了大烟膏子自尽。就是这样一个劣迹斑斑的势利商人，在国家和民族的尊严受到侵犯时，毅然选择了舍生取义，不仅维护了家族的荣誉，而且维护了国家的尊严。他的行为令人敬佩，这就是一种典型的爱国主义。在他的感召和影响下，白景琦当众立下遗嘱："如今，日本鬼子打到了咱们家门口，逼死了三老太爷，我立誓，宁死不当亡国奴！我死以后，本族老少如有与日本鬼子通同一气者人人可骂之！

---

① 张斌：《现代性视域里的中国家族电视剧研究》，博士学位论文，中国传媒大学，2008年，第 23 页。

我死以后，如有与日本鬼子通同一气者，人人可诛之！我死以后，如有与日本鬼子通同一气者，照着我这口刀说话！"《大宅门》承载着我们中华民族的基本价值追求和民族精神，它通过小人物体现出来的这种精神也体现了新时期主旋律影视剧所倡导的一种强烈的民族性。

如果说《大宅门》中白景琦、白家三老爷等还不够普通，他们至少还是名门望族，那么 2011 年的《中国地》刻画的中国普通农民形象在家族剧中则更具代表性。《中国地》讲述的是九一八事变之后，辽宁清风岭的村民们在赵老嘎的带领下与日军浴血奋战，固守清风岭 14 年未让日军占领的传奇故事。赵老嘎刚开始并不懂什么是民族大义、什么是抗日爱国，他只坚持着一个朴素的道理，就是不能让日本人把自己生活的清风岭占了去，他要保护好这块"中国地"。正是这种朴素简单的保护好自己一亩三分地的思想，让他坚持带领全家乃至全村的人和日本鬼子作斗争。在儿子永志投身延安参加革命之后，赵老嘎才第一次看见中国地图，才直观地知道除了清风岭还有那么大片的土地都属于"中国地"。至此，他"各扫门前雪"的抗战意识得以转变，他逐渐认识到，不仅要保护清风岭这一块"中国地"，更要保护所有的"中国地"，他开始和抗联合作，为抗战做出了更多的贡献，最后为了一直保护的"中国地"与鬼子同归于尽。

《中国地》成功地塑造了从起初抱着朴素的保家卫国信念到后来思想逐渐成熟、理解了民族大义、更加理性地进行抗日的英雄形象——赵老嘎，这一形象真实可感，令人信服，更令人佩服。此外，《中国地》中还有许多为抗战英勇牺牲的普通人：赵家几兄弟、赵永志、曹军长、杜二脑袋……还有很多叫不上名字的普通农民。全剧塑造的英雄人物没有远离我们的生活，这些抗日英雄就是生活在我们身边的千千万万中国最普通的百姓。中国人的血性、中国人的骨气、中国人对国家、对民族深沉的爱，都在这些普通人身上得到了很好的诠释和演绎。赵老嘎们死守的清风岭只有 8 平方公里，但清风岭就是中国的缩影，清风岭上英勇抗战的普通农民就是中国 6 亿民众的缩影。《中国地》就是一部由草根民众所演绎的抗战史诗。

## 二　刚健自强

"刚健有为"的思想源于孔子，到战国时期的《周易大传》成熟，主要包括"自强不息"和"厚德载物"两个方面。《象传》说"天行健，君子以自强不息"，天（即自然）的运行劲健，所以君子也应该像天一样努力向上、永不停止。这里包含着人要发挥主动性、能动性，不仅要能克服外在的压力，也要能对付自身的弱点双重含义。《象传》又说"地势坤，君子以厚德载物"。讲君子要像大地一样拥有宽广的胸怀，能包容各种各样的人、各种各样的事情、各种各样的意见。《周易大传》认为"健是阳气的本性，顺是阴气的本性，在二者之中，阳健是居于主导地位的。而从上述两句话的关系来看，自强不息是自立之道，厚德载物是立人之道；自立是立人的前提，立人是自立的引申"①。所以刚健有为的思想中"自强不息"是为主的。作为中华传统文化中的基本精神，刚健有为、自强不息历来被人所称道。"自强不息是中国传统文化思想的主旋律，也是中华民族历经磨难而不倒，中华文明历经浩劫而传承的重要因素。这种精神铸就了中国人民百折不挠、愈挫愈奋的民族品格。"② 文学作品中《山海经》的《精卫填海》、《列子·汤问》中的《愚公移山》等体现的是自强不息的精神，绘画作品中的万马奔腾、苍松翠柏等

---

① 张岱年、程宜山：《中国文化精神》，北京大学出版社 2015 年版，第 16 页。
② 温家宝塞万提斯学院演讲，《中国网》china. com. cn. 2009 年 2 月 1 日。

也都象征了刚健有为、自强不息的精神。中国古代文明是中国人自强不息、艰苦奋斗的成果。百余年间，中国寻求救亡图存、发展壮大的历程也是不断艰苦努力、自强不息的奋斗历程。先是孙中山先生领导的辛亥革命，推翻了清朝政府的封建统治，继而中国共产党又领导人民实现了民族独立和民族解放，并把中国初步建设成为民主、文明的社会主义国家。改革开放多年来，中国共产党领导中国人民大力发展经济建设，取得了令世人瞩目的伟大成就。百余年的中国历史就是一部波澜壮阔的中国人民的奋斗史，刚健自强的民族精神在其中发挥了重要作用。21 世纪，中国电视在不同类型的电视剧中对刚健自强的民族精神都有所表现。

1. 艰苦奋斗的创业之歌

创业主题在 21 世纪电视剧中多次出现，从反映战国时期秦国几代帝王励精图治、开疆拓土、终于统一了六国的《大秦帝国》，到再现晋商、徽商艰辛与辉煌的《乔家大院》《走西口》《大清徽商》等，从讲述改革开放 30 年草根创业故事的《温州一家人》，到表现东北老工业基地 10 年发展历程的《大路上》，从表现"海归"回国创业的《故乡的云》，到反映农民创业的《我的未来不是梦》……不论电视剧讲述的故事发生的具体年代，这些创业主题的电视剧所表现的开拓进取、奋发图强等精神品质，正是刚健自强传统思想的当代表现。也正是当下中国实现伟大复兴所需要和正在展现的民族精神面貌。其中《乔家大院》《闯关东》等剧是其中的佼佼者。

《乔家大院》是近年来反映晋商主题的优秀力作，以晋商代表人物乔致庸为人物原型。作品讲述了乔致庸在兄长突然故去后被迫弃文从商，几十年商海拼搏、奋斗，努力实现"货通天下、汇通天下"理想的故事。乔致庸在接受哥哥留下的摊子时，乔家的票号正处于困境之中，乔家银库亏空，在包头的店铺也面临着股东撤股、伙计罢工的危机，乔致庸依靠自己过人的商业头脑和岳父的帮助渡过了难关。之后商海沉浮，起起落落，但是每次乔致庸都能凭借"诚信为先、礼仪为道"的祖训和自己坚忍不拔、决不放弃的努力化险为夷。《乔家大院》着力表现的是"诚信"的晋商精神，但剧中这种精神的表达却是通过乔致庸等山西商人艰苦卓绝、顽强拼搏的奋斗史完成的。另外与此主题相关的《走西口》也是反映晋商精神的力作。《走西口》以清末山西大规模的人口迁移为背景，讲述了晋商"田家"的传奇创业故事，同时较为真实地遵循和还原了"走西口"这一历史现象，展示了当年走西口人们的生活状态和艰苦创业的奋斗历程，气壮山河，感人肺腑，与《乔家大院》互为呼应，谱写了山西人自强不息的奋斗史诗。

《闯关东》讲述的是日俄战争到九一八事变近半个世纪的历史时段中，被迫从中原到东北谋生的山东农民朱开山一家的奋斗故事。通过对朱家两代人生活变迁的描述，重塑了励精图治、自强不息的民族精神。剧中主人公朱开山原为义和团义士，险被清廷砍头，为避难逃到东北时已一无所有。他勤劳勇敢、坚忍刚毅而又足智多谋，一生涉足了很多行业，从最初的淘金到后来的务农，再到哈尔滨开饭店，朱开山带领全家在东北"闯"出了一番名堂。朱开山身上最显著的性格特点是坚韧顽强，面对任何困难都不妥协、不放弃，面对任何恶势力绝不低头，在一次次艰苦卓绝之后都默默站起，继续前行。《闯关东》中吸引人眼球的除了李幼斌饰演的朱开山外，还有小宋佳扮演的鲜儿。鲜儿是朱开山长子朱传文未过门的媳妇，在营口上船时没赶上船，和传文一起徒步"闯关东"。在路上为了救传文的命，违心嫁人。后来投奔了戏班子学唱二人转，刚走红就遭到了恶霸的欺凌，之后忍辱躲进了林场。后来千辛万苦找到了朱家，可是正好赶上朱传文成亲。此后与一直深爱着自己的朱传武在江中放排，结果又被土匪打散。机缘巧合又被土匪头子看上落草为寇，因为抢劫日本洋行被俘差点儿被执行死刑，九一八事变爆发后，又投身于抗日斗争的第一线。如果说朱开山创业的故事是一篇男人的史诗，那么鲜儿的经历更像一部乱世之中女子的传奇，她屡次受命运捉弄，但是她从未放弃生活的希望，不管是学唱戏还是放木排，她都顽强而隐忍地活着，她身上散发出的那种不屈服于命运的自强不息的精神深深打动了亿万观众，引起大家的强烈共鸣。朱开山和鲜儿身上的这种精神就是"闯关东"的精神，是中华民族得以生生不息、代代相传的刚健自强的精神。正如《闯关东》的导演张新建所说的："'闯'的劲头和精气神，概括起来讲，就是一种抗争精神，跟自然环境抗争，可以改变生存和生活状态；与社会环境抗争，可以改变命运；自己跟自己抗争，把自己身上不良的东西剔除掉，吸收优秀营养，提升自己。"① 《闯关东》就是因为塑造了具有"闯"的劲头的一群可爱的人和传递了这种"闯"的民族精神而获得巨大成功的，这部剧自始至终涌动着的都是强悍的、悲怆的、带着极强生命力的昂扬向上的民族精神。

21 世纪以来，以新中国成立后的历史发展为背景的多部电视剧也从不同事件和人物切入，描绘了新时期中国人民顽强不息、自立自强的精神面貌。在建党 90 周年、钱学森诞辰 100 周年之际拍摄的主旋律电视剧《五星红旗迎风飘扬》以及向党的十八大献礼的电视剧《国家命运》都以纪实的风格回顾了我国自主研制"两弹一星"的光辉历史，两部作品都展现了以钱学森、邓稼先、钱三强等老一辈科学家战天斗地、艰苦奋斗、自力更生、无私奉献的高尚品质。研制"两弹一星"过程中所表现出来的"热爱祖国、无私奉献、自

---

① 贾研：《有一种历史由平民写就 〈闯关东〉咋就这么火》，《西安晚报》2008 年 2月 1 日。

力更生、艰苦奋斗、大力协同、勇于登攀"的"两弹一星"精神直至今日依旧鼓舞着全国各族人民团结一致、奋发图强，推进着中国创造一个又一个奇迹。这种"两弹一星"精神就是我们实现中华民族伟大复兴过程中必须张扬的精神大旗。表现新中国工业建设题材的电视剧《大路上》以东北老工业基地振兴战略为背景，以沈阳国有大型工业企业迎难而上、重振雄风的奋斗历程为主线，描绘了老工业基地全面走向复兴的光辉历程，歌颂了东北产业工人自强不息、励精图治的优秀品质。

2. 青春励志的年轻表达

改革开放之初至 20 世纪 90 年代我国青春题材的电视剧乏善可陈，有几部引进的青春励志题材的电视剧在我国引起了较大反响，比如《阿信》《排球女将》等，"小鹿纯子"的形象曾是一代中国人对青春最直接的想象。90 年代初，我国拍摄的反映高中生校园生活的《十六岁的花季》播出时万人空巷，90 年代中后期的《北京夏天》《真空爱情记录》《将爱情进行到底》几部反映校园生活的电视剧也较有影响力。尤其是《将爱情进行到底》一剧，播出时盛况空前。但是业界对此剧的评论褒贬不一，有批评者甚至批评该剧只是模仿、克隆日剧，却无实质精神内核。2003 年韩国励志电视剧《大长今》在我国播出时引爆屏幕，从而引发席卷全国的"韩流"风潮。国产电视剧在经历了失声、模仿阶段之后，终于在 2007 年全面逆袭，一下子推出多部质量上乘的青春励志题材电视剧，故而《新周刊》将 2007 年誉为国产电视剧完胜的一年。这其中《奋斗》《士兵突击》成为里程碑式的作品。

《奋斗》正如电视剧的剧名所标榜的一样，讲述了一群"80 后"大学生毕业之后走向社会过程中内心的成长和奋斗经历。剧中的六个主要人物性格不同、家庭背景不同、人生理想不同，但他们都积极奋斗着，他们不仅为事业而奋斗，也为爱情而奋斗。"为事业、为爱情奋斗，最终实现自我价值。"这是剧中他们的口号。电视剧的开篇就是高强因未能顺利毕业而选择自杀之后的葬礼，陆涛在葬礼过后所说的："是时候要想想自己将要成为一个怎样的人，要如何度过自己的一生，什么才是生命中最重要的，为何而奋斗。"于是"为何而奋斗"作为亟须解决的问题被提出来。陆涛是《奋斗》中的男一号，他有着令很多人羡慕的一切，聪明帅气，又是建筑学院的高才生。生父是成功的房地产商人，养父是政府城市规划管理部门的领导，先后有两个优秀而又深爱自己的女朋友。这样优越的生活似乎用不着去奋斗了，但是陆涛却不愿意按照别人安排的方式去生活，大学毕业时他没有听从养父的建议考研究生，在工作后跟随生父做房地产但又不认同生父的经营理念而选择了离开、独立开发自己的"田园牧歌"项目。陆涛代表的是"80后"理想主义的生活态度，他要为理想而奋斗。华子没有陆涛那样的背景，他努力、隐忍，脚踏实地做自己的梦、走自己的路。他大学毕业即失业，之后自主创业，最终收获了事业和爱情。米莱是一个痴情的女孩，在陆涛移情夏琳之后她依旧深爱陆涛，并将对他的爱深埋心底，笑着生活在陆涛的身边给予他帮助，她为赢得爱情而奋斗。夏琳也深爱陆涛，但她自信好强，当她感觉到自己事业成功与否对于陆涛来说毫无意义时，她选择了出国留学追求自己的事业，一直在平衡爱情和事业之间的关系，试图找到二者最佳的结合点，这是夏琳的奋斗目标。向南和杨晓芸是对生活有想法，但更安于现实，为了自己和家人更好地生活而努力奋斗。《奋斗》以前面所说的陆涛等为代表，对"80后"群体的生活状态做出了描摹，折射出这一代人的精神世界——都曾经迷茫，但是都在寻找目标并努力实现之。正如张颐武所说"《奋斗》的意义，在于确立了'80后'的人生存在于主流社会意识中的价值，标志着‘80后’登上了社会舞台，在经过了几年的讨论和争论之后，他们被社会广泛地关切和理解了，社会已经将他们置于一个新的位置上了”。2008年“中国电视剧上海排行榜颁奖礼暨2008电视剧制播年会”将“2007年年度国产电视剧风格拓展奖”授予了《奋斗》，获奖理由如下：在青春题材电视剧日益乏人问津的今天，《奋斗》几近孤独地杀出重围，为内地青春剧的复兴树起了一面旗帜。《奋斗》并不是以制造戏剧冲突，也没有安排大起大落的人物命运，而是以极富感染力的语言和生活化的情节去表现年轻一代的奋斗与情感经历，让“80后”首次作为一个群体进入中国人的集体视野，让他们被社会主流文化所关注、讨论和重新认识。从这个意义上来说，《奋斗》是一部具有特殊贡献的作品。[1] 此后2012年赵宝刚导演又拍摄了《北京青年》，被视为是“赵氏青春三部曲”的第三部（前两部分别为《奋斗》《我的青春谁做主》），全剧讲“重走青春路”以确证自我价值，其实也是北京青年在寻找青春的意义并为之奋斗的历程书写，与《奋斗》一脉相承。

《奋斗》《北京青年》的故事发生地都是北京——一座现代化的大都市，人物的奋斗目标或多或少都与北京的国际化大都市的身份有关。《士兵突击》相较于这两部剧则要更接地气，主人公许三多是再普通不过的年轻人，是绝对的草根，出生在农村，文化程度也不高，其貌不扬，人也不机灵，还有点不自信。他从小就被父亲叫作“龟儿子”，在参军前仍被父亲追着满院子打。他在简单淳朴的环境中长大，形成单一的价值观，他的口头禅“有意义就是好好活，好好活就是做有意义的事”，从一定意义上讲，许三多这一人物属于扁平人物，性格缺少变化。但在参军之后，他正是靠着“一股傻劲”成长为一名优秀的侦察兵。他身上的执着、坚毅、善良、勇往直前

---

[1]　http：//ent. qq. com/a/20080226/000214. htm.

的"突击精神"和"不抛弃、不放弃"的信念唤起了观众对于价值观的重新反思。这部剧是浮躁的文化市场的一次艺术突围，虽然全剧始终笼罩着理想主义的色彩，但是这种理想主义又深深植根于我们熟悉的土壤当中。从审美接受的角度看，故事和人物越具有"现实主义"的因素越容易感染受众，《士兵突击》由普通士兵许三多来承载人们对新时期价值观念的思考，他"一根筋""认死理"的朴素价值观是对浮躁现代人的当头棒喝，他的成长经历让观众看到了很多久违的品质，引人思考。著名学者李迎丰教授这样评价这部剧："《士兵突击》的成功在于其作品中精神意蕴的成功传达，是一次艺术的成功或艺术的突围，——在浮躁的文化市场中对艺术本体的寻觅和突破，是美对智性和伦理价值的一次有效整合。它采用了军旅剧的类型却意在开拓更广阔的艺术空间，它艺术又自然地渗入观众灵魂，获取心灵认同并激发理性思考的能量。令我们对电视剧的艺术承载力刮目相看。"[1]

青春的价值在于寻觅奋斗目标，在于努力实现自我。青春的意义在于寻找自我、实现自我。不管是以现代大都市为背景的《北京青年》，还是以民间草根为主角的《士兵突击》，青春励志电视剧都描摹了当代年轻一代的生存状态和精神世界，其中凸显了他们所面对的困难甚至困惑，通过不懈的努力他们寻找到了为之奋斗的目标，并努力实现了自我的价值。这对电视观众，尤其是 20 世纪"80 后""90 后"的年轻观众具有一定的引导意义。相较于之前的《流星花园》等偶像剧远离生活，仅讲述灰姑娘和王子童话般的梦幻故事，21 世纪以来的青春励志剧直击"80 后""90 后"的生活世界和精神世界，贴近当代青年的真实生活，"摆脱了某些偶像剧光有

---

① 李迎丰：《军人意重战友情深——析电视剧〈士兵突击〉的审美意蕴》，《解放军艺术学院学报》2008 年第 1 期。

时尚感而无时代感的诟病"①。更为重要的是，这些电视剧始终传递着奋斗、自强等激励年轻一代的精神，这也是刚健自强思想的年轻表达。

### 三　人伦和谐

传统的中国社会是典型的宗族社会。家庭是社会的基本单位，家庭组成宗族，宗族继而形成乡社，成为国家的基石，这是中国古代社会的基本构成方式。钱穆说："家族是中国文化的一个最主要的柱石，我们几乎可以说，中国文化全部都从家族观念上筑起，先有家族观念才有人道观念，先有人道观念然后有其他的一切。"② 梁漱溟也认为："中国是伦理本位、关系本位的社会"，"每一个人对其四面八方的伦理关系，各负有其相当义务，同时四面八方与他有伦理关系之人，亦各对他负有义务。全社会之人，不期而辗转互相联锁起来，无形中成为一种组织。"③ 在这样的社会结构当中，人的一切，包括身份地位、责任权利、价值意义等都与他的家庭、家族紧密连接在一起。所以传统儒家所说的纲常伦理、忠孝仁义维系着家庭，也维系着整个社会。

我国大量电视剧作品以家庭为基本的叙事单位，讲述家庭成员之间的情感纠葛与矛盾冲突，展示人伦常理和人文关怀。《渴望》是这类电视剧的开山之作，播出时最高收视率达到90.78%，在全国范围内引发了"渴望热"和"慧芳热"。之后《上海一家人》《情满珠江》《牵手》等剧都是通过对家庭故事的叙述，反映人民的伦理道德观念。但总体来说，20世纪的这类电视剧比较注重宏大的叙事，

① 陈菁菁：《从〈奋斗〉看国产青春偶像剧的创新思路》，《中国电视》2008年第1期。
② 钱穆：《中国文化史导论》，商务印书馆1994年版，第42页。
③ 梁漱溟：《中国文化要义》，学林出版社1987年版，第80页。

脱离不了伦理教化的底色。进入 21 世纪之后，中国电视剧进入繁荣发展的时期，讲述家长里短、承载人伦之情的家庭伦理剧大行其道，涌现出了多部广受关注的电视剧。比如《贫嘴张大民的幸福生活》《大哥》《浪漫的事》《激情燃烧的岁月》《中国式离婚》《双面胶》《金婚》《新结婚时代》《大丈夫》《父母爱情》《妯娌的三国时代》《老有所依》等。

1. 婚姻伦理的新时代探讨

在中国漫长历史发展过程中女性地位低下，所以传统伦理观念在家庭关系中居于核心地位的是父子之间的关系。"父亲"一般是家族中的最高权力拥有者，他可以安排家族成员的生产与资料占有等，父亲不在之后，这种家长的权力移交给儿子（一般是嫡长子）。"父与子具有相承的家庭经济和家长权，使父子关系凸显出来，在家庭中占有主要的支配地位。父子关系成为整个家庭的结构核心，其余的家庭成员则围绕这个核心，按照血缘的远近亲疏和长幼尊卑的辈分形成人际间的等级差序结构。"[1] 20 世纪中期以后，尤其是在 21 世纪之后，一方面，传统的以家庭为基本单位的生产模式被打破，另一方面，农业社会逐步转向了工业为主的社会、城镇化的转变日益快速，传统宗族社会的存在基础越来越薄弱。加之在"国际化""信息化"浪潮的裹挟中，人们的生活范围和社交圈子都有所改变，中国传统的"忠孝"伦理观念有所淡化，道德水准有所下降、婚恋观念发生改变等问题的出现，且计划生育政策的实施使得家庭规模变小，传统的大家族逐渐萎缩，家庭越来越趋于小型化，核心家庭开始取代原有的主干家庭。相伴而生的是夫妻关系在家庭中的地位逐渐上升，取代了父子关系，成为家庭中居于中

---

① 陈欢：《20 世纪 90 年代以来家庭伦理电视剧的流变及其特征》，硕士学位论文，湖南科技大学，2010 年，第 18 页。

心地位的关系。

"婚姻伦理是调整婚姻关系所应遵循的道德准则及婚姻当事人缔结、维系、解除婚姻关系所应遵循的行为规范，具有规范婚姻行为、调节夫妻关系、维护社会稳定、提高个体婚姻生活质量的功效。"①中国传统的婚姻伦理建立在男耕女织的小农经济背景、家国同构的社会政治背景下，主要内容包括：1. 男尊女卑。结婚是男女双方都必须遵从"父母之命、媒妁之言"，但解除婚姻关系时则男性占有主动权，女性只有被动承受被休的命运。2. 夫为妻纲。传统夫妻关系不单在解除时男性拥有决定权，而且双方在日常生活中的地位也不平等，女性一旦嫁为人妇，就只能服从于丈夫，以丈夫为天。3. 三从四德。这是"夫为妻纲"和"男尊女卑"原则在女性生活领域中的集中体现。男主外女主内的家庭格局也建立在这一原则的基础上。4. 从一而终。节妇烈女在明清时代被官方广为倡导，之后在民间得到广泛的认可和接受，继而转化为强大的社会舆论，对女性形成了思想舆论的钳制，"贞洁"被确立为女性道德标准的第一原则，强调"饿死事小，失节事大"。5. 夫义妇顺。指夫妻应该同甘共苦、相互尊重，成为朋友。

传统的婚姻伦理观念中虽然有"夫义妇顺"的思想，但是更多强调的是男性的权威地位和女性的从属性质，这种婚恋观对女性形成了极强的家庭和社会舆论的约束力，具有扭曲人性、压抑个性的落后特征。新中国成立后，男女在政治地位上实现了平等，中国历史上第一部《婚姻法》颁布，在一定程度上规范了新的婚姻关系，重塑了新的婚姻伦理。新的婚姻伦理的确立主要体现在如下几个方面：实行婚姻自由，废除包办和买卖婚姻制；实行一夫一妻制，禁

---

① 闫玉：《中国传统婚姻伦理的现代演变》，《长春师范学院学报》（人文社会科学版）2009 年第 7 期。

止重婚；实行男女平等，废除男尊女卑；保护妇女和子女利益，废除漠视利益的行为；夫妻双方权利和义务平等；建立互敬互爱、互助互谅的夫妻关系。①

电视剧作为现实生活的一种艺术反映形式，对我国婚姻伦理的演变过程有一定的反映，并且随着 21 世纪以来家庭伦理剧的大行其道，关于婚姻伦理的思考越来越深入，《中国式离婚》《新结婚时代》《金婚》等都是其中的力作。

《中国式离婚》一改家庭伦理剧中总是因为"第三者"出现才致使家庭破裂的模式，从婚姻内部寻找离婚的真正原因。主人公林晓枫原本是小学老师，丈夫宋建平是外科大夫，为了让丈夫在事业上有更多的发展，林晓枫鼓励丈夫辞职去了一家外资医院。随着丈夫的事业蒸蒸日上，林晓枫承担了全部的家务以求"夫贵妻荣"。丈夫确实越来越成功，但是林晓枫却因为家庭琐事屡屡耽误工作最后只得下岗。原本社会地位和经济地位相当的夫妻二人之间的差距越来越大，丈夫成为事业有成、收入颇丰的成功人士，而妻子则沦为全职主妇。于是林晓枫开始对宋建平不放心，采取各种极端的方式监督宋建平，这让宋建平难以忍受，两人之间的矛盾越来越深，走向了离婚的边缘。从表面看，林晓枫和宋建平婚姻出现问题的原因是由于林晓枫的种种极端做法而导致，但从更深层次来看，二人婚姻亮起红灯的原因在于林晓枫为了支持丈夫工作彻底放弃了自己的事业，也在于林晓枫"夫贵妻荣"的错误思想。在林晓枫"夫贵妻荣"的观念中，她将自己的成功建立在对丈夫成功的期许上，主动将自己放在一个被动从属的位置，完全是对封建婚姻伦理的复辟，这种复辟的结果就是亲手葬送了自己的婚姻。

---

① 闫玉：《中国传统婚姻伦理的现代演变》，《长春师范学院学报》（人文社会科学版）2009 年第 7 期。

《新结婚时代》则从结婚角度切入，探讨两种婚姻观念产生的矛盾与摩擦。北京姑娘顾小西嫁给了从农村走出来的小伙子何建国。顾小西在剧中是新的婚姻伦理观念的代言人，她认为"婚姻就是，且仅是两个人的事"。何建国及整个何家代表着传统的婚姻伦理观念，借剧中人物顾小西母亲的话说就是"你嫁给了他，就等于嫁给了他全部社会关系的总和。你们俩的结合就是两个家庭的结合，他娶了你，就等于娶了你的一切，包括你的社会关系、你的父母……"顾小西与何建国所有的矛盾都来源于这两种婚姻观念的差异。顾小西和何建国没有理会传统"门当户对"的婚姻观，因为彼此相爱而组合成家庭。然而自从顾小西嫁给何建国之后，他们家便成了"何家村的北京办事处"，何建国的父亲不仅要何建国帮家里盖房子，还让他们帮何建国的哥哥找工作，不止一次地带着同村人闯进医院找顾小西的母亲看病，甚至在同村乡亲因为超载被扣了车时也要何建国他们动用关系来解决……并且在每次事件中何建国都明知自己解决不了还会全部无条件答应，只有每次都将这些难题转移给顾小西和顾家。这些事情就成为他们二人数次矛盾和冲突产生的导火线。剧中矛盾的生发点由何父这一人物来承担，他之所以让何建国干这干那，就是因为他认为是全家人牺牲了一切供儿子上的大学，儿子就应该全心全意回报这个家庭，包括儿子的媳妇也必须如此。而儿媳妇却向他发出这样的质问："合着你养他就是为了吃他啊，他是猪还是鸡啊……爸，您别再跟我说您如何生了他养了他，如何供他上大学，这是一个父母应尽的责任，就算您的大儿子也应该这样，您要是供养不起，那是您自己应该感到惭愧才是。"这种冲突之间也折射出双方代表的观念的迥异。

《新结婚时代》的结尾顾小西和何建国终于复婚，小西和何父也互相谅解。这种大团圆的结局抚慰了观众的情感。并且电视剧在最后设计了一个情节：何建国在家里用抓阄儿的方式决定谁上大学时作了弊。电视剧创作者试图通过这一情节解释为什么何建国对家里的要求百依百顺，因为他"偷了哥哥的人生"，而顾小西在知道这个秘密后同何家实现了精神的和解。这个不合常理的情节使得剧中的所有矛盾冲突得以阐释，但是除去这个"剧中的偶然"，剧中反映的不同婚姻伦理观念的冲突的问题并没有真正解决。

如果说《中国式离婚》和《新结婚时代》讲的都是传统婚姻伦理观念在当代社会与现代观念产生的冲突难以调和的话，那么，《金婚》则从另一个角度重塑了新时代的婚姻伦理。

《金婚》中佟志和文丽风风雨雨、吵吵闹闹地携手走过了50年，走向了金婚。两人半个世纪的婚姻中也出现过各种各样的困难与冲突，经历了生活的艰辛，也经历了感情的危机，但两人始终相互搀扶、不离不弃，关键原因不仅仅是两人之间的爱情，更有两人从未放弃对家庭和对对方的责任感。《金婚》中佟志和文丽代表的婚姻观是婚姻不仅有花前月下的卿卿我我，还有柴米油盐锅碗瓢盆的家庭琐事，更有养儿育女的社会责任。这种婚姻观认为婚姻不仅是两情相悦，同时也是一种责任。这种婚恋观在当代社会具有非常强的现实意义。民政部发布的《2014年社会服务发展统计公报》显示，中国离婚率自2003开始连续12年攀升，这在一定程度上反映出当代人家庭责任感淡薄。《金婚》中通过对佟志和文丽两人半个世纪的夫妻生活的展示，讲述了普通老百姓的普通而又幸福的生活模式，其中建构的婚姻观是转型期中国社会生动形象的伦理学范本，对当代的家庭稳定、社会稳定都有显而易见的意义。

除此之外，《金婚》把家国同构的艺术思想推向了又一个新的高度。全剧的叙事时间跨越了50年，把佟志和文丽50年婚姻生活的点滴全部置于50年来中国国家风云激荡的历史变迁之中，人物历经了"反右"、"大跃进"、"文化大革命"、毛主席去世,特区建设、下海潮、香港回归、迎接新千年,"非典"疫情、两次申奥等,叙事中佟志和文丽一家的家庭生活的方方面面都打上了时代的烙印,全剧在他们家持家的艰辛、邻里的过节、婆媳的矛盾、情感的危机、子女的关系等微观叙事中表现了时代和社会的变革。更为精妙的是,导演以编年体的形式讲述故事,每年一集,并且每个年代都用字幕标识出来,以此凸显故事的年代背景,在这个背景基础上展开家庭生活的琐碎叙事,让家庭生活在历史的维度中浮现出来。此种家国一体、以家论国的叙事策略体现出了创作者新颖开阔的思维视野,使该剧具有"家国同构"的文化意义,也是对婚姻伦理的一种意义和格局上的升华。

2. 家庭亲情的平民化表述

亲情就是亲人之间的感情,具体就是指父母子女之间、兄弟姐妹之间的感情。亲情直接以先天的血缘关系为纽带,在人类所有的情感中处于基础地位。中国传统家庭伦理观强调"父慈子孝、兄友弟恭",以此作为调和家庭代际之间和平辈之间关系的行为准则。它有效维护了家庭的稳定、和谐、融洽。这一伦理观在当下和谐社会文化建设中依然具有重要意义。

(1) 家庭代际伦理

如果有人问世界上哪种感情最牢固,估计有百分之百的人回答是父母对儿女的感情。传统的亲子关系中父子关系是家庭的核心关系,随着社会的转型和家庭经济构成模式的转变,母亲逐渐成为一个家庭的主体。电视剧中父母对于子女的爱也都从母亲的角度切入。21世纪以母亲为主体人物的电视剧中,母亲的形象大致可以分为"慈母"和"义母"两种。

从20世纪《渴望》开启家庭伦理剧之先风之后,"慈母"形象就多次出现在当代电视剧中。21 世纪以来多部电视剧作品塑造了和刘慧芳类似的"慈母",比如《母亲》《中国母亲》《家有九凤》《丑娘》等电视剧中的母亲都是传统的母亲形象。这些母亲大多是极为普通、生活在社会底层的妇女,她们独立承担着家庭的重担和教育抚养孩子的责任,有着坚忍无私、默默奉献、勤劳贤惠的美德和不惜牺牲自己的奉献精神。如《家有九凤》中的母亲,年轻守寡,含辛茹苦将九个女儿抚养成人,期间历经磨难艰险,却依然坚忍勇敢、无怨无悔。在九个女儿都长大成人之后,母亲一如既往还是替每一个孩子操心,替她们解决生活上和思想上的困难,为了孩子真是做到了"鞠躬尽瘁,死而后已"。《家有九凤》中的故事虽然是虚构的,但是其中母亲对九个孩子的无私的爱、无私的付出却是所有观众感同身受的。相较于《家有九凤》中辛苦抚养孩子的母亲,《老娘泪》中的母亲对孩子的爱则更趋向于"大义"。在儿子违法之后,身居乡下的母亲千方百计寻找儿子劝其自首,还举家借债要帮儿子还钱。剧中塑造了深明大义、舐犊情深的光辉的母亲形象。其实"义母"必定是"慈母","慈母"是"义母"的基础。只有对孩子真正地爱,才会舍天下最难舍弃的对孩子的爱,让小爱让位于"义"和"理"。就像电视剧《娘》中的娘,在儿子成了汉奸之后她将平常给儿子理发的刀架在了儿子的脖子上准备亲手杀子。面对这样心怀大义的母亲形象,我们能说她不爱儿子吗?

除了以上所列举的以母亲为主体形象的电视剧外,各类型的电视剧中都有母亲的形象,不管是后宫戏中为儿子争夺皇位的母亲还是励志剧中心疼孩子艰苦奋斗的母亲,不管是偶像剧中宠纵孩子的母亲还是革命题材电视剧中有民族大义的母亲,母亲作为主人公的主要社会关系始终伴随在各种身份的主人公身边,基本上所有的母亲对孩子都表现出同样的爱,虽然她们的方式各不相同。虽然有文章中曾经将《蜗居》中海藻母亲视为"恶母",因为她默认了海藻"二奶"的身份,但是试问面对已经怀孕的海藻,母亲又能怎样?况且,海藻母亲从出场就表现出明确的立场,她不同意海藻选择的生活方式,还批评海藻的姐姐海萍对妹妹监管不力。正是出于对女儿的爱,海藻的母亲才不得不接受海藻已经成为"小三儿"并且已经怀上非婚子的事实。父母之爱就像我们每个人头顶的屋檐,只要有父母在,下雨天就会有人为我们遮雨。父母之爱古今中外、古往今来始终未变。电视剧在表现父母对子女的感情中也始终遵循这一基本的原则。

家庭代际之间,除了父母与孩子自上而下的关系外,还有子女与父母自下而上的关系,其中包含的伦理我们通常称之为孝道。

从西周开始,"孝"就被确立为宗法道德规范的核心。春秋战国时期,因为贵族宗族的没落和瓦解,"孝"也由宗族伦理转为家庭伦理,"孝"成为调节家庭成员关系的主要依据。孔子将"孝"和"礼"结合起来,强化了"孝"的伦理意义。孟子提出"老吾老以及人之老",又将孝道扩大化,使"孝"成为道德之源。随着秦国统一六国、建立封建社会之后,封建家长制——君主专制统治的建立,家庭作为基本的生产单位成为社会结构的基础。"孝"有了更广泛的社会基础。汉代董仲舒在吸收前人"忠孝观"的基础上提出"三纲"理论、朱熹等理学家又将封建孝道发展到一个登峰造极的高度。汉代设置"孝悌力田"和"举孝廉"的政治制度,"孝"成为社会政治的主要支撑力量。之后中国封建社会的各个阶段基本都继承了汉代崇孝的传统,"孝"在中国人的家庭生活中和中国社会的政治管理中都起到了积极的作用。"孝"作为调节家庭的基本依据保障了家庭的稳定,但"孝"基础上发展出来的"忠"又保障了国家的稳定,"忠孝"思想在中国的发展过程中起到了积极作用,不仅如此,

"孝"对中国社会的民族性格和民族精神也产生了积极而深远的影响，培养了中国民众仁爱宽厚、爱好和平等优秀的人格特征。但是不容忽视的是传统的孝道思想中也有一些糟粕，比如宣扬"割股疗亲""埋儿奉母""尝粪救父"等行为。再者，《孝经》中神话色彩过浓、对祭祀规定严格等内容也并不可取，如传统孝思想中的"君虽不君，臣不可以不臣；父虽不父，子不可以不子""君命臣死，臣不得不死""父让子亡，子不得不亡"等宣扬愚孝愚忠的思想实为封建糟粕。21世纪以来的电视剧并没有将糟粕与精华并存的传统"孝"思想直接搬上屏幕，而是做了新的意义阐释。比如传统的"孝"思想当中子女对父母必须完全地服从，而在现代社会这种思想显然是不对的，多部电视剧中就对这一问题有所反映，结局都是守旧迂腐的思想败下阵来。

近几年表现孝道的电视剧不在少数，《老有所依》和《嘿，老头》是其中品质较高的代表作品。《老有所依》在讨论现代社会的养老问题的话题时凸显了木兰的孝顺，《嘿，老头》中叛逆了半辈子的儿子在照顾患有阿尔茨海默病的父亲的过程中，找到了为人子的责任。这两部电视剧传递的传统孝道在电视观众那里得到了共鸣。

（2）家庭平辈伦理

21世纪以来反映兄弟姐妹亲情关系的电视剧类型较少，比较集中的有两个主题，一是反映在商品社会物质经济刺激下、人们对物质金钱等充满欲望的背景下，兄弟姐妹之间为了利益将"兄友弟恭"和友爱和睦的传统伦理置之一边于不顾，甚至拳脚相加、大打出手。如《要过好日子》里的女儿们为了争夺父亲的遗产最后对簿公堂；《房战》讲由一套房子引发的争夺大战；《儿女的战争》中的儿女更是为了房子将父亲在七十寿宴上活活气死。另外一个主题就是表现兄弟之间的互相帮助、和睦亲爱。这样的故事中一般都有一位作为家庭精神核心的长兄或长姐，这些人物身上明显体现出"长兄如父""长姐如母"的传统伦理思想，他们主动担任起母亲或父亲的责任、心甘情愿地为弟妹付出。此类电视剧主要有《大哥》《大姐》《亲情树》《你是我兄弟》《亲兄热弟》《老大的幸福》等。《大哥》中大哥是个"的哥"，他普普通通，一辈子也没有取得过什么大的成绩，也没有什么卓尔不群的才能，但是在全家面对各种困难时，他用他的正直、敦厚、忍让、坚韧和担当带领全家全力解决，是全家的主心骨。《大姐》中的大姐在父母双亡之后，用她柔弱的肩膀挑起了抚养几个弟妹的重担，含辛茹苦将他们养大成人。这些作品中的"大哥"和"大姐"都"成为一个符号，一个载体，承载了传统的家庭观念中最为优秀的部分，是时代精神与传统道德的楷模"①。这些作品都通过传统伦理观念的展示体现了当前社会主义核心价值观，剧中人物为我们树立了榜样，并给予我们无数的正能量。

在对 21 世纪家庭伦理剧进行内容梳理的过程中，我们不难发现当代家庭伦理剧虽然呈现了很多社会转型期的家庭问题、代际冲突乃至家庭伦理观念的交锋转变，但更多是对家庭伦理回归的呼唤。即使像我们提到的兄弟姐妹之间为了各自的利益而发生争抢的电视剧最后也都回归到了"兄友弟恭"井然有序的和谐亲情关系上来。应该注意的是，新的时期"伦理回归的文化指向并非简单指向过去，而是新的起点上的伦理重构，是传统价值在现代观念下的延续和发扬光大。家庭伦理剧所描述的天伦之乐，是融入中国人血液中根深蒂固的情结，它的热播透视出人们追寻传统人伦情感的殷切之心。而'和谐'是中国家庭伦理剧一直追求的主调，不仅是因为深受民

① 高鑫、姚皓韵：《亲情写真——关于电视剧〈大哥〉的几点感想》，《当代电视》2002年第 8 期。

族传统历史文化的影响，也是人们在现实社会中对真、善、美追求的集中体现。倡导和谐理念，培育和谐精神，营造和谐氛围，适应和谐社会的需求，理应成为当代家庭伦理剧的核心价值取向和创作的主线"①。

## 第二节　传统文化电视剧呈现的现存问题

改革开放以来，中国人的价值追求从政治功利主义转向了经济功利主义，在审美取向上从追求崇高转向世俗崇拜，个人的意义和价值被空前强调。媒体人的传播理念也发生了根本性变化，媒体不再一味地进行宏大叙事，普通小人物的生存开始成为关注的焦点。普通百姓的悲欢离合、所思所想成为媒体表现的中心内容，即使对英雄人物的关注也更多从英雄作为常人的方面展开。电视节目创作者对普通人倾心不已，这本没有错，但在具体创作时，电视创作者一味满足于个人的琐碎叙事，结果就出现崇高被消解、历史被消遣、价值扭曲、伦理失范、粗制滥造等各种问题。尼尔·波兹曼曾说："如果一个民族分心于繁杂琐事，如果文化生活被重新定义为娱乐的周而复始，如果严肃的公众对话变成了幼稚的婴儿语言，总而言之，如果人民蜕化为被动的受众，而一切公共事务形同杂耍，那么这个民族就会发现自己危在旦夕，文化灭亡的命运就在劫难逃。"② 即使仅从电视的微观视角来讲，这些问题的存在势必会对中国电视文化身份建构产生消极的负面影响。所以对于 21 世纪以来中国电视剧出

---

① 韦晓娟：《"人伦和谐"的重构——近年来中国家庭伦理剧的艺术趋向探析》，《电影文学》2008 年第 2 期。

② ·［美］尼尔·波兹曼：《娱乐至死》，章艳译，中信出版集团 2015 年版，第 186 页。

现的问题，我们必须警醒。

## 一　粗制滥造　格调低下

2015 年《琅琊榜》播出，它是"一部高品质的良心剧"①，这一评价已基本成为共识。这里"高品质的良心剧"的评价不仅是对剧本结实、导演扎实、演员精湛演技的评价，也是对该剧制作精良的评价。《琅琊榜》中，梅长苏高雅别致的宅子是精心设计、着意兴建的，关押谢侯爷的大牢也是一点一点实景搭建的，人物的宽衣博带、束发右衽更是经过严格的历史考证。在有感于《琅琊榜》制作精良的同时，我们也对粗制滥造的电视剧充斥电视荧屏感到深深的担忧，比如近两年被大家诟病的"手撕鬼子""裤裆藏雷"的抗日"神剧"以及备受大家关注的"于正剧"等。

1. 抗日"神剧"

抗日"神剧"，也被称为抗日"雷剧"，是网友对具有很多夸张、雷人的虚构场景和情节的抗日题材电视剧的戏称，这一称呼肇始于网络，但由于这一叫法形象生动地反映出此类电视剧的显著特点而被广大民众接受，这一词汇也从网络世界进入主流词汇之中。正如新华网文章《抗日"神剧"频现荧幕，是艺术创作还是消费历史？》中所说："盘点这些年来出现的抗日'神剧'，很黄、很暴力、很脑残成为关键词，道具舞美化妆表演之粗劣令其'雪上加霜'。剧中的主角纷纷跳出生理学、物理学原理的束缚，种种表现犹如'跳大神'。"② 比如《抗日奇侠》中一位奇侠将一个日军不偏不倚正好撕成两半，还有奇侠用铁砂掌、化骨绵掌等神功消灭了日军；《利箭

---

① 黄海飞：《〈琅琊榜〉：传统文化底蕴成就良心剧》，《中国艺术报》2015 年 10 月 21 日第 4 版。

② 孙丽萍、彭卓：《抗日"神剧"频现荧屏，是艺术创作还是消费历史？》，新华网，2015 年 5 月 20 日，http://news.xinhuanet.com/2015−05/20/c_1115353392.htm。

行动》中男主角在十几个敌人的枪林弹雨中穿过却毫发未损，抛出一把飞刀竟把敌人成片地撂倒；《一起打鬼子》中莫大棒子从银华的裤裆里掏出了暗藏的手榴弹引爆自杀；更有《箭在弦上》中，抗日同盟射箭队的女运动员徐二航在被鬼子轮奸后突然暴发，不仅裤子自动穿好，而且原地腾空而起，不出半分钟就把几十个日伪兵全部射杀。此外，打枪不用看瞄准镜、手榴弹炸飞机、子弹会拐弯、用炸弹引爆石头炸飞机、乡村少女赤裸全身与八路军战士互敬军礼等匪夷所思的画面，也出现在多部抗日题材的电视剧中。

这些雷人剧情缺乏基本的公共理性和价值观，"抗日"逐渐简化成一种故事背景，内核已经被置换成武侠剧、爱情剧、偶像剧。于是在"抗日"的背景下，武打、枪战、爱情等各种元素纷纷植入，原本应该属于主旋律范畴的抗日剧沦为大众文化的游戏场。中国电视艺术委员会主编的《2012年中国电视艺术发展报告》显示，2012年在横店影视基地拍摄抗日题材的剧组总共有48个，使用群众演员共计30余万人，其中有群众演员表示一天共在8个剧中饰演了日本鬼子，一共"死了"8次。① 如此密集的抗日题材拍摄频次，不仅不能使我们欣喜，反倒让我们深深地忧虑。如果如此众多的抗日题材电视剧都是气势恢宏、制作精良、反思历史和战争的片子，那么这将成为爱国主义教育很好的资源，但是从2013年播出的抗日题材剧的质量来看，情况却不是这样，当年并没有一部抗日题材电视剧引起较大反响。

近几年，多部抗日"神剧"呈现出战争游戏化、我军偶像化、友军懦夫化、日伪白痴化的特点，这不仅是对历史的歪曲，更是对革命先烈浴血奋战的侮辱。抗日"神剧"的大量存在，充分暴露

① 王勇、李杨、李琰：《抗日题材电视剧扎堆生产的弊端及解决对策》，《民族艺术研究》2014年第3期。

了我国电视剧市场盲目追求产量而对质量重视不够的乱象。据资料显示,2012 年我国生产出 17703 集电视剧,但是同年上半年国产电视剧收视率破 1 亿的仅占 5%。相比之下,美国电视剧年产量是 4000 集左右,不到中国的四分之一,但是引起全球观众追捧的却有多部。所以,目前我国电视剧的产量与质量之间还存在着严重不同步的现象,应该引起我们的重视。与此同时,更应该引起我们关注的是,电视剧虽然有娱乐功能,但是不能歪曲历史、肆意胡闹。日本侵华战争是一部非正义的罪恶历史,我们拍抗战片就是为了让所有中国人正视历史,让国人不要忘记是革命先烈的英勇奋战才换来民族的解放。在抗日战争中,中华儿女奋起抗争、万众一心、舍生忘死保家卫国的民族精神,应该是也必须是抗日题材电视剧的不变主题,其中娱乐化的元素可以有,但是一定要有限度,不能是脱离了公共理性的娱乐与颠覆。虽然抗日"神剧"中都是中国军民战胜日军的立场表述,但是过分的戏说、游戏、夸张,使得战争本身的残酷消解了,中国军民以血肉之躯换取抗战胜利的坚韧崇高与英勇伟大也消解了。正是因为这样的原因,国家新闻出版广电总局在 2013 年 5 月对各地方卫视在黄金档已经报批的抗战题材电视剧进行重新审查和甄别,对存在过度娱乐化的抗战剧进行修改甚至停播,同时要求以严肃认真的态度对待抗战题材电视剧的创作和拍摄。

2. "于正剧"现象

"于正剧"指的是于正编剧或制片的电视剧作品,主要有"宫"系列(《宫锁心玉》《宫锁珠帘》《宫锁连城》)、"美人"系列(《美人心计》《唐宫美人天下》《美人如画》、《陆贞传奇》、《班淑传奇》、新版《神雕侠侣》)等。这些作品都在历史的背景下,讲述唯美的爱情故事,演员全部是俊男靓女,服装精致华美,画面充满空灵的美感。这些电视剧在播出时，经常在同时段获得很高的收视率，但同时很多人都对其创编的电视剧持批评态度，普通观众也是一边贡献收视率一边吐槽。这一现象，我们称其为"于正剧"现象。

首先我们来看"于正剧"获得高收视的原因：第一，"于正剧"大都是讲述古代和宫廷有关的爱情剧。爱情是文学和艺术永恒的主题之一，爱情剧总是能够吸引年轻观众的眼球。第二，"于正剧"很"美"。首先演员很美，于正剧的演员都是年轻的俊男靓女，无论是刘诗诗、林心如、杨幂、袁姗姗、陈乔恩，还是陆毅、杜淳、陈晓、冯绍峰等都是颜值较高的偶像派演员；其次，造型设计很美。有人总结花瓣雨是于正剧每部必用的手法，主人公不是在满天飘落的桃花中翩翩起舞，就是在落英缤纷之中轻吟浅唱。演员的服装色彩艳丽，造型精美。于正多次表示过演员的服装至关重要，还称赞多次与他合作的造型师吴宝玲为"国宝级的人物"，更有甚者，演员霍思燕因为怀孕不能继续参演时，于正对替换的演员的要求竟然是：这个演员只要能穿之前给霍思燕做好的戏服即可。在于正眼里，漂亮服装的保留甚至比演员合适更重要。所以单从画面和镜头来看，"于正剧"非常好"看"，处处都带给观众视觉享受的感官美。第三，"于正剧"剧情围绕爱情展开，经常是三角或四角恋爱，情节设计跌宕起伏，审美主体很容易在剧情中与剧中人物产生情感共鸣。综上，我们可以看出，"于正剧"最大的特点就是不追求内容的深刻而致力追求画面的美感。在于正打造的电视剧"奇观"中，形式美超越一切，文化底蕴、人性挖掘以及对现实的关注在剧中基本无处可寻。此外，"于正剧"中很多情节的发展不是按照真实生活的逻辑推进，而是按照编剧凭空想象推进的。所以"于正剧"只能"浅读"，没有"深度"，"只养眼不养心"。这也是为什么有那么多人诟病和吐槽于正的真正原因。就像有学者说的"于正的宫廷剧周期短、成品快，是快餐文化的典型，而快餐文化导致主导电视剧泛娱乐化"。①"80 后""90 后"是"于正剧"的收视主体，如果他们长期在观赏电视节目的过程中只接收这些快餐文化，那么电视就真的成了尼尔·波兹曼所说的"娱乐至死"的工具了。

## 二　后宫争斗　价值扭曲

21 世纪以来的多部古装剧，将关注的视角从历史正剧的前朝转移到嫔妃生活的后宫。古装剧涌现出了多部将后宫嫔妃或女官等女性角色作为故事主体，以人物情感纠葛或政治权利倾轧为剧情主线的宫斗戏。宫斗戏一般展现的是后宫之间的争宠与钩心斗角，其中女性大都经历了阴谋与算计、由善良到虚伪甚至狡诈的蜕变过程。这种宫斗剧一般都在无形中向观众传递了错误的价值观念。我们以《甄嬛传》为例分析这一问题。

中国电视史在回顾 2012 年时，一定不会忽略掉一部备受关注、好评无数、反复重播的电视剧——《甄嬛传》。《甄嬛传》无论从故事的架构、矛盾的锁扣、情节的推进节奏、人物关系的设计，还是演员的表演、道具的安排、台词的设计、化妆的用心，甚至包括其中涉及的医学常识、诗词歌赋等，都显示了编剧和导演的深厚功力。但是就是这样一部备受好评的电视剧却存在一个致命的问题，那就是剧中的主人公甄嬛由最初单纯善良、美丽聪慧的小姑娘最终成为太后的经历，其实是她逐渐放弃自己善良单纯的本性的过程，虽然其间有一些是不得已而为之的无奈之举，但是更有一些是甄嬛精心设计、步步为营的结果。甄嬛之所以在宫中能自保，并且成为最后

---

① 王一帆：《于正宫廷剧热播探析——以电视剧〈宫锁心玉〉为例》，《西部广播电视》2015 年第 6 期。

的赢家，靠的也不仅仅是聪明，还有出卖良心与不合理的现实合谋的功利，甄嬛这一"成功人士"在最后已经变成了功利的存在。

甄嬛最初无疑是善解人意、才色俱佳、聪颖过人的女孩。在进宫之初，她抱定不参与后宫争斗的想法，只想安然度日，但是意外的邂逅使她与皇上彼此一见倾心，被迫卷入了后宫的争斗之中。刚开始她察言观色，小心周旋，做事八面玲珑又温婉顺从，小心应付着皇后、华妃、皇太后等，虽然有时也会受一点委屈，但是她都选择了隐忍退让，恐失了分寸招来祸患。虽然她一步步忍让，但她的得宠仍让很多人嫉妒，因此屡遭暗算，在经历了长街被辱、见识了冷宫的真相之后，她开始绝地反击。她用"人彘"的典故逼疯了富察贵人，又开始拉拢曹贵人，并从曹贵人那儿获取了日后扳倒华妃的有力证据。当华妃被囚之后，甄嬛跑去直接告诉华妃欢宜香的真相，让华妃彻底崩溃撞墙而死，此时的甄嬛已经颇有一些赶尽杀绝的意味。在失去华妃这个巨大的竞争对手之后，甄嬛遭受了皇后的暗算自请离宫。在宫外怀上十七爷的孩子后等到的却是十七爷的"死讯"，她又设计亲近皇上重回宫中。回宫之后的甄嬛不再坐以待毙，她拉拢端妃、敬妃与皇后为敌，三人联手设计诬陷了皇后，并很合时宜地对皇上说出纯元皇后是被当今皇后所害的事实，使皇上对皇后厌恶至极，说出"死生不复相见"的决绝之词。此时甄嬛已经与充满罪恶的后宫融为一体，她已经可以游刃有余地玩弄权术。最后在皇上奄奄一息之际，甄嬛告诉皇上弘曕和灵犀是果郡王的孩子、静和公主是眉庄和温实初的孩子等话，气死了皇上。在当上皇太后之后，她又去看望她的手下败将——曾经的皇后，甄嬛羞辱前皇后还是皇后，而她自己已经是太后了，并说以后的史书不会记载皇后这个人的，彻底否定了皇后继续活下去的意义。全剧最后甄嬛气死皇上、羞辱前皇后之时，已经表现得毫无仁慈可言，反而成了一个心计周密、心肠歹毒的女人，至此甄嬛初入宫时的天真善良已荡然无存。

电视剧将甄嬛的蜕变历程阐释为在宫中为了自保才一步步走到最后的，但是她对华妃讲皇上对她多年的提防，在皇上弥留之际告诉皇上自己回宫就是为了报复他，对皇后落井下石的种种举动已经远远超越了"不得已"的范畴。如果主创人员将甄嬛的这些举动置于让人反思的位置，那么观众还能从中感受宫廷对人性的戕害等，但是电视剧本身并未让甄嬛对自己的所作所为有所反思，反倒是将甄嬛塑造成最后的成功者、最大的赢家。所以很多年轻的观众由于喜爱这部电视剧，因喜爱孙俪的精湛表演，继而对剧中甄嬛的做法十分认同，将甄嬛称为"宫廷版的杜拉拉"，将其树立为励志的楷模，对其膜拜有加。这个过程中，为了自己最后的成功可以不择手段、不管别人的感受、对失败者落井下石的做法，作为一种无可厚非的正当之举被传递给观众，一种扭曲错误的价值观被堂而皇之地"洗白"，给年轻观众带来了错误的价值观引导。

《甄嬛传》对价值观的扭曲不仅表现在甄嬛一个人身上，而是表现在对全剧中所有人的身上。首先，整个后宫之中到处充满了信任危机。虽然嫔妃们互称姐妹，但是私底下钩心斗角、相互残害。比如曹贵人和华妃构成利益共同体，但是曹贵人背着华妃与甄嬛勾结，出卖旧主。安陵容本是甄嬛的好友，甄嬛开始一直对安陵容也照拂有加，但是安陵容却在甄嬛的脸被猫抓伤之后，给她送去了含有麝香的"舒痕胶"致使甄嬛小产。更有甚者，甄嬛的亲妹妹浣碧也曾经陷害自己的姐姐；皇上和太后为了防止外戚专权的发生，竟也联手害死了华妃肚子里的孩子。所以整个后宫之中完全没有信任可言，到处充斥着虚伪和谎言。其次，情感被异化。爱情和亲情是文艺作品中经常表现的两种情感，在《甄嬛传》中这两种情感都被异化。

爱情是两性精神平等基础上的互相爱慕，但是环顾整个后宫，真爱并不存在。第一，皇上作为后宫中唯一的男性凌驾于所有女子之上，和任何人都不是平等的，同时他对后宫嫔妃的态度与前朝的政局相联系。第二，皇宫中的男女之情不是两情相悦，更多时候是女性单方面的取悦于帝王，所以"《甄嬛传》传递的两性核心信息不是爱情，而是被宠幸与被承认，女性最终被认可的只是赤裸裸的性资源与单纯生殖机器的价值。两性关系已被异化为统治与被统治的关系"①。最后，《甄嬛传》中的亲情，剧中皇宫内院被定义为一个无情的地方，不仅没有爱情，即使亲情也时刻受到挑战。先是皇后害死了自己的姐姐——纯元皇后，而后皇帝又谋杀了自己的亲儿子——华妃所怀但并未出生的孩子，并且因为弘历母亲身份低微、相貌丑陋等，将弘历这个儿子置于圆明园多年不理。太后在弥留之际想见见另一个亲儿子，也被皇帝无情地拒绝。可见，《甄嬛传》描绘的紫禁城中没有纯粹而健康的感情，有的只是被扭曲和异化的情感。

综观《甄嬛传》全剧，不管是主人公甄嬛还是后宫中众人，都被塑造成明争暗斗、相互残杀的嗜血野兽。甄嬛曾经发出"难道不害人就不能活吗"的诘问，可全剧人物偏偏就是在不断的"害人"和"被人害"中度过了自己的一生。《甄嬛传》在有意无意中宣扬了厚黑学和权谋论。

### 三 伦理失范 导向错误

电视剧《蜗居》在 2009 年经历了热播和"禁播"的风波，使其引起了社会的广泛关注。并且因为该剧将社会热点的"房奴"设置为叙事线索之一，并对当下中国存在的诸多社会问题予以展现，都

---

① 张黎呐：《〈甄嬛传〉的"伪女性"叙事及宫斗剧的价值观异化》，《创作与评论》2014 年第 1 期。

使得该剧引发了全民的热议。《蜗居》一方面细腻描摹出了社会大众个体在面对无法解决的现实问题时的惶惶无助的心态，但另一方面《蜗居》存在严重的伦理失范，引发专家学者和艺术工作者对艺术作品中伦理意识进行了一次全面的重新思考。

《蜗居》中主要讲述了三组爱情关系，分别是：郭海萍和苏淳；郭海藻和小贝；郭海藻和宋思明。这其中郭海萍与苏淳是大学同学，两人真心相爱。在大学毕业后因为爱情组建了家庭，但迫于在大城市生活的压力，两人也经常会发生争执，尤其是海萍因为买不起房子常常觉得丈夫窝囊。但是在丈夫因为无意泄露商业机密面对承担法律后果时，海萍即使卖掉自己一直最为重视的房子也要搭救丈夫，显示出了两人真挚的爱情。他们的爱情是世俗的、普通的，甚至带有小人物的悲哀。海藻和小贝本来真心相爱，小贝可以给海藻踏踏实实的生活和未来，但是物质上的不富足使得海藻最后选择离开他而投奔了有权有势有钱的宋思明；海藻和宋思明的爱情是该剧引发社会广泛热议的主要议题之一，究其原因，是这组人物关系在婚恋观念的传达上出现了偏差。

首先，电视剧将宋思明和海藻的不道德"婚外恋"正面化处理了。一方面宋思明是已婚中年男人，和海藻的爱情是婚外恋。虽然并不是所有的婚外恋都是可耻的、值得批判的，但是剧中宋思明和妻子的感情并没有破裂，他视妻子为老年之后的拐杖，同时也没有打算丢掉拐杖，因此宋思明对海藻的占有不过是对于自己成功的炫耀。正如海藻的母亲说的："他为什么喜欢海藻？他真的喜欢海藻吗？不是的。与其说他喜欢海藻，不如说他在享受手中的权力带给他的荣耀。一个人的荣耀如果压抑久了不释放会得病。他是一个当官的手下，他在单位里，在自己家里，都不能太招摇，都要俯首帖耳。那么怎么体现自己的成功呢？海藻不过是他借以炫耀成功的手段而已，没有海藻也会有水草、珊瑚。"另一方面，海藻之所以抛弃每天给她做好早饭的深爱她的小贝而选择宋思明，原因就在于宋思明拥有小贝所没有的权利和金钱。当海藻需要帮助姐姐偿还 6 万元的高利贷时，宋思明轻而易举就帮助海藻解决了这一难题；当海藻的姐夫因泄露商业机密可能被判刑入狱的时候，又是宋思明找律师、通官商，利用自己的人脉关系"解救"了苏淳；之后又给海藻的姐姐介绍外国学生让她能多赚外块。对于海藻一家来说很困难的事情，却在宋思明这里都轻而易举地解决了，最终权利和金钱俘获了海藻。所以说海藻和宋思明的感情基础不是两情相悦，而是各取所需。宋思明用占有年轻的海藻证明自己的成功，海藻用宋思明来满足自己对物质的追求，但是在故事结尾处的两个细节，却又将宋思明刻画得有情有义，似乎他们之间是刻骨铭心的真正爱情，给观众造成误导。一是宋思明担心自己出事，提前给海藻预留下 500 万元作为海藻和孩子的生活费，并请人安排海藻出国；二是在宋思明得知海藻流产并且连子宫也摘除了之后，不顾一切地奔向医院，导致车祸的发生进而丢了性命。这样的情节让很多观众感动不已，认为宋思明对海藻是真爱。这样一来就把原本并不道德的"婚外情"赋予了正当的理由，由此他们的"婚外恋"正面化、合理化了。

其次，电视剧美化了"婚外情"人物的形象。海藻不是很漂亮，更谈不上妖娆。大学毕业后，她和很多年轻女孩一样熟知各大名牌，向往美好生活，但并不刻意追求，真实单纯，给人邻家女孩的感觉。刚开始，她满足于享受着小贝细心呵护下的小幸福，对宋思明的金钱权势没有任何的觊觎，只是单纯地想向宋思明借钱，还想着什么时候给他还回去。电视剧把海藻成为"二奶"的原因归结于其要帮助姐姐，所以成为宋思明的情人也并非本意，只是在宋思明多次真诚顺利地帮助自己之后，才慢慢"坠入情网"的，这恰似无意中忽略的，是权利、金钱使得这个年轻女孩的虚荣心极度膨胀，从而掩盖的正是海藻真正沉迷于权利和金钱所带来的锦衣玉食的生活的事实。

虽然电视剧的悲剧结局对伦理做了回归：作为贪官和作为出轨者的宋思明死在了欲望追求的路上，作为"小三"的海藻失去了子宫和做母亲的权利。导演滕华涛曾强调，电视剧结局时的人物命运，完全表达清楚了创作者对于角色的态度，"一个贪官的命运，一个'小三'的命运，在结局处已经表达得非常清楚了。当然你一定要问是否同情，一个单纯的小女孩，最后走到了这个地步，最终我可能也唏嘘过。但我多次强调过，其实在她刚走上第一步时，就决定了她最终的命运只能是这样的"[①]。但是很显然大多数观众对电视文本的解读违背了导演的初衷。腾讯网在《蜗居》播出之后曾做过一个问卷调查，对于问卷中"如果可以，你想要复制《蜗居》里的哪一份爱情"，在216533人的投票中，有高达50.75%的人选择了海藻和宋思明的爱情，而只有32.85%的人选择了海藻和小贝的爱情，至于选择海萍和苏淳辛苦而真实的爱情的只有11.1%。[②] 这个调查表明了观众对剧中海藻和宋思明的"婚外恋"选择了接受和支持，对剧中两人的结局却自动忽视和屏蔽，从这个意义上讲，编剧和导演关于"婚外恋"反思的初衷并没有在观众那里得到回应和认可。从更深层上讲，观众对于剧中宋思明和海藻爱情的认可其实是对两人代表的性道德观念的认可，但是一般来说，因为性道德直接关联着人性与自然、人性与兽性、人性与文化，所以性道德关于人性的最深层和本真层，性道德问题是所有道德中的根本问题。性道德的反文

---

① 前亦蕉、王倩：《〈蜗居〉：从房奴到小三》，《新闻天地》2010年第2期。

② 李佩菊：《消费时代对男权话语的欲拒还迎——论电视剧〈蜗居〉中女性意识表达》，《中国电视》2010年第8期。

化现象是最可怕的道德堕落现象，因为它标志着一个民族的文化根基的松懈和人伦信念的危机。所以说《蜗居》在有些城市被禁播也并非不能被理解。

除了《蜗居》外，在多部家庭伦理剧中，出轨的男主角都被塑造成事业有成、温文尔雅、重情重义、富有魅力的形象。他们的出轨也多非本意，只是在一系列的事件发生后水到渠成地和"第三者"产生了感情。如《婚姻时差》中的李海是一名"儒商"，他与第三者的感情迸发是在地震时第三者奋不顾身的救助之后。这样的人物塑造和情节安排使得不伦之恋似乎情有可原，在很大程度上对观众造成了错误的引导。

放任电视剧的低俗化表达，让电视剧传递庸俗、低俗、恶俗的思想，对中国电视文化身份建构的唯一后果就是破坏。电视剧是公共艺术，所以它不能只满足于给观众带来曲折离奇的故事，故事背后的精神向度与故事文本同样重要，在一定意义上甚至可以说更为重要。目前，中国已经是世界上最大的电视剧生产国和消费国，电视剧在国民的生活中占有重要的地位。"电视剧作为当下民众生活中最基本、最主要的'叙述故事'和'消费故事'的渠道，发挥着独特的意识形态作用及'社会神话'功能，为民众提供了共享的经验和共同的价值观。"[1] "电视剧内容代表着社会大众的潜在意识，生动活泼地投射着人们的思绪与愿望，其所传播的情感与意识形态因此与社会文化实有相通。"[2]

罗兰·巴特认为以"神话"的态度来看待世界，人们对于这个世界就不会有任何的质疑，而对于自然真实存在的东西就会熟视无

---

[1] 华昊：《社会转型时期电视剧中的女性意识嬗变》，博士学位论文，苏州大学，2012年，第35页。

[2] 蔡琰：《电视剧：戏剧传播的叙事理论》，三民书局2000年版，第2页。

睹。电视就赢得了"神话"的地位，"我们早已经不会为电视这个机器本身感到惊喜和迷惑。我们不再重复电视给我们带来的奇迹；我们不再只把电视机放在某些特定的房间里；我们不再怀疑在电视上看到的一切，根本不会意识到电视提供给我们的特殊视角，甚至连'电视是如何影响我们的'这个问题也被我们抛到了九霄云外"。另一方面，"电视观众"和"社会公民"这两个概念通常出现在不同情境下，但当人们群体性地在电视机前发生情感态度的变化和价值判断的偏移时，"观众—公民"身份却又成为必然合一，这种合一的结果在当时当下并不确定。① 可现实情况往往是当电视上呈现出的一切都以毋庸置疑、无可辩驳的真实状态出现的时候，观众对电视上的一切深信不疑，原本"拟态的世界"变成了真实世界，人们不会去思考、反思电视中传递的一切，只会直接吸收。

小结：思想观念是不同文化间最根本的差异。中华民族的传统文化之所以区别于别的文化，在很大程度上是源于其在漫长的发展过程中形成的一系列的观念、思想，这些也形成了民族文化的内核。在长达5000年之久的发展中，中华民族形成了体系完备、内容丰富的思想体系，其中不仅包括天人合一、以人为本、贵和尚中、刚健有为的民族基本精神，还包括独立的价值体系、宗教观念、哲学思想、伦理道德等。这些精神层面的传统文化为中国所独有，这些也理应成为中国电视建构自身文化身份中的重要资源。中国传统文化中很多的思想在今天依旧散发着蓬勃生机，显现出旺盛的生命力，如前文中所列举的爱国主义、刚健自强、伦理观念等，在今天的社会转型发展中依然有着很强的现实和现世意义，中国电视有义务就这些内容进行传播使其发挥更大的价值和意义，同时在传播这些中

---

① 张黎呐：《〈甄嬛传〉的"伪女性"叙事及宫斗剧的价值观异化》，《创作与评论》2014年第1期。

国独有的思想内容时，电视的文化身份才能得以建构，才能在与"他者"的对话中有明确的标识性。当然，前面我们在论述中国传统文化参与中国电视内容建构的过程中，仅是以电视剧为例，仅是为了行文之便，这并不排除传统思想在其他电视节目形式中的传播。不仅如此，传统文化思想必须在各种类型电视节目中反复出现，才能准确释放出中国电视的身份标签。

当然需要说明的是，世界上任何一种文化体系都是动态的，都是在历史的发展过程中不断变化的，它不断吸收来自其他文化以及来自新的时代赋予它的一些新的内容，从而成为与时代紧密结合的、能被当时所用的文化形式。中华文化漫长的发展历史就很明确地证明了这一点。没有时代内涵的文化是缺少活力的文化。当传统文化思想在参与中国电视文化身份建构中，创作者必须持有审慎的态度，仔细判断所要传达之思想是否具有当代意义，并且要判断传统思想在今天的语境中传播时的方式和分寸。比如前文中我们提到的"孝道"，孝道是十分复杂的伦理观，其中有对建设和谐社会有益的部分，例如它倡导的子女对长辈的孝顺等，但是传统孝道中还有如"愚孝"的封建糟粕思想，两者必须区别对待。这其实是对电视文化身份建构的主体——电视工作者提出了更高的要求。

# 第五章 传统文化参与电视文化身份的美学建构:以大型综艺晚会为例

电视作为一种传播媒介,以图像、声音来触动人的感官,达到意义的编码和解码,自然一开始就具有美学意义,或者说电视本身就是感性认识学的实践。从电视运作的各个流程和侧面来说,电视美学可以分为形态美学、生产美学、接受美学以及文化美学等诸方面。形态美学注重对电视影像进行现象层面的分析,生产美学是对电视影像的动态生成进行分析,接受美学关注观众的心理及接受的审美过程,而文化美学则将电视置于一种特定的文化语境中,研究电视对社会主体的认知、行为和交往模式的影响,观察电视对人们的生活方式和社会整体的变革作用。本章讨论21世纪中国电视的文化身份的美学建构,侧重谈的是电视美学中的形态美学及生产美学。电视的形态美学和生产美学以电视影像作为重要的研究主题,分析其中蕴含的美学意蕴和言说的基本规律。换言之,从镜头入手,对景别、角度、摄像机运动、画面的形式感、单个镜头的拍摄规律以及长镜头、景深镜头等一系列问题进行讨论,而后进入对影像叙事和言说的基本规律的探讨。因此我们所说的中国电视的美学建构并不是单纯的"形式美"的生产,同时也包括形式之外的内容层面。如果剥离了情感、思想、文化等因素,而单纯强调抽象的形式美就变成了所谓的"纯粹的美",那么这种不与善、真相关的"纯粹的美"必然不会引发审美主体的共鸣，更不会产生审美效应和社会影响力。所以说形式的美必然要有渗透其中的意识形态的因素、伦理道德的因素、民族精神的因素共同作用，才能从根本上建立中国电视的美学身份。当然，从另一方面说，伦理道德、精神风貌等思想层面的内容也必须通过"美的形式"加以外化才能形成"有意味的形式"，才能在审美主体的情感世界引起共鸣，感动人心。苏联美学家斯托洛维奇的观点有充分的道理，他认为："艺术价值不是独特的自身闭锁的世界。艺术可以具有许多意义：功利意义（特别是实用艺术、工业品艺术设计和建筑）和科学认识意义、政治意义和伦理意义。但是如果这些意义不交融在艺术的审美冶炉中，如果它们同艺术的审美意义折中地共存并处而不有机地纳入其中，那么作品可能是不坏的直观教具，或者是有用的物品，但是永远不能上升到真正艺术的高度。"[①] 2016 年央视春晚广受诟病，在一定程度上就是因为整台晚会的"外在形式"与它所承载的宏大的叙事主题不匹配，才使观众在四个多小时的晚会中只看到导演"用力过猛"的主题宣传，反而没有看到晚会本身应该首先直观呈现的形式上的美感。

电视综艺晚会作为电视综艺节目中的一种节目形态，经常出现在电视屏幕中。电视综艺节目是指"运用文艺晚会的艺术样式，通过电视技术手段的制作，对各种文艺节目进行再创造，经过节目主持人的组织和串联，将文艺与娱乐融为一体，给观众审美享受的电视节目形态"[②]。电视综艺晚会中一般包含比较丰富的艺术形式，比如舞蹈、音乐、歌曲、戏曲、杂技等，如此众多的艺术形式为电视综艺晚会的美学建构提供了可能。同时，电视综艺晚会在众多艺术形式的基础上还

---

①　［苏］斯托洛维奇：《审美价值的本质》，凌继尧译，中国社会科学出版社 1984 年版，第 167 页。

②　徐舫州、徐帆：《电视节目类型学》，浙江大学出版社 2006 年版，第 94 页。

要充分调动电子的技术手段，对各种传统艺术形式进行二度创作，充分发挥电子创作的特殊艺术功能。所以以电视综艺晚会为载体来分析电视文化身份建构中的美学建构是很合时宜，并且具有代表性的。

电视的出现建立在现代科技进步的基础上，电视的技术性是电视（以及电影）区别于传统艺术形式的重要特征。由于技术性是影视艺术的基础，所以影视艺术才建立了以镜头为基本单位、以蒙太奇为核心语法的视听语言系统。这是影视艺术的基础，在这一点上中国与外国并无二至。中国影视要建立区别于西方的影视美学身份，中国古典美学思想才是关键内容。中国古典美学思想体现了中华民族的审美理想、审美境界、审美风格和审美方式，它的美学内涵极其丰富。它是千百年来中国人艺术实践的总结积淀，展示了中华民族独特的文化品格和东方韵味，体现了东方文化与众不同的艺术魅力。只有在中国美学思想的烛照下，中国影视才能呈现出别具一格、有强烈标识性的独立文化身份。

王振复先生认为，中国古代美学的诸多范畴是由"人类学意义上的'气'、哲学意义上的'道'与艺术学意义上的'象'共同构成的"①。"气"与"生"互为表里，水乳交融，构成了中国生命文化的本蕴。正如梁漱溟先生所说，在儒家思想中"生"字是最重要的观念。道家思想也有类似之处，庄周有"气聚则生，气散则死"的关于生命哲学的思想。故此，李约瑟在《中国的科学与文明》中说到中国古代思想中的"气"时，不无道理地指出，"气"实难被西方语言准确翻译，因为在任何中国古代思想家那里，"气"都与其他范畴相互交叉，否则便难以理解，所以没有一个英文词汇可以准确表示其复杂内涵。这种难以翻译也正体现了"气"是中国文化所独有的、具有明确中国性的和人文性的概念。所以，王振

---

① 王振复主编：《中国美学范畴史》，山西教育出版社 2009 年版，第 11 页。

复说"气"是"中国文化、中国哲学与中国美学范畴史关于生命的直接发问、思考与表述"①。"气"是"中国文化、中国哲学与中国美学范畴史上的真正的元范畴"②。再如"道"这个概念，在哲学意义上是对于世界本原、本体的追问，是蕴含着诗性智慧的理性范畴，而从美学意义上讲，"道"虽然始终伴随着浓郁的理性精神，但更是蕴含着思性因素的诗性表达。"道在中国审美文化实践中，体现与实现为主体基于一定思性（知性）的葱郁、深邃而愉悦、净化的体验与领悟，是审美的直观。"③ 又如"象"这个概念，是中国典型的诗学范畴，蕴含着中国独特的诗性文化。"象"本与"形"相对，《易经》中说"在天为象，在地为形"，因此"形"有具体而清晰的轮廓，是形而下的概念。"象"则带有形而上的意味，又并不完全虚幻，它千变万化，却也有道可循，实乃有"意"深藏其间。到刘勰的《文心雕龙》当中，"意象"便联结一起而用，可以被看作是一种纯粹的美学范畴："使玄解之宰，寻声律而定墨；独照之匠，窥意象而运斤。"④ 凡用笔为文之前，心中不可不营造意象。自此以降，"意象"便成为中国美学体系中一个重要的范畴或概念。袁行霈先生在《中国古典诗歌的意象》一文中，对"意象"作如下定义："物象是客观的，……但是物象一旦进入诗人的构思，就带上了诗人主观的色彩。这时它要受到两方面的加工：一方面，经过诗人审美经验的淘洗与筛选，以符合诗人的美学理想和美学趣味；另一方面，又经过诗人思想感情的化合与点染，渗入诗人的人格和情趣。经过这两方面加工的物象进入诗中就是意象。"⑤ 袁先生的定义是针对古

---

① 王振复主编：《中国美学范畴史》，山西教育出版社 2009 年版，第 11 页。
② 同上。
③ 同上书，第 14 页。
④ 周振甫注：《文心雕龙》，人民文学出版社 1981 年版，第 295 页。
⑤ 袁行霈：《中国诗歌艺术研究》（上编），北京大学出版社 2009 年版，第 51 页。

典诗歌而作,但是意象这一概念却与中国美学、艺术学中几乎所有的范畴和命题相关,是中国美学中最基本的概念,也是几乎所有中国美学范畴与命题的立足点与出发点,所以这一定义对其他艺术形式,包括影视艺术也同样具有借鉴意义。同时按照王振复先生的观点,人类学意义上的"气"决定了中国诗性兼思性文化、哲学、美学范畴的生命素质与品格;哲学意义上的"道"是中国美学范畴的灵魂;"象"是中国美学范畴的"生命体"本身,是一种基础,使中国美学"诗意地栖居"于中华的精神家园。

下面我们就围绕"意象"及在"意象"基础上形成的"意境"等核心概念,来看21世纪以来电视综艺晚会是如何建构中国电视的美学身份的。

## 第一节 央视"中秋晚会":全息山水景观晚会的美学创新

中秋节作为中华民族传统节日,源远流长。从气候角度来说,中秋本是农事收获的时节,春耕秋收,意味着劳作的成功和圆满。在上古时期,帝王便有春天祭日、秋天祭月的礼制,强化了这个时节在生活中的意义。往后有各种神话传说的附会,无论是后羿和嫦娥的缠绵爱情,还是朱元璋以此为起义的信号而后立国,以上种种也无不让人浮想联翩,赋予中秋以多重的意蕴。进入现代,或因战争,或因经济交往,华人与世界有了更加紧密频繁的交往,必然需要有一些标志来凸显自身的传统和身份,即便这些标志是想象的结果,其心理和精神的作用也不可低估。中秋因其蕴含了多重意义,格外深沉——于家庭,中秋是和睦团圆的象征;于国家,中秋也是团结自强的期待。中秋节成为仅次于春节的第二大传统节日。中央电视台从 1991 年开始每年在中秋节晚上举办中秋晚会，说来是有一点主流意识形态的色彩，但是，以晚会的形式强化中秋节的仪式功能，恰恰是让全球华人感受自己血脉渊源的有效途径，将全球华人凝聚成"想象的共同体"，在丰富的节目中传达"团圆"的主题，其中强调的儒家重孝道、重人伦、重血缘的传统文化思想的当代意义也非常明显。与中秋节相似的还有春节，与中秋晚会举办初衷接近的还有春节联欢晚会。但是中秋晚会和春晚还存在一定的不同。首先，春节作为中国最重要的传统节日，受到所有人群的普遍重视。央视春晚承载的意识形态的色彩比较浓厚。而中秋节虽然也是重要的传统节日，但是其重要性远比不上春节，因此中秋晚会所需承担的政治意义明显小于春晚。其次，春节作为中华传统中最重要的节日，起源于殷商时期年头岁尾的祭神祭祖的活动，又寓意着新一年的来到，在发展的过程中逐渐成为阖家团圆、辞旧迎新的节日形态。不管是祭神祭祖，还是阖家团圆，抑或是过年期间走亲访友、亲朋相聚的习俗，都使每个身处这种文化形式中的个体需要参与社会交流，与他人产生互动。所以春节作为传统民俗节日，强调的是人作为社会人的存在意义。而中秋节所需的社会参与感较春节就有所降低，春节是需要"群体共度"的节日，中秋却是可以独自发思古之情、感怀飘零的，具有明显独立意味的传统节日。所以在漫长的发展过程中中秋节得到越来越多文人的重视和青睐。中秋之夜仰望苍穹，月亮是那晚的主角。而"月亮"一直是中国古人非常重视的意象。以唐诗为例，有人说唐诗的意象多集中在"春""江""花""月""夜""雪""酒""柳""船""山"10 种意象上，其中月亮悬挂天空，与尘世间的个体存在遥远的空间距离，这样的空间距离使文人在遥望月亮时，产生了很多独特的审美体验，可以发思古之情、究天人之际，因此创作了很多关于"月亮"的不朽篇章。遥望明月,苏轼发出"月有阴晴圆缺,人有悲欢离合"的感慨;张若虚提出的"江畔何人初见月,江月何年初照人"的哲学命题;张九龄发出"海上生明月,天涯共此时"的祈愿……面对明月,艺术创作者更多是与自我的对话。也正因如此,以"月"为核心意象的中秋获得了自古以来中国文人的青睐,成为中国最具"文人气质"的传统节日之一。以上两点原因直接导致央视的"春晚"和"秋晚"从品位风格、主旨思想的定位到节目类型、演出场地的选择、舞台美术设计等方面都存在明显不同。

央视从1991年开始举办中秋晚会,1999年起中秋晚会由中央电视台中文国际频道承制。迄今中秋晚会已经连续举办了20多届,在海内外有较为固定的收视群体。"秋晚"每年的节目虽各不相同,但20多年来的晚会美学风格一直坚持。尤其是从2004年央视"秋晚"开创了"全息山水景观"晚会的模式之后,"秋晚"的美学表达范式就更为稳定。中国电视也通过"秋晚"的全新模式对电视美学的表达途径进行了探索与创新。

## 一 历史文化名城的选择意义

综艺晚会的演出环境一般是指演出的舞台,但是央视"秋晚"不仅在舞台的设计上凸显中国韵味,而且在更为广义的环境——举办城市的选择上也暗含独特的中国思维,尤其是中国传统美学的思维。

如前所述,"意象"是中国传统美学中一个核心概念,中国的影视工作者也非常重视"意象"的创设和使用。比如早期电影《小城之春》,导演费牧在影片的开篇就为观众展现了一个破败的小城景象,不仅交代了故事发生的空间环境,而且给人一种触目伤怀的精神体验。这里破败的小城景象让人感怀,同时一种诗意的美感油然而生。《城南旧事》中通过主人公英子的视角,把老北京的胡同、城墙等富有浓郁老北京味道的内容用如诗如画的镜头串联在一起，传递出对过往美好生活的留恋之情。所以景的选择在影视作品中能够帮助创作者实现自己的创作意图和美学理想。

纵观央视中秋晚会的举办地，一般都是地域特色鲜明、文化氛围浓厚、具有特殊意义的城市。2000 年至 2015 年举办中秋晚会的地点分别为：

表 5－1    2000—2015 年央视中秋晚会举办地点一览

| 年份 | 地点 | 年份 | 地点 | 年份 | 地点 |
|---|---|---|---|---|---|
| 2000 | 香港 | 2001 | 扬州 | 2002 | 香港、澳门 |
| 2003 | 长江三峡 | 2004 | 上海 | 2005 | 武汉 |
| 2006 | 厦门 | 2007 | 承德 | 2008 | 荣成 |
| 2009 | 宜春 | 2010 | 芜湖 | 2011 | 江门 |
| 2012 | 福州 | 2013 | 梅州 | 2014 | 苏州 |
| 2015 | 江油 | | | | |

其中 21 世纪之初选择的香港、澳门、上海等地，都是国际化大都市，代表中国现代化的最前沿，这样地点的选择可以向全球传递中国快速发展的形象。随着中国经济的稳步发展，向全球传递经济发展的信号已经不是中国电视媒体的首要任务，而对于中国文化形象的塑造和传递被媒体提上日程，且越来越重视。"秋晚"举办地的选择也从 21 世纪初的国际大都市转移到扬州、苏州、江油等历史文化名城，比如，2014 年 "秋晚" 的举办地就选择了吴文化的发源地——苏州。苏州是一座具有 2500 余年历史的文化古城，拥有深厚的文化积淀和丰富的古迹遗存，是吴文化的代表城市。不仅有 "南园林甲天下，苏州园林甲江南" 的拙政园、留园、网师园，而且有关虎丘、寒山寺的不朽诗篇，至今仍流传着唐伯虎等才子佳人的迷人传说。苏州的园林、刺绣、雕刻、评弹、昆曲无不显示出吴文化的小巧精致、柔和淡远、雅致秀丽、灵动飘逸。2015 年央视 "秋

晚"的举办地又选择了李白故里——四川江油。李白的诗歌不仅代表了中国浪漫主义文学的最高峰,而且李白一生有关"月亮"的诗就写了260多首。多数中国人启蒙所背的《静夜思》就是李白年轻时离开蜀地之后创作的,《静夜思》中李白抬头望月时所思念的故乡正是江油。中秋晚会落户江油传递的正是当代中国人对传统文化的精神回归。这些地点的选择不仅与中秋晚会一直秉承的"抒发中华民族特有情感、熔铸全球华人共同记忆"的理念相辅相成,而且所选城市具有的传统美学意义也是显而易见的。

## 二　精湛的舞美设计

央视从2004年开始在中秋晚会上采用"全息山水景观"的手法,对电视综艺晚会的美学建构进行了有益的尝试和发展。所谓"全息山水景观"晚会就是指"创造性地结合地域性自然、人文景观打造出活体实景,全方位地运用地理空间,从天、水、城、景多维视角呈现一个开放式的舞台,提炼当地城市性格,延展城市文化。通过经典民歌、流行歌曲、诗词歌赋、创意舞蹈、复合节目等文艺表现形式;声、光、电、多媒体现代视像手段;满含古典写意的唯美情怀渲染出独特的东方电视美学气质"①。全息山水景观晚会与《印象刘三姐》等大型山水实景剧异曲同工,都是借助自然景观构成山水剧场,完成"天人合一"的美学表达。山水景观不仅仅是演出的环境背景,而且也是演出内容的重要组成部分,从而使得整台演出具有诗的韵味和画的意境。

如2009年《宜春月·中华情》的晚会舞台搭建在宜春袁山公园的湖面之上,依凭湖畔的五亭桥,同时按照1:1的比例手工搭建了袁山山顶三层高的昌黎阁,在山水之间搭建了亭台楼阁、水榭歌台,

---

① 百度百科, http://baike.baidu.com/view/12106305.htm。

仿佛人间仙境。如下图：

再如 2010 年《芜湖月·中华情》央视"秋晚"的舞台搭建在安徽芜湖阳光半岛的湖面。舞台呈扇形，宛如一幅缓缓展开的独具匠心的山水卷轴。舞台上亭台楼榭、青石拱桥、粉墙黛瓦，藤萝缠绕……淙淙流水萦绕着古朴端庄的门楼亭廊，青石拱桥掩映曲街深巷，雕砖影壁、木船石鼓，点缀在影影绰绰的徽派建筑群中。在粉墙黛瓦、木雕窗后、池塘桥边，枝缠叶绕的藤萝薜荔、杜若蘪芜、凌霄兼葭等实体绿植，丛生至水边。整个舞台堪称移步易景，宛如一幅精致典雅的田园墨宝，立体版的当代清明上河图，起承转合间，处处呈现出和谐、宁静与安详的生态景致。如下图：

　　2015 年的《江油月·中华情》的舞台搭建同样充分利用了现场的地势形态，依据江油青莲太白碑林的原有建筑，打造出返璞归真、虚实相生的山水景观。如下图：

　　全息山水景观晚会利用自然景观，辅以舞台美术设计，打造出美轮美奂的舞台环境，其中除了中国传统的亭台楼阁、粉墙黛瓦之外，都还有两个共同的意象：水和月。

　　"水"是中国传统文化中有着独特韵味和灵动气质的意象。老子云，"上善若水"，水善利万物而不争。诗经中开篇就有水，"关关雎鸠，在河之洲"，《蒹葭》中也有"所谓伊人，在水一方"，《淇奥》中"瞻彼淇奥，绿竹猗猗"。"水"在中国文化早期形成过程中就被赋予了一定的人性色彩，常与温顺、包容、谦逊、坚忍等美好品质相联系。荣格说，"每一个原始意象中都有着人类精神和人类命运的一块碎片。都有着在我们祖先的历史中重复了无数次欢乐和悲哀的一点残余"①。先民们无数次对水的感悟转化成民族的一种心理积淀，水作为一种审美意象无意识地出现在中国的文学艺术作品中。之后，"水何澹澹，山岛竦峙""天门中断楚江开，碧水东流至此回""桃

————————

①　[瑞士] 荣格：《心理学与文学》，冯川、苏克译，译林出版社 2014 年版，第 85 页。

花潭水深千尺，不及汪伦送我情""杨柳青青江水平，闻郎江上唱歌声""日出江花红胜火，春来江水绿如蓝""泉眼无声惜细流，树阴照水爱晴柔""竹外桃花三两枝，春江水暖鸭先知""我住长江头，君住长江尾。日日思君不见君，共饮长江水""滚滚长江东逝水""大江东去浪淘尽"……水是中国美学中灵动而独特的美学意象，也从一个独特的视角反映了中华民族的心理和性格。

央视"秋晚"每年的晚会地点选择都有一个约定俗成的条件，就是必须是有水的地方。芜湖、太湖、瘦西湖等因"水"而驰名的地方在 21 世纪以来都曾被选中。

2005 年《江城月·中华情》主会场就设在湖北武汉的黄鹤楼前，而分会场则设在朝天门号长江游轮上，另外还有几十条被灯光装饰得绚丽多彩的游轮穿行游弋于江面上，烘托出一派江天夜景。再如 2007 年《山庄月·中华情》将晚会的现场设计在承德避暑山庄的苑景区部分，舞台搭建在烟雨楼前。此处小桥长堤、遍植佳木。湖区之上远山寒日林深影长、波光粼粼，清风徐徐，秋夜则蝉声未央。八月十五中秋之夜整体呈现出烟笼寒水月笼沙的美妙意境。

在谈到为什么要着重使用"水"时，《中华情》系列的导演郭霁红表示："用水有三个原因。第一，晚上的水就像是一面镜子，它把同样的灯光舞美量增加了一倍，这是事半功倍的效果。另外一个就是水波纹可以动，把本来静止的画面变成有动感的画面，非常有韵律，让人看着心里很润。还有就是，中秋晚会时很重要的是要表现月亮，这样天上一个月亮，水里一个月亮，两个月亮就像朋友一样，会给人一种内心温暖的感觉。"①

除了"水"意象的运用之外，"月"也是央视"秋晚"的核心美学符号之一。从文化源流的角度来说，"月"文化一脉相传，神话

① 小康·财智，2013 年 2 月 25 日。

传说、诗词歌赋、咏月者不胜枚举。自远古以来，民间便多有关于月亮的美丽传说，如"嫦娥奔月""玉兔捣药""吴刚伐桂"。在民族文化发展的过程中，"月亮"这一意象又成为国人抒发思想感情的符号，凡写月的篇章都是意境辽远，清新秀丽，又缠绵悱恻。"明月松间照，清泉石上流""月出惊山鸟，时鸣春涧中""明月别枝惊鹊，清风半夜鸣蝉"中的月亮营造出的是空灵清幽之境；"秦时明月汉时关""欲上青天揽明月"中月亮勾勒了雄浑壮阔的开阔之境；"二十四桥明月夜，玉人何处教吹箫？""月落乌啼霜满天，江枫渔火对愁眠"中的月亮渲染了孤苦凄凉的情怀；李白在"青天有月来几时？我今停杯一问之"的朦胧醉意中追问"今人不见古时月，今月曾经照古人"的人生哲理，月亮又成了亘古不变的象征和世事变迁的永恒见证。

除此之外，月亮这一意象也经常用来寄托相思，抒发思乡怀人之感，此类型的例子不胜枚举，如李白的"我寄愁心与明月，随风只到夜郎西""花间一壶酒，独酌无相亲。举杯邀明月，对影成三人"；杜甫的"露从今夜白，月是故乡明""满月飞明镜，归心折大刀"；张若虚的"何处相思明月楼"；王建的"今夜月明人尽望，不知秋思落谁家"；苏轼的"人有悲欢离合，月有阴晴圆缺"；欧阳修的"江南月，如镜复如钩。似镜不侵红粉面，似钩不挂画帘头，长是照离愁"；王安石的"春风又绿江南岸，明月何时照我还"……这种托明月寄相思的表达与中秋团圆时刻相遇时，明月作为表达思乡情绪的载体其意义更得到彰显。所以每一年的中秋晚会都非常重视"月"这一意象的运用，用空中那轮照耀了千古的明月跨越时间和空间的限制，让全球华人心中升起"海上生明月，天涯共此时"的情怀，借此强化民族意识、凝聚华人情感。

### 三 节目内容的选择与晚会编排的中国风格

央视"秋晚"除了在舞台的搭建与舞美的设计上运用中国传统美学思想之外，在节目内容的选择与编排上也十分重视中国美学风格的营造。

1. 央视"秋晚"在节目的设计上以歌舞、戏曲、朗诵等节目为主，而小品、相声等曲艺节目比较少。究其原因主要有两个。一是小品、相声、魔术等节目形式更适合演播厅表演，观众可以对演员的表演细节——表情、动作等有较为清楚的观察，而大型户外晚会由于演出环境较大、观赏人数众多等原因，使观众不容易捕捉曲艺节目中的细节，所以央视近几年中秋晚会中都基本没有小品等节目形式，即使偶尔有杂技等，也是适合大舞台表演的大型杂技节目。二是曲艺节目的美学品格与歌曲、朗诵、戏曲明显不同。歌曲、朗诵、戏曲等节目以声音的传递为主，长于抒情，注重意境的营造。而小品等曲艺节目多侧重叙事，和"秋晚"侧重写意与抒情的晚会定位不太符合。

2. 在节目的选择上突出民族性，仅以 2015 年央视中秋晚会为例。第一，整台晚会从开篇到尾声 33 个节目，其中 9 个节目名称直接包含中秋节核心意象——"月"，分别为歌舞《问明月》《偏爱水中月》《月光海》《月亮代表我的心》《月牙泉》《海上明月》；朗诵《月下独酌》；杂技《月圆大转轮》；钢琴独奏《彩云追月》。第二，朗诵《将进酒》歌曲《独上西楼》（歌词为李煜的《相见欢·独上西楼》）直接取材于古代诗歌，韵味十足。第三，晚会还有明显民族风格的节目，比如有《解放区的天》《二月里来》《长城谣》等经典民歌和在全球华人世界传唱度极高的《甜蜜蜜》，以及体现四川风情的情景歌舞《四川味道》。《四川味道》中出现了大熊猫、茶艺表演、川剧变脸喷火等绝活。第四，歌舞表演中现场伴奏乐器多为琵琶、二胡、笛子、笙、扬琴、手鼓等中国民族乐器。

3. 央视中秋晚会在编排上也体现了浓郁的中国美学意味。央视"秋晚"在晚会的编排上一般采用篇章式结构。篇章的设计上独具匠心，不仅体现中秋的意蕴，而且传递丰富的美感。如 2015 年《江油月·中华情》共分五个篇章：开篇《问明月》、上篇《举杯邀月》、中篇《静夜思乡》、下篇《月圆江油》、尾声《海上明月》；2014 年《苏州月·中华情》分为三个篇章：上篇《问明月》、中篇《望故乡》、下篇《中国梦》；2013 年《梅州月·中华情》也分为三个篇章：亲情篇《月上枝头》、乡情篇《坊巷月光》、中华情篇《月满福满》。这种编排不仅体现了中秋的主题，而且凸显了晚会举办地的地域文化特色。富有特色的地域文化和中秋团圆主题交织在一起，共同营造了独具中国味道的晚会形式。

4. 演员的造型也彰显中国意味，女主持人和多位参演女演员的旗袍、男主持人和众多男演员都穿着中式衣服。不穿旗袍和中式衣服的演员也在演出服装款式的选择上比较端庄，即使是一些流行歌手在中秋晚会中也并没有穿着非主流的凸显时尚、个性的另类衣服，而基本上以得体、大方为主要标准进行服装的选择，并辅以某些民族元素的配饰来凸显中秋晚会的民族性。同样，在演员妆容的设计上也呈现出这样的特点。

## 四　技术手段营造的中国意味

随着技术的不断发展，电视表达也在不断地探索，越来越多的技术手段在中秋晚会中被使用，帮助实现主创人员的美学表达。比如 2010 年中秋晚会为了营造"秋水映徽州，月色浸芜湖"的意境，节目组采用了超大的异形水景舞台，LED 被设计成高达 18 米的巨型月亮造型。此外，朵朵祥云，加上水雾、干冰、水银反射灯、彩色激光、音乐焰火等先进的现代多媒体视听特技手段，炫丽奇幻，宛若人间仙境；特别是水下摄影机和飞猫高速摄影机营造的特殊视角，果真是镜花水月，光影朦胧，水汽氤氲。

再如 2015 年"秋晚"中舞台背景在苍穹之下，月亮旁划过很多流星，舞台上也洒下点点星光，这一设计不仅显示了宇宙的浩瀚，又突出了月的意象。为了实现这一效果，在技术上央视运用专业的明道灯光，凭借 160 台 330 光束灯锐利的光束、大角度的开光和震撼的 24 棱镜效果，才得以制造出"天上人间、天涯此时"的效果，使这台晚会流光溢彩，显现出独特的美学意义。

电视通过视觉符号和听觉符号来传递信息，电视语法为世界共同，但是不同的表达作者可以运用相同的语法创造出不同的语言。央视中秋晚会在景别的选择上有很多大全景和全景镜头，这与室内晚会、户外的演唱会以及国外很多的大型活动等的转播存在明显不同。因为全息山水景观中秋晚会中的舞台背景始终是意境建构的参与者。舞台、表演者、灯光等元素协调统一，共同参与中秋晚会的意境创造，大景别的镜头使得完整的意象得以呈现，使电视机前的观众可以克服空间距离的障碍如临其境地感受晚会整体感极强的画的意境与诗的韵味。如果晚会多用中景、近景甚至特写的话，就会限制了观众的视域，全息山水景观晚会的整体美感就会大打折扣，甚至荡然无存。加之在节奏的把握上，央视中秋晚会的节奏较为舒缓、平稳，这也与一般的晚会不尽相同。在色彩的运用上，中秋晚会多用蓝色，深蓝色，夜幕中皓月当空，一切显得宁静、安逸、超然世外，体现了舒缓平和的民族风格，造就了意蕴悠远的独特美学内涵。

据考证，从魏晋开始民间就有了中秋赏月的习俗，在唐宋时期达到兴盛，不仅民间有祭月、拜月、赏月、吃月饼的传统。文人墨客赏月饮酒、赋诗酬唱，则是另一番景象。《东京梦华录》中"中秋夕，贵家结饰台榭，民家争占酒楼，玩月笙歌，远闻千里，嬉我连坐至晓"的描述，对北宋京都八月十五中秋节的盛况进行了记载。①无须多言，中国人重视中秋节的历史由来已久。

央视中秋晚会在主题设置上以"望月思乡""团圆"为主，以此来联络全球华人的情感。在表现手法上"以宏大的气势、绚丽的色彩、极具魅力的舞台效果体现了杰出的艺术创造力和高超的电视制作水平，展现了古老中国的现代气势"②。千百年来中国传统美学孕育出让人叹为观止的美学思想，中国古典美学独具韵味。央视"秋晚"的"全息山水景观"晚会注重意境的营造，从舞台到节目编排等都体现虚实相生的传统美学特点，与中秋节审美传统保持一致侧重抒情。这种美学探索不仅获得了观众的一致好评，而且在国际上也得到充分认可。2006 年《江城月·中华情——2005 中央电视台中秋晚会》荣获第 39 届美国休斯顿国际电影节电视文艺类最高奖项——白金大奖；2007 年《海峡月·中华情——2006 中央电视台中秋晚会》荣获第 40 届美国休斯敦国际电影节评审团最佳导演奖；2010 年《宜春月·中华情——2009 中央电视台中秋晚会》荣获第 43 届美国休斯敦国际电影节雷米金像最佳作品奖、最佳导演奖。

央视"秋晚"《中华情》系列成为世界电视屏幕上独特的中国表达方式，其传承的美学精神，展现的中华民族几千年来建立的美学气质和蕴含其中的民族美学态度都成为中国电视的隐性符号。这种蕴含"天人合一"哲学思想、宁静悠远的审美气质和韵味的电视

---

① 转引自《大中国上下五千年》编委会《中国民俗文化大观》，外文出版社 2010 年版，第 150 页。

② 孙鹤齐：《山水情——试论中央电视台中秋晚会中的古典意境》，《大众文艺》2015 年第 10 期。

美学为丰富多彩的世界电视美学格局添上了浓墨重彩的一笔，而这一笔为中国独有，这一笔是"秋晚"之所以成功的关键所在，这一笔也正是建构中国电视美学身份的可行路径。

## 第二节　北京奥运会开幕式央视直播的美学建构分析

2008 年奥运会在北京举行，虽然北京错过了 21 世纪元年奥运会的举办资格，但也许 8 年后的成功足以补偿那次缺憾。2008 年北京奥运会的成功，实际上不仅仅代表了世界体育和中国体育的发展，从媒介学来看，这次奥运会也是中国通过媒体塑造自身形象，宣传独有文化传统的良机，而且也大获成功。可以说，北京奥运会是中国呈献给世界媒体的一场盛大的演出，当然也是中国媒体通过现代化的传播手段展示自己能力的一个绚烂舞台，无论对世界还是国内，都是如此。

2008 年夏天，北京在 16 天的时间里，接待了来自世界各地的 21600 名注册记者和 5000 多名非注册记者[①]，无法计数的报纸、广播、电视、网站媒体人也都蜂拥而至，这是媒体的盛宴，也是媒体的战争。电视传播的威力，在北京奥运会上展现得空前强盛，这当然是意料之中的事情。包括中国中央电视台、美国 NBC 广播公司、日本 NHK 广播公司、欧洲广播联盟、澳大利亚电视台、新西兰电视台等在内的几乎所有世界知名的电视机构都获得了电视转播权，但他们此前也许从未参加过如此宏大的仪式，因为在人类历史上，参与人数如此众多，规模如此巨大，持续时间如此长久的仪式，大概

①　数据来源：http://www.ah.xinhuanet.com/zhuanti/2008 - 07/25/content_ 13926407. htm 新华网。

是绝无仅有的。值得一提的是，美国全国广播公司 NBC 垄断了北京奥运会美国地区的电视转播权，这个世界上最著名的广播公司之一，对北京奥运会的报道在规模和范围上均创造了历届奥运会转播之最，也创造了 NBC 自己的纪录。NBC 高级副总裁约翰·费谢曾说，NBC 对北京奥运会的转播报道比他们之前所有夏季奥运会报道量的总和还要多，创下了 18 天全程转播、节目总长度超过 3600 小时的纪录。① 在全球范围内，北京奥运会的收视率也创造了电视史的纪录，高峰收视率超过了"阿波罗号"登月、戴安娜王妃葬礼和奥巴马就职典礼等国际大事的电视直播收视率，成为人类电视史上观众人数最多的直播事件。据日本《朝日新闻》报道，北京奥运会开幕式在日本的平均收视率达到 37.7%，瞬间最高收视率约为 48%②，日本人被称为是世界上最忙碌的人，这样高的收视率确实是个奇迹；在日本电视史上，北京奥运会开幕式是 20 世纪 90 年代以来奥运会开幕式直播（或转播）收视率最高的一届，这在日本电视收视率超过 30% 都是凤毛麟角的整体背景中愈发显得难得。即使在欧洲，北京奥运会开幕式的收视率都达到 20%，这个收视率固然要略低于 2004 年的雅典奥运会，但我们不要忘记，欧洲和中国存在的时差问题，欧洲人看北京奥运会开幕式就好比中国人看欧洲杯足球。有一个事实能够从另一个侧面反映出欧洲电视借北京奥运会开创的历史纪录，那就是观看北京奥运会的欧洲人远远要超过观看 2000 年悉尼奥运会开幕式的人数。另据转播北京奥运会开幕式的一家德国电视台统计，北京奥运开幕式时，德国当时打开电视的人，有 52.3% 的观众在收看开幕式，而在 2004 年雅典奥运会开幕式期间这一数据是

---

① 数据来源：《解放日报》2008 年 7 月 25 日，http：//sports. sina. com. cn。

② 数据来源：《新华每日电讯》2008 年 8 月 13 日，http：//news. xinhuanet. com。

46.09%。① 美国没有直播北京奥运会开幕式，电视录播还晚了十几个小时，但仍创下了收视佳绩。美国尼尔森调查公司统计的结果是，录播节目在全国的收视观众人数是 3420 万，超过悉尼奥运会时的 2730 万，相较于 1996 年美国亚特兰大奥运会开幕式的 3977 万收视观众的最高纪录，这个数字看起来逊色一些，然而却要比雅典奥运会开幕式时的 2500 多万收视观众多出了 35%。NBC 体育与奥运部主席迪克·艾博索将该现象形容为"一个不可思议和值得纪念的奇观"。② 以上一系列数据清晰表明：2008 年北京奥运会，尤其是开幕式，是电视史上重要的具有里程碑意义的事件，这届奥运会的开幕式被称为电视媒体的盛事一点也不为过。

反观中国国内，也是创造了多项收视纪录，8.4 亿观众收看了北京奥运会的开幕式，据 CMS 媒介研究所的数据显示，北京奥运会开幕式的收视率创下了自国内有收视率调查以来的新高。尤其是在李宁环绕鸟巢飞奔点火的时刻，收视率竟达到 90%；另据 AGB 尼尔森的统计显示，超过九成的中国家庭收看了奥运会开幕式的电视直播，天津观众的收看比例更是高达 97%。这些数据表明，北京奥运会开幕式的收视率要远远高于央视"春晚"，创下中国电视收视历史新高。

北京奥运会开幕式为何能够获得如此高的收视率，缘何得到中外观众的高度认可，其关键就在于导演张艺谋及其团队打造了一个美轮美奂的、独具中国魅力的开幕式。开幕式上中国符号的运用、中国美学思想的表达、中国悠久历史文化的展示、中国"和"思想的传递，与设计精巧的节目内容和节目形式相辅相成，加之现代化技术的运用，使得北京奥运会的开幕式呈现出鲜明的中国韵味，从

---

① 数据来源：《环球时报》2008 年 8 月 12 日，http://www.sina.com.cn。
② 《环球时报》2008 年 8 月 12 日，http://www.sina.com.cn。

而得到各界的认可。一家德国电视台在评论中说，北京奥运会的开幕式"构思精巧、表演得完美无瑕、令人印象深刻"①；BBC 主持人秀·爱德华兹在实况转播时禁不住感慨，开幕式充分显示了中国人的自信；欧洲体育台主持人称北京奥运会的规模"超出任何想象，简洁、超常、令人惊叹"②。西班牙国家电视台主持人赞叹开幕式场面精彩；葡萄牙国家电视台二频道解说员在转播中评价说中国人通过北京奥运以独特的方式向世界诉说着自己的悠久历史和传统文化，中国人向世界诉说自己的历史和文化的方式具有不同寻常的、丰富的想象力；保加利亚国家电视台解说员在转播时说北京奥运会的开幕式简直"完美无缺""无可挑剔"，开幕式电视播出效果"无与伦比"③。下面我们着重从传统美学思想、诗乐舞画相结合的传统美学意象、传统美学的现代技术表达三个方面来分析北京奥运会开幕式的中国美学建构。

## 一　开幕式中的传统美学思想

### 1. 天人合一

"天人合一"不仅是中国传统文化的要旨，也是中华美学的精神之魂。《易经》就有"天地缊缊，万物化醇。男女构精，万物化生"的文字，道出的是整个中国传统文化、哲学思想以及美学的基本特点，体现出明显的"天人合一"的文化思路。钱穆先生说"天人合一"思想"是整个中国传统文化思想之归宿处"④，张世英先生说"这是中国文化的灵魂"。

---

① 《构思精巧　表现完美——外国电视媒体盛赞北京奥运会开幕式》，人民网，2008 年 8 月 9 日，http：//world．people．com．cn。

② 同上。

③ 同上。

④ 钱穆：《中国文化对人类未来可有的贡献》，《中国文化》第 4 期，上海三联书店 1992 年版，第 94 页。

"天人合一"的观念，与农耕时代、农业文明密切相关。中原地区地势平坦、气候宜人、土地肥沃，虽有黄河泛滥的危害，但比起沿海地区，整体的生存环境却要安稳平和许多，无须经历艰难历险，便可以生存繁衍。这样优越的自然条件使得中国古代的农业生产异常发达，随之而生的是鲜明的农耕文化。尽管如此，农业生产依然是靠天吃饭，先民们也时时祈求风调雨顺，而农业技术的发展也需要人们敏锐观察气候规律。但是，在这种情形下，人与自然之间较少存在对抗关系，人不会产生狂暴激烈的心态，面对自然，先民们感受到更多的是生命与自然之间相互循环的关系，人对自然更多的是因势利导。因而形成了以顺应自然的秩序和规律为主导，强调宇宙万物相生相克、协调统一的生活方式和思想观念。由此就形成了最初的"天人合一"的哲学思想。以此来界定中西文化的差异固然不甚严谨，但也可以略见一斑。西方传统的文化和哲学惯于分离物质和精神，区分主体与客体，自然就是自然、人就是人，但是在中国文化中人与自然是融通为一体的，万物合一，人与自然关系密不可分。"天人合一"的哲学思想也使中国人形成了以此为基本特点的美学思想，比如意象说、隐秀说等美学观念就直接来源于此。总之"天人合一"的思想渗透在审美和艺术领域之中，推动中国美学精神的形成。在 2008 年北京奥运会的开幕式上，张艺谋等人就向全世界很好诠释了中国"天人合一"的美学思想，至少在以下三个方面有明显表现。

（1）开幕式最后一个篇章《自然》中 2008 名太极拳手的表演。太极拳动静结合、刚柔相济，是中国武术中非常具有代表性的一种拳路，在国际上也有较高的中国符号意义。2008 名拳手组成的拳阵整齐划一，演员快速奔跑、变换位置之后依然可以保持丝毫不乱的队形，视觉效果非常震撼。白衫飘飘、仙风道骨的演员出拳收式宛若行云流水，时而声威震天，时而静若止水，变化莫测、出神入化。并且运用技术加入自然的声音、自然的影像，为太极拳的表演配上了花开花落、潮起潮落的自然景观，营造出了一种生命繁衍、生生不息的美妙意境。再者，太极拳表演基本队形是一个巨大的圆形。从哲学角度理解，古希腊哲学也把圆视为最完美的图形，是因为圆形体现了最完美的对称，而在中国古代哲学中，圆形则象征着宇宙万物循环往复、生生不息，静中有动、动中有静。所以，表演者的圆形队伍也演绎了中国古代哲学思想的核心精神。最后表演者们组成一只"和平鸽"，并利用演员的跑位形成和平鸽扇动翅膀振臂飞翔的动感，与鸟巢上方 LED 大屏上的彩色飞鸟相互呼应，盎然成趣，营造出了人与自然和谐相处、天人合一的理想意境。

（2）北京奥运会开幕式中，还有一个意象得到频繁应用，那就是画卷。这幅 70 米的画卷不仅作为开幕式中文艺表演的舞台承载了整个演出过程，而且巨幅画卷的创作过程也具有一定的寓意。刚开始舞蹈演员们用肢体在上面绘出黑白的中国水墨画，到后面小朋友用彩色颜料将之涂为色彩斑斓的现代画，再到运动员入场时途经画布，完成了"我们一起走"的具有绝对纪念意义的画作。画卷不仅承载了中国悠久的古代文明史，也代表了中国当下昂扬向上、不断发展的现代进程。同时也通过其独特的绘制过程完成了一次"天人合一"理念的现场演绎，并传递了自然、山水和人之间的和谐美好关系。

（3）北京奥运会开幕式中的点火环节的设计十分精巧，不仅展示了奥林匹克顽强拼搏的精神，而且也蕴含了中国人特有的"天人合一"的思想。点火仪式历来都是奥运会开幕式中最重要的环节之一。张艺谋曾经表示，对于一个奥运会开幕式来说，一个成功的点火仪式意味着开幕式成功了一半。所以在点火仪式的设计上开幕式导演组煞费苦心，最终选择了让体操王子——李宁在星光点点、如同浩瀚银河的"鸟巢"上方，踩着"祥云"奋力向前奔跑，上演了"夸父追日"的中国神话，最后点燃主火炬。正像李泽厚在《华夏美学·美学四讲》中说到的，"天人合一"不仅是静态的融合，也强调"人必须奋发图强，不断行进，才能与天地自然同步。天地自然在昼夜运转着、变化着、更新着，人必须采取同步的动态结构，才能达到与整个自然和宇宙相统一，这才是'与天地参'，即人的身心、社会群体与天地自然的同一，亦即'天人合一'"①。李宁在点火仪式上环场一周的奔跑，体现的就是这种人与自然动态之中的和谐统一。

此外，《春江花月夜》中昆曲与舞蹈、书画的结合等环节的设计，都展示了中国人一直秉承的人与自然和谐共处的传统美学精神，节目始终氤氲着东方美学的气息。

2. 和合之美

"天人合一"的美学思想在论述审美主体与世界的协调时，透露的是在与自然的交往中，人与自然互为依恋、相互融合的活动模式和内在心境。"和合之美"则更多强调了人与他人相处中的融通之美与伦常之美。"和合"一词最早出自《国语·郑语》："商契能和合五教，以保于百姓者也。"其中"五教"指父义、母慈、兄友、弟恭、子孝，意即能和五教便可使百姓安身立命。之后诸子百家各家学派纷纷立言论述，孔子提出"和为贵"，《老子》曰"知和曰常"，《管子》论述了"和合"的功用："蓄之以道，养之以德。蓄之以道，则民和；养之以德，则民合。和合故能习，习故能偕，偕习以悉莫之能伤也。"（民众如果能够践行"和合"，便能产生"莫之能伤"的运作机制）。"和合"首先肯定的是事物的多元性，如果一元则为"同"，承认不同，但依然可以与周围保持融洽和谐的关系，也

---

① 李泽厚：《华夏美学·美学四讲》，生活·读书·新知三联书店 2008 年版，第 73 页。

就是孔子说的"君子和而不同"。在哲学层面上，"和"强调异质因素的共生共处，"合"则意指矛盾双方的和解融通，"和合"是和谐的最佳状态。从审美角度来看，"和合"思想为人的行为指明了以"融通"为原则的理想形态，这是一种理想的行为范式和与人相处时的重要原则。"和合"要求对内要修炼自身，要坚持自己的信念与原则，不盲从或附和，对外要能够包容差异，在差异中寻求平衡与和谐。北京奥运会开幕式反复表达了"和合之美"这一重要中国美学思想。

北京奥运会开幕式文艺演出的开篇就出现了声势震天、规模庞大的 2008 名演员的击缶而歌，巨大的场面先声夺人。乐手们击缶而歌，"有朋自远方来不亦乐乎"，击缶之声配合着铿锵高亢的吟诵，表达了北京对于所有热爱友谊和平的朋友、所有热爱奥林匹克朋友的欢迎，明确传达了友善的欢迎之情。同时，鸟巢上空沿口立面的 LED 大屏幕上出现"有朋自远方来不亦乐乎""*Welcome my friends*"的字样。此处为"和合之美"美学思想在开幕式上的首次亮相。

此后，在《文字》篇中演员扮演孔子的三千弟子手持竹简款款入场，高声吟诵着《论语》中的经典名句："四海之内，皆兄弟也。"之后方块字的表演，不仅表达了中国发明活字印刷术的自豪，而且将方块字上的内容设计为三种字体的"和"，这些都表达了孔子"和为贵"的人文理念，由此彰显了中国和谐观念由来已久。最后在《星光》篇章中，场地中央绿衣使者变化队形组成了一只巨大的"星光和平鸽"，用鸽子的形象传递和平、友谊、圣洁的美好愿望，也传递着中国对全世界的友好情谊。此处，又是一处"和合之美"的直白表达。还有就是在主题曲《我和你》唱响之后，舞台展示了 2008 张向全世界征集的不同肤色、不同年龄、不同国家人们的笑脸，体现了全世界人民的和谐与友爱。

　　"和"的观念是北京奥运会开幕式向世界传递的核心理念，寓意着中国在不断发展壮大的同时一定会和世界各国友好相处，并且反复说明这种和谐共处的理念是中国历经五千年风风雨雨一直秉承的。并着重指出今天日益强大的中国的血脉里流淌的依然是"爱好和平、和谐共处"的民族基因。

　　此外，中国传统文化是伦理型的文化，在美学上形成了"美善相乐"的思想。"美善相乐"强调美与善的统一，美与善相得益彰，美的功能也就是善的审美教育。这种思想完全不同于西方美学精神中"向外求真"的科学型美学思想体系。《荀子·乐论》最早提出"美善相乐"，曰"故乐行而志清，礼修而行成，耳目聪明，血气和平，移风易俗，天下皆宁，美善相乐"①。儒家的美学思想注重艺术的社会教化功能，将美和善统一起来，充分肯定审美和艺术在陶冶人的性情或协调人际关系等方面的价值。虽然这一观点由儒家提出，是儒家美学的基本观点，但是先秦时代的各家各派也都是如是论述的。《老子》中"美言不信，信言不美"、《庄子》中"天地有大美而不言"等实际上说的都是强调"善是美之本"。北京奥运会在开幕式的表演中对于"天人合一"的人与自然和谐相处、"和合之美"人与他人的和平共处的美学思想都进行了直白的表达和反复的强调，而在此间又无处不渗透着"美善相乐"的美学思想。如孔子作为中国最有代表性的文化符号之一为外国人所熟悉，开幕式中无论是击缶而歌"有朋自远方来不亦乐乎"，还是三千弟子吟诵"四海之内皆兄弟"，都出自记录孔子言行的《论语》。孔子希望建立的就是"礼仪之邦"，宣扬"德不孤，必有邻"，对于这些道德的宣扬无不透过开幕式的舞台向世界传递，"美善相乐"的美学思想一直是题中之义，无复赘言。

---

　　① 叶绍钧选注，宛志文校正：《荀子/民国国学文库》，崇文书局 2014 年版，第 101 页。

## 二　诗乐舞画相结合的传统美学意象

北京奥运会除了在开幕式中传递了中国独特的美学思想之外，还大量运用了具有中国符号意义的美学意象，来传递第 29 届奥运会的中国特点和中国气派。这些美学意象的结合使用，使得奥运会开幕式展示出与众不同的东方魅力。在此之前，奥运会在东方举办只有两次，分别是 1964 年东京举办的第十八届和 1988 年汉城举办的第二十四届奥运会，所以说基本上现代奥运会展示的都是西方的文化和传统，观众也习惯这种表达形式和美学意蕴。如何在第 29 届奥运会的开幕式中展现别样于西方的文化样式和美学风格，同时又能获得全世界观众的认同，就成为北京奥运会开幕式编排时必须思考的问题。

### 1. 中国元素的选择

传播学认为，符号是信息传播的介质，是信息的载体。在面向世界的奥运会开幕式中如何巧妙的融入中国元素是国人之所想，同时也是外国人之所望。张艺谋导演在开幕式上以传统文化中极具代表性的中国元素贯穿整场演出，选择精当、覆盖全面，加之表达巧妙，取得了非常好的效果。

开幕式从"击缶而歌"开始，后继《历史足迹》《梦幻五环》《画卷》《文字》《戏曲》《思路》《礼乐》《星光》《自然》《梦想》共十一个篇章。其中展示的中国传统文化元素有：

《击缶而歌》：缶、日晷

《梦幻五环》：飞天

《画卷》篇：卷轴画、笔墨纸砚、造纸术、岩画、陶器、青铜器、太古遗音、祥云、水墨画、《千里江山图》等

《文字》篇：汉字、孔子、竹简、活字印刷、长城

《戏曲》篇：京剧、京胡、提线木偶、锣鼓等

《思路》篇：丝绸之路、指南针

《礼乐》篇：古典舞、昆曲

《星光》篇：风筝

《自然》篇：太极拳、太极八卦图

这其中有科技方面的中国符号，如四大发明；有艺术方面的中国符号，如昆曲、京剧、提线木偶、古典舞、飞天等；有中国武术方面的符号，如太极拳。大量的中国元素贯穿开幕式始终，向全世界展示了古代中国的辉煌文明。同时将具有历史底蕴的大量传统文化的符号与当代中国的时代元素在第九篇以后完美结合，隐喻了一个大国正在崛起的姿态。

尤其需要指出的是，开幕式中对日晷、卷轴画、缶等符号的使用方式非常巧妙。如对日晷的使用，日晷是中国古人利用日影测得时刻的一种计时仪器，虽然在现代它已经不再发挥计时功能，但是其作为时间的象征意义却得以保留。开幕式上，当时间来到 2008 年 8 月 8 日晚 8 时整，焰火在鸟巢上空绽放之际，突然有一道焰火在体育场上方滚动，激活了古老的日晷，日晷将光芒发射到 2008 面缶上，和着缶的打击声，缶阵显示出了倒计时的秒数。此处日晷作为时间的象征被焰火点燃，又将光芒反射到缶上，带给观众出其不意的视觉冲击。再比如对缶的使用，缶是我国古代汉族的陶制乐器，虽然从缶的发展演化来看，奥运会开幕式上所用之缶与古时候用做乐器的缶还存在一定的差别。但是缶这个乐器为中国独有，虽然鼓也是中国最古老的乐器之一，但是鼓在很多场合代表中国出现过，对于观众来说缺少"陌生感"，所以用击缶而歌代替击鼓而歌能够在

开幕式开篇处不落窠臼,先声夺人,缶与日晷一起在开幕式的第一篇章中相伴出现,能够迅速把观众带入一个陌生而又古老的中国文化和美学世界中。此外,奥运会开幕式中最重要的一个中国文化的符号就是作为文艺演出舞台出现的卷轴长卷。卷轴是中国画的特色,与西洋画有着明显不同,字画完成之后装裱成长卷横幅,两端再加圆木做成轴。中国画的传统与中国文化的传统美学精神互为表里,拥有轻盈典雅、超凡脱俗的美学气质。在"太古遗音"的古琴声中,奥运长卷缓缓打开,气定神闲、从容大气,之后舞者以身体为笔,用流畅的舞姿在长卷上绘成墨韵淡雅的《祖国山河日月图》,开始了具有中国文化特色和美学特质的国画卷轴的制作过程。之后"文字""戏曲""礼乐"等内容依次在长卷中展开,五千年的中华文明也就在这百余米的长卷中缓缓展开。长卷淋漓尽致得发挥了诸多美学意象载体的象征意义,同时在长卷上次第呈现的内容也成为这幅长卷上不断描绘的独特的动态"景物",营造出了"画由人绘就,人在画中游"的独特审美空间,具有东方美学的思辨性。

2. 意境的营造

如前所述,北京奥运会开幕式采用了大量的具有中国传统文化代表意义的文化符号,如若这些符号杂乱无章地拼凑在一起,恐怕开幕式也不会凸显中国特色,而只能成为一盘面目不清的"大杂烩"。张艺谋等在这些符号的编排和使用上,将之安排得井井有条,错落有致,其中每个元素都不显累赘和突兀,元素组合浑然天成,元素之间相得益彰,共同营造了如梦如幻的中国古典美学的诗意空间。窥其堂奥,我们认为张艺谋导演主要是将诗乐舞画相结合,用多重意象叠加的方式强化了单个元素所蕴含的美学意义,从而实现了中国美学意境的营造。

在《画卷》篇章中,首先呈现的是一个讲述中国卷轴画制作过程的短篇。从纸张制作，到落墨着色，再到装裱成轴，其中也呈现了中国古典文房四宝：笔、墨、纸、砚。之后画面切入现场，在体育场的中间出现了一幅"真"的巨幅卷轴，画上水墨浸染，随后画卷上出现岩画、陶瓷、青铜器等在中国文化起源和发展过程中具有代表性的文化符号。这中间卷轴画的制作过程、文房四宝、岩画、陶瓷、青铜器的次第出现，这些有别于西方文化起源的物象的选择别开生面地营造了"中国"的特色，点染出中国古典气质，为后面的表演提供了一个宏观的环境铺设。之后舞蹈演员来到画卷之上开始用肢体作画，表现了中国水墨画的洒脱写意，同时琴师弹奏一张有一千多年历史的古琴，琴弦拨动间倾泻出中国文化的源远流长。而舞蹈演员以形传神的水墨画作与悠远的古琴之声合而为一，琴与画合作的悠远空灵的中国意境呼之欲出，中国文化写意的韵味由此也得以体现。

《礼乐》篇章中古典中国元素的应用更是构思精巧。先是古装扮相的昆曲演唱，唱腔婉转，唱词清新，空灵温婉。演唱内容为"孤篇盖全唐"的《春江花月夜》，展示了"春江潮水连海平，海上明月共潮生"的澄澈清明的空灵意境，亦真亦幻。同时画师在犹如天籁一般的昆曲演唱中挥毫泼墨，画卷上依次呈现的唐、宋、元、明、清的著名风情长卷，之后千余名舞者涌入画卷，有如人从画中走出来一般，32个高耸的乐台拔地而出，展现了古代中国礼仪之邦的盛世气象，中国文化写意的特点展现无余。

## 三　传统美学的现代技术表达

正如北京奥运会的主题之一"科技奥运"所阐述的理念一样，这届奥运会开幕式也突出了"科技"的意义。北京奥运会开幕式的成功不仅来源于主创人员的创意，实现创意的技术手段也在其中发挥了重要作用。可以说，北京奥运会开幕式的传统中国美学意蕴的营造中现代技术手段的参与功不可没。如果没有这些现代科技提供材料支撑和技术保障，那么独具东方意蕴的奥运会开幕式也只能止步于美好想象。

1. 灯光的设计与使用

北京开幕式的灯光设计和使用对于开幕式的精彩呈现意义重大。北京奥运会是奥运会历史上用灯数量最多、规模最大的一次，而且就像开幕式灯光设计的创意——"追求高品位的东方美学"一样，开幕式的用灯设计方案摒弃了一切廉价的、游离于大效果之外的变化噱头，而是将色彩的运用、明暗的调动等都包含在整体效果的设计之内，与表演内容等自然完美融合，从而使得灯光的变化、操作完整有序。

开幕式大量使用了当时世界上最为先进的灯具设备，使用了各种可以电脑操控的灯具近 3000 台。除此之外，还使用了 140 多台大功率的数码投影设备，使活动影像、视频影像都可以灵活地出现在表演区、大型道具和体育场上方的沿口立面上。尤其是在鸟巢结构的沿口立面上自然形成了一个高 14 米、周长 500 米的空中环幕，63 台大型数码投影机 3 层重叠，组成了 21 组边缘自然溶解、毫无拼接痕迹的屏幕，效果非常好。如深水长卷环绕体育场一周的展开、李白"飞流直下三千尺，疑是银河落九天"波澜壮阔场面的展示、李宁点火之前环场一周时沿口立面上奥运火炬传递图像的展示等，都是开幕式上的神来之笔，给观众留下了深刻印象。

一轴展开的具有中国意蕴的画卷贯穿开幕式始终，是开幕式舞美设计的核心元素，也成为北京奥运会开幕式中最大的亮点之一，几乎所有的国外媒体在转播时都对这一创意表示惊叹。画卷的画面部分和卷轴部分因不同的使用需求而采用了不同的制作方式。画面部分因为上万名演员要在上面表演，还有移动道具等，所以这部分采用了 LED 灯条拼接的形式，灯条外壳采用铝镁合金制作而成，又加装了高品质的 PC 面罩，使得画面部分平整、抗压性强。卷轴部分不需要承重，但需要完美完成柱型面的显示，还要便于横向移动、表示卷轴开合的动程，所以在 LED 灯的使用上则选取了更细的灯条，并采用透明的 PC 材料对灯管进行保护。这幅画卷代表了当时 LED 的最高最先进的水平。同时，为了达到更加逼真的效果，画轴里面的木芯确实是在转动，这不仅减轻了负载的重量，而且制造出旋转的效果。正是这些先进的设计和操控技术的辅助才使画卷呈现出开合自然、栩栩如生的状态，为开幕式提供了一个前所未有的、令人惊艳的舞台效果。

2. 创纪录的焰火使用

2008 年北京奥运会开幕式上烟花的燃放为开幕式营造了欢乐祥和的奥运氛围，把鸟巢的上空映衬得光彩夺目，使电视机前的观众也感叹于烟花的美丽夺目。

（1）数量多。北京奥运会燃放的烟花数量为历届奥运会之最，总数达 12 万多发，是以往所有 28 届奥运会燃放的总和的四倍；从长城到鸟巢，焰火燃放覆盖面积达 100 多平方公里，整个北京城区都被照亮，面积之大史无前例；开幕式在《自然》篇章中闪现出一幅由焰火组成的、长达 3000 米的大型瀑布，也是一个奇迹。仅在"鸟巢"顶部就安放了 1000 多个发射装置，装了近 16000 个烟花。开幕式的礼花弹有 150 多个品种，是国内焰火燃放中品种最多的一次。

（2）质量高。据北京奥运会开幕式焰火提供方浏阳市的花炮局局长介绍，浏阳向第 29 届奥运会提供的产品代表了世界焰火最高生产技艺。不仅焰火的颜色从原来的十几个增加到上百个，而且部分焰火在空中炸开的时间也从原来的 2 秒延长到 10 秒，同时燃放后的烟尘减少了百分之七十以上。同时，奥运焰火产品在国际上首次使用了体现最新科技成果的芯片礼花弹，即把电脑芯片安装在礼花弹内，通过电脑控制，在规定的高度、方位、朝向爆炸，组成各种特效的文字、图案，如五环、笑脸和其他特殊图案等都是这一创新成果的体现。

（3）设计巧。北京奥运会开幕式上焰火表演中有很多经典的造型让人印象深刻。如在11秒内演绎出的国花牡丹从含苞到盛开的全过程，鸟巢也在11秒内变成红色的海洋；红、黄、绿、黑、蓝五种颜色打出的"奥运五环"；高达40米的"银色瀑布"；倒计时进入"奥运时空"：9、8、7，奥运开幕式开场时，空中用最先呈现出的是一个个闪动的焰火数字……让大家印象最为深刻的是29个巨大的"烟花脚印"从永定门、前门、天安门、故宫、鼓楼这条北京的中轴线一直向北到达"鸟巢"。正如总设计师蔡国强所说："这29个'脚印'代表着奥运一步步走进北京。我们的焰火表演把开幕式带到了'鸟巢'以外的整个北京城，让开幕式成了每一位市民都可以欣赏的环境艺术。这在奥运史上，是唯一一次把整个城市当舞台的大胆想象。"

3. "蓝色星球"的出其不意

在开幕式第十一篇章《梦想》中，当一颗直径18米、重16吨的液晶"星球"，从地下升入20多米的高空时，现场观众和电视机前的观众都被这庞然大物惊呆了。演员们在这颗"星球"上奔走、跳跃、欢歌、起舞，刘欢和莎拉·布莱曼在这颗星球的顶端唱响了第二十九届奥运会的主题曲《我和你》。这颗多媒体"蓝色星球"是奥运开幕史上最大、最沉和最新高科技的模型，仅设计、制造和安装就用了一年多时间。晚会在设计时，张艺谋导演提出要一颗能承受演员在上面表演的"球"，设计人员反复论证了很多种方案，最后采用了"多环同心"的方案。这颗"地球"诠释了"科技奥运"的北京奥运会理念。

北京奥运会开幕式上精彩纷呈的文艺节目、绚烂夺目的焰火等为全球观众奉献了一场具有震撼力和视觉冲击力的、彰显中国美学思想、充满中国元素符号的视觉盛宴，而这一切与高新科技在其中发挥的作用密不可分。"整个开幕式运用光影效果描摹出文化的语言，从中国图像史的角度，也反映出中国民族文化融入世界的漫漫历程。"[①]

张艺谋导演执导的开幕式大气磅礴、气势恢宏、文化深厚、美不胜收，但是央视对奥运会开幕式的直播并非完美无瑕。比如大型演出通常体现的是整体效果，在镜头的使用上最好多用远景。但是央视在直播中选择了大量近景，使电视观众只看到现场的局部或某些演员的表情，而无法领略节目的全貌，这不能不说是开幕式直播的遗憾。如《击缶而歌》部分由于导播没有切换鸟巢上方大屏幕上的字幕，所以导致电视机前的观众没有听清楚演员口中吟诵的内容。而 NBC 等国外电视台在这部分都给予相应的镜头，并对信息进行了补充。也正是因为 NBC 对北京奥运会开幕式转播的出色导播和剪辑，才使得 NBC 借此获得了第 61 届美国电视艾美奖的三项大奖。可见，在电视的摄像、导播和编辑环节，中国电视还存在着明显的不足，而这些也是实现电视美学的重要手段，也是中国电视业刻不容缓、亟待改善和提升的环节。

小结：中国美学以其迥异于西方美学的特质与姿态涵养了一代又一代的华夏子孙，其中"和合之美""美善相乐""天人合一"的中华美学精神仍然是中国人心中共同的审美诉求，重写意轻写实的美学表现手法依然受到大家的尊崇，"意象""意境"的美学表达依然活跃在艺术创作者的笔端纸上。这些美学思想、美学表达手段以

---

① 关煜：《论张艺谋在奥运开幕式中的美学追求》，《文教资料》2009 年第 4 期。

及审美范畴和审美批判的标准等都是中国人在"美"的世界中的独特体会，时至今日依然发挥着重要作用。

中国电视在自身身份建构的过程中，也必须继承和发扬传统美学的精神，使用传统美学的技法，探索出符合中国观众审美习惯且同时能够为外国观众所接受的中国电视美学表达方式。在这方面大型综艺晚会，尤其是我们本章重点分析的"全息山水景观晚会"与北京奥运会的电视直播都在这方面进行了有益的探索，也都为中国电视美学建构提供了可参考的范本。同时，近几年大量的优秀纪录片也在中国电视的美学建构过程中进行了积极的探索，均取得了斐然的成绩，为大家所称道。如《舌尖上的中国》《美丽中国》等都是其中的代表之作。

《舌尖上的中国》将镜头、声音、画面、构图等技术与艺术巧妙地融合在一起，创作者们利用镜头语言真实地记录下他们所看到、听到的有关食物的故事，对一草一木、一景一人，饱含忠实之义，营造出"真实""自然"的意境。同时在全篇中自然渗透了很多具有中国历史文化特色的符号，大大扩张了纪录片的银幕形象表现力，以食物为切入口，传递了中国五千年的文化和吸引力。《美丽中国》的画面构图精巧、用光讲究、在注重纪录片写实功能的同时利用光线、色彩、景物、构图等元素激发观众对祖国山水和人文的丰富联想，产生了强大的写意功能，同时利用强化节奏、景别的变化对于情景交融的意境的营造，展示了中国悠久的历史和当代中国人美好的生活。

充分地发掘中华美学精神的内涵和意蕴，不仅是建设中国特色当代美学最核心的历史使命，也是当代中国电视美学建构的历史使命。中国电视已经进行了可喜的探索，但是未来之路依旧漫长，电视人应该从已有的优秀电视作品中汲取经验继续前行。

# 结　　论

尼尔·波兹曼曾犀利地指出"娱乐是电视上所有话语的超意识形态"。很显然，娱乐是当代电视话语的重要表征。尤其是进入 21世纪之后，我国的娱乐节目"你方唱罢我登场"，先是"超女""快男"的音乐选秀，继而是铺天盖地的相亲交友，之后又是以《爸爸去哪儿》《奔跑吧兄弟》为代表的明星"真人秀"，同时相伴还有新一轮的音乐选秀，如《中国好声音》《我是歌手》等。毫无疑问，娱乐可以缓解现代人紧张的生活节奏和巨大的工作压力，但是中国电视 21世纪以来"泛娱乐化"的走势同样也让人忧心忡忡。从更加宏观的视角来看，经济全球化的趋势日益凸显，各国文化之间的交流融合也日益密切与深入。我国著名电影学者周传基曾对《人物周刊》记者讲述他曾经碰到一位美国教授的经历。美国教授说："你们中国有五千年的文化，为什么你们中国电影没有自己的民族风格，学我们好莱坞，好莱坞哪有什么文化呀！"周先生说他真想找个地缝钻进去。斯言甚是！其实中国电视比中国电影在这方面问题更严重，文化身份更加模糊不清。所以，如何建构中国电视文化身份是当今中国电视最重要的理论课题。

文化身份理论是舶来的理论，但是建构中国电视文化身份的路径问题却是实实在在的中国问题。中国电视文化身份的建构只能也必然能从中国传统文化的宝库中找到资源。理论上传统文化与现代电视媒体有先天的融合基础，电视媒体为传统文化的传承提供了新的平台和机遇，传统文化为当代中国电视的发展提供了取之不尽的内容支持。从实践层面看，21世纪以来中国电视的发展历程已经展示出传统文化参与电视身份建构的可能，而且预示出潜在的更大的可能。

传统文化以其丰沛的内容为中国电视提供源源不断、可供电视直接运用的视听表现符号，是中国电视文化身份建构的基础；传统文化中爱国主义、刚健自强等优秀思想对于当代中国社会的和谐发展意义巨大，而且可以为中国电视提供了可供其持续发展的思想支持，帮助中国电视完成核心的思想建构；以意象、意境、情境交融等为核心思想的中国传统美学思想不仅是建构中国美学精神的基石，而且也是中国电视建构文化身份的关键。在电视文化的身份建构过程中，内容建构是基础，思想建构是核心，美学建构是关键，三者相辅相成，缺一不可。并且传统文化在以上三个方面参与电视文化身份建构的过程中并不是"毕其功于一役"的针对某一方面，而是均衡兼顾协调发展的。当然为了论述的方便，我们在前文的论述中将三者分开论述，但是实际上思想、内容和美学共同组成中国电视的生命有机体，其中内容是血液，思想是骨头，美学是经络。

在2016年第一期《新华文摘》上有一篇胡智锋、周建新撰写的题目为《中国影视行业如何形成世界级竞争力》的文章，文中指出我国当前影视文化竞争力存在着创意不足、产业不大、文化不强的问题。其中文化不强主要体现为"核心价值不够清晰、符号特色不够突出，思想冲击力与审美感染力不够强烈"[①]。通过论述，我们坚

---

① 胡智锋、周建新：《中国影视行业如何形成世界级竞争力》，《新华文摘》2016年第4期。

信用传统文化来建构中国电视身份一定可以从根本上解决其中这一问题。当然这一定不是短期之内就可以快速解决的问题，中国电视人应该自觉树立身份意识，坚定用传统文化建构电视文化身份是当前中国电视的出路所在的信念，努力创作出更多更好的流淌着中国血液、有中国气派的电视文化作品。唯其如此，中国电视才能在世界范围内争得一席之地，才能发出自己独立的声音、展示自己独立的形象、散发自己独立的魅力！我们期待这一天的早日到来！

# 主要参考文献

## 一 图书文献

[1] 袁行霈、严文明：《中华文明史》，北京大学出版社 2006 年版。

[2] 梁漱溟：《中国文化要义》，世纪出版集团、上海人民出版社 2011 年版。

[3] 钱穆：《中国文化精神》，九州出版社 2012 年版。

[4] 钱穆：《中国文化史导论》，商务印书馆 1994 年版。

[5] 张岱年、程宜山：《中国文化精神》，北京大学出版社 2015 年版。

[6] 张岱年、方克立：《中国文化概论》，北京师范大学出版社 2004 年版。

[7] 张岱年：《心灵与境界》，北京联合出版社 2012 年版。

[8] 李泽厚：《李泽厚哲学美学文选》，湖南人民出版社 1985 年版。

[9] 赵洪恩、李宝席：《中国传统文化通论》，人民出版社 2009 年版。

[10] 陈来：《中华文明的核心价值国学流变与传统价值观》，生活·读书·新知三联书店 2015 年版。

[11] 葛兆光：《中国思想史》，复旦大学出版社 2014 年版。

[12] 赵杰：《中华民族共有精神家国论》，人民出版社 2012 年版。

[13] 赵晓之：《文化认同论》，中国社会科学出版社 1992 年版。

［14］俞祖华：《民族主义与中华民族精神的现代转型》，社会科学
　　　文献出版社 2012 年版。

［15］［英］阿雷恩·鲍尔德温等：《文化研究导论》，陶东风等译，
　　　高等教育出版社 2004 年版。

［16］陶东风：《文化研究：西方与中国》，北京师范大学出版社 2002
　　　年版。

［17］陆扬、王毅：《文化研究导论》，复旦大学出版社 2015 年版。

［18］林坚：《文化学研究引论》，中国文史出版社 2014 年版。

［19］王一川：《大众文化导论》，高等教育出版社 2009 年版。

［20］罗钢主编：《文化研究读本》，中国社会科学院出版社 2000
　　　年版。

［21］罗钢、刘象愚主编：《后殖民主义文化理论》，中国社会科学
　　　出版社 1999 年版。

［22］季羡林：《中国精神·中国人》，国际文化出版公司 2013 年版。

［23］袁行霈：《中国诗歌艺术研究》（上编），北京大学出版社 2009
　　　年版。

［24］费孝通：《中国文化的重建》，华东师范大学出版社 2014 年版。

［25］费孝通：《中华民族多元一体格局》，中央民族大学出版社 1999
　　　年版。

［26］周星：《影视艺术概论》，高等教育出版社 2007 年版。

［27］高鑫：《电视艺术理论》，中国传媒大学出版社 2012 年版。

［28］黄会林、彭吉象、张同道等主编：《电视学导论》，高等教育出
　　　版社 2008 年版。

［29］周宪、刘康：《中国当代传媒文化研究》，北京大学出版社 2011
　　　年版。

［30］潘知、常林玮：《大众传媒与大众文化》，上海人民出版社 2002

年版。

［31］申凡、欧阳康：《传播媒介与社会发展——媒介功能理论研究》，
　　　人民出版社 2009 年版。

［32］周宪：《中国文学与文化的认同》，北京大学出版社 2008 年版。

［33］周宪：《文化研究关键词》，北京师范大学出版社 2007 年版。

［34］周宪：《文学与认同：跨学科的反思》，中华书局 2008 年版。

［35］邱戈：《媒介身份论》，中国传媒大学出版社 2008 年版。

［36］钟丽茜：《媒介技术与审美文化》，中国社会科学出版社 2014
　　　年版。

［37］侯海涛：《中国电视新闻媒介生态研究——转型期的媒介守望》，
　　　中国传媒大学出版社 2010 年版。

［38］吴予敏：《传播与文化研究》，北京大学出版社 2007 年版。

［39］姜飞：《传播与文化》，中国传媒大学出版社 2011 年版。

［40］胡智锋：《电视审美文化论》，北京广播学院出版社 2004 年版。

［41］胡智锋：《电视传播艺术学》，北京大学出版社 2004 年版。

［42］胡智锋：《内容为王：中国电视类型节目解读》，中国传媒大
　　　学出版社 2006 年版。

［43］欧阳宏生：《电视文化学》，四川大学出版社 2006 年版。

［44］欧阳宏生：《电视艺术学》，北京大学出版社 2011 年版。

［45］欧阳宏生：《电视传播核心价值论》，北京大学出版社 2010
　　　年版。

［46］厉震林：《电视艺术概论》，上海百家出版社 2009 年版。

［47］隋岩：《当代中国电视文化格局》，北京大学出版社、群言出
　　　版社 2004 年版。

［48］蒋原伦：《媒介文化十二讲》，北京大学出版社 2010 年版。

［49］蒋原伦：《传统的界限：符号、话语与民族文化》，北京师范大

学出版社 1998 年版。

[50] 蒋原伦：《媒介文化与消费时代》，中央编译出版社 2004 年版。

[51] 高金萍：《西方电视传播理论评析》，中国传媒大学出版社 2008
　　　年版。

[52] 卢蓉：《电视艺术时空美学》，中国传媒大学出版社 2006 年版。

[53] 肖燕雄、刘彬彬、丁忠伟：《戏剧与影视理论精粹》，世界图
　　　书出版广东有限公司 2013 年版。

[54] 王振城：《当代西方电视批评理论》，中国广播电视出版社 2007
　　　年版。

[55] 徐婧：《中国电视艺术史》，文化艺术出版社 2013 年版。

[56] 王振复：《中国美学史教程》，复旦大学出版社 2006 年版。

[57] 王振复主编：《中国美学范畴史》，山西教育出版社 2009 年版。

[58] 叶朗：《中国美学史大纲》，上海人民出版社 1985 年版。

[59] 李泽厚：《华夏美学·美学四讲》，生活·读书·新知三联书
　　　店 2008 年版。

[60] 时统宇：《电视批评理论研究》，中国广播电视出版社 2003
　　　年版。

[61] 李玉芝：《影视艺术概论》，中国传媒大学出版社 2014 年版。

[62] 张海洋：《中国的多元文化与中国人的认同》，民族出版社 2006
　　　年版。

[63] 张平功主编：《全球化与文化身份认同》，暨南大学出版社 2013
　　　年版。

[64] 王玉玮：《民族主义话语与中国电视文化》，中国社会科学出
　　　版社 2011 年版。

[65] 刘国强：《媒介身份重建——全球传播与国家认同建构研究》，
　　　四川大学出版社 2009 年版。

［66］朱晓军：《电视媒介文化与后现代主义思潮》，中国广播电视出版社 2009 年版。

［67］黄学建：《中国电视娱乐文化批评》，中国传媒大学出版社 2010 年版。

［68］周勇：《理解电视从理论到方法的路径》，中国广播电视出版社 2012 年版。

［69］杜悦：《21 世纪国产电视剧的中国特色——有关中国电视剧"民族性建构"问题的探索》，中国传媒大学出版社 2008 年版。

［70］刘丽文、白岚玲、钟涛主编：《传统文化与电视剧关系研究》，中国传媒大学出版社 2014 年版。

［71］刘丽文、钟涛、白岚玲主编：《传统文化与电视剧个案研究》，中国传媒大学出版社 2014 年版。

［72］中国文联理论研究室编：《大众文化消费语境下的中国电视剧精神品质研究》，中国文联出版社 2014 年版。

［73］高慧燃主编：《当代影视作品与中国传统文化》，中国传媒大学出版社 2011 年版。

［74］闫伊默：《仪式传播与认同研究》，知识产权出版社 2014 年版。

［75］朱麟：《对外传播视野下的中华文化元素符号的研究》，社会科学文献出版社 2014 年版。

［76］周华斌：《广播·电视·戏曲研究》，北京广播学院出版社 1998 年版。

［77］荣耀军：《当代中国电视文化研究——多维话语系统的竞争与共生》，学林出版社 2009 年版。

［78］王昕：《在历史与艺术之间——中国历史题材电视剧文化诗学研究》，中国传媒大学出版社 2008 年版。

［79］李晓枫、邹定斌：《中国电视文化的理性重构》，中国广播电

视出版社 2007 年版。

[80] 徐瑞青：《电视文化形态论——兼议消费社会的文化逻辑》，中国社会科学出版社 2007 年版。

[81] 包鹏程：《电视的"言说"——电视表达的文化阐释》，安徽大学出版社 2009 年版。

[82] 凌燕：《可见与不可见：90 年代以来中国电视文化研究》，中国传媒大学出版社 2006 年版。

[83] 黄会林：《黄会林影视戏剧艺术论文集》，北京师范大学出版社 2002 年版。

[84] 黄会林：《中国电视艺术发展史教程》，北京师范大学出版社 2006 年版。

[85] 丁尔苏：《符号学与跨文化研究》，复旦大学出版社 2011 年版。

[86] 黄永红、申民、周莘：《跨文化符号学研究》，黑龙江大学出版社 2014 年版。

[87] 陶东风：《文化研究：西方与中国》，北京师范大学出版社 2002 年版。

[88] 孔令顺：《中国电视的文化责任》，中国传媒大学出版社 2010 年版。

[89] 曾志华：《中国电视节目主持人文化影响力研究》，北京大学出版社 2009 年版。

[90] 陈卫星：《传播的观念》，人民出版社 2004 年版。

[91] 巴拉兹：《电影美学》，中国电影出版社 1979 年版。

[92] 彭吉象：《影视美学》，北京大学出版社 2002 年版。

[93] 王迪、王志敏：《中国电影与意境》，中国电影出版社 2000 年版。

[94] 朱立元：《当代西方文艺理论》，华东师范大学出版社 2005

年版。

[95] 李显杰:《电影叙事学:理论和实例》,中国电影出版社 2005
年版。

[96] 傅谨:《薪火相传:非物质文化遗产保护的理论与实践》,中
国社会科学出版社 2008 年版。

[97] 蔡琰:《电视剧:戏剧传播的叙事理论》,三民书局 2000 年版。

[98] 徐舫州、徐帆:《电视节目类型学》,浙江大学出版社 2006
年版。

[99] 袁同楠、杨明品、李岚:《中国广播电影电视发展报告 (2015)》,
社会科学文献出版社 2015 年版。

[100] 杨明品、李岚:《中国广播电影电视发展报告 (2014)》,社
会科学文献出版社 2014 年版。

[101] 庞井君、杨明品、李岚:《中国广播电影电视发展报告 (2013)》,
社会科学文献出版社 2013 年版。

[102] 李岚、杨明品:《中国广播电影电视发展报告 (2012)》,社
会科学文献出版社 2012 年版。

[103] 庞井君、杨明品、李岚:《中国广播电影电视发展报告 (2011)》,
社会科学文献出版社 2011 年版。

[104] [美] 斯图亚特·霍尔:《表征:文化表象与意指实践》,徐
亮等译,商务印书馆 2003 年版。

[105] [英] 斯图亚特·霍尔保罗·杜盖伊编著:《文化身份问题研
究》,庞璃译,河南大学出版社 2010 年版。

[106] [美] 凯尔纳:《媒介文化》,丁宁译,商务印书馆 2004 年版。

[107] [美] 费雷德里克·詹姆逊:《后现代主义与文化理论》,唐
小兵译,陕西师范大学出版社 1986 年版。

[108] [美] 费雷德里克·詹姆逊:《文化转向》,胡亚敏译,中国

社会科学出版社 2002 年版。

［109］［法］鲍德里亚：《消费社会》，刘成富、全志钢译，南京大学出版社 2000 年版。

［110］［英］约翰·汤姆林森：《全球化与文化认同》，郭英剑译，南京大学出版社 2002 年版。

［111］［美］萨义德：《文化与帝国主义》，李琨译，生活·读书·新知三联书店 2003 年版。

［112］［美］萨义德：《东方学》，王宇根译，生活·读书·新知三联书店 1999 年版。

［113］［美］尼迪克特·安德森：《想象的共同体——民族主义的起源与散布》，吴叡人译，上海人民出版社 2005 年版。

［114］［美］苏珊·朗格：《情感与形式》，刘大基、傅志强译，中国社会科学院出版社 1986 年版。

［115］［英］丹尼·卡瓦拉罗：《文化理论关键词》，张卫东等译，江苏人民出版社 2006 年版。

［116］［美］戴安娜·克兰：《文化生产媒体与都市艺术》，赵国新译，译林出版社 2001 年版。

［117］［美］约翰·费斯克：《电视文化》，祁阿红、张鲲译，商务印书馆 2010 年版。

［118］［美］约翰·费斯克：《理解大众文化》，王晓珏、宋伟杰译，中央编译出版社 2001 年版。

［119］［英］菲利普·史密斯：《文化理论——导论》，张鲲译，生活·读书·新知三联书店 2008 年版。

［120］［英］约翰·斯道雷：《文化理论与大众文化导论》，常江译，北京大学出版社 2010 年版。

［121］［英］尼克·史蒂文森：《认识媒介文化社会理论与大众传播》，

王文斌译，商务印书馆 2013 年版。

[122]［美］尼尔·波兹曼：《娱乐至死》，章艳译，中信出版社 2015 年版。

[123]［美］尼尔·波兹曼：《童年的消逝》，吴燕莛译，中信出版社 2015 年版。

[124]［美］尼尔·波斯曼：《技术垄断：文化向技术投降》，何道宽译，北京大学出版社 2007 年版。

[125]［德］霍克海默、阿多诺：《启蒙辩证法》，洪佩郁译，重庆出版社 1993 年版。

[126]［英］阿雷恩·鲍尔德温：《文化研究导论》，陶东风等译，高等教育出版社 2004 年版。

[127]［美］隆·莱博：《思考电视》，葛忠明译，中华书局 2005 年版。

[128]［美］罗伯特·艾伦：《重组话语频道——电视与当代批评理论》，牟岭译，北京大学出版社 2008 年版。

[129]［美］塞缪尔·亨廷顿：《第三波：20 世纪后期民主化浪潮》，刘军宁等译，上海三联书店 1998 年版。

[130]［美］塞缪尔·亨廷顿：《文明的冲突与世界秩序的重建》，周琪等译，新华出版社 1998 年版。

[131]［美］詹姆斯·凯瑞：《作为文化的传播》，丁未译，华夏出版社 2005 年版。

[132]［德］菲迪南·腾尼斯：《共同体与社会》，林容远译，商务印书馆 1999 年版。

[133]［英］齐格蒙特·鲍曼：《共同体》，欧阳景根译，江苏人民出版社 2003 年版。

[134]［英］安东尼·吉登斯：《现代性与自我认同：现代晚期的自我与社会》，赵旭东等译，生活·读书·新知三联书店 1998

年版。

[135] ［法］古斯塔夫·勒庞：《乌合之众：大众心理研究》，戴光年译，新世界出版社 2010 年版。

[136] ［英］迈克·费瑟斯通：《消解文化——全球化、后现代主义与认同》，杨渝东译，北京大学出版社 2009 年版。

[137] ［美］乔纳森·弗里德曼：《文化认同与全球性过程》，郭建如译，商务印书馆 2003 年版。

[138] ［法］皮埃尔·布尔迪厄：《关于电视》，许钧译，南京大学出版社 2011 年版。

[139] ［英］戴维·莫利凯文·罗宾斯：《认同的空间——全球媒介、电视世界景观与文化边界》，司艳译，南京大学出版社 2003 年版。

[140] ［法］巴赞：《电影是什么》，崔君衍译，文化艺术出版社 2010 年版。

[141] ［加］马歇尔·麦克卢汉：《理解媒介——论人的延伸》，何道宽译，译林出版社 2011 年版。

[142] ［美］约瑟夫·奈：《软实力》，马娟娟译，中信出版社 2013 年版。

[143] ［美］威尔伯·施拉姆：《传播学概论》，何道宽译，中国人民大学出版社 2010 年版。

[144] ［英］阿兰·斯威伍德：《大众文化的神话》，冯建三译，生活·读书·新知三联书店 2003 年版。

[145] ［美］沃纳·赛佛林、小詹姆斯·坦卡德：《传播理论：起源、方法与应用》，郭镇之等译，华夏出版社 2000 年版。

[146] ［美］马克·波斯特：《第二媒介时代》，范静哗译，南京大学出版社 2001 年版。

［147］［英］乔治·拉伦：《意识形态与文化身份：现代性和第三世界的在场》，戴从容译，上海教育出版社 2005 年版。

［148］［苏］斯托洛维奇：《审美价值的本质》，凌继尧译，中国社会科学出版社 1984 年版。

［149］中共中央宣传部：《习近平总书记在文艺座谈会上的重要讲话学习读本》，学习出版社 2015 年版。

［150］潘知常、林玮：《大众传媒与大众文化》，上海人民出版社 2002 年版。

［151］周振甫：《文心雕龙》，人民文学出版社 1981 年版。

［152］［瑞士］荣格：《心理学与文学》，冯川、苏克译，译林出版社 2014 年版。

## 二 学位论文

［1］陈妍如：《中国电视剧中的中华美学精神建构研究》，博士学位论文，中国艺术研究院，2015 年。

［2］刘婷：《中国电视文化身份的 21 世纪转向》，博士学位论文，吉林大学，2015 年。

［3］高晓芳：《物质文化遗产的电视传播研究》，博士学位论文，吉林大学，2012 年。

［4］王玉坤：《戏曲电视节目研究》，博士学位论文，山西师范大学，2014 年。

［5］蒙象飞：《中国国家形象建构中文化符号的运用与传播》，博士学位论文，上海外国语大学，2014 年。

［6］陈红梅：《电视场对学术场的介越研究》，博士学位论文，华东科技大学，2012 年。

［7］张斌：《现代性视域里的中国家族电视剧研究》，博士学位论

文，中国传媒大学，2008 年。

［8］华昊：《社会转型时期电视剧中的女性意识嬗变》，博士学位论文，苏州大学，2012 年。

［9］夏宁博：《非物质文化遗产的传承途径探究》，硕士学位论文，云南艺术学院，2011 年。

［10］游丽英：《电视传媒"泛娱乐化"现象的社会学探究》，硕士学位论文，福建师范大学，2013 年。

［11］罗艳：《"文化讲坛"类电视节目研究——以〈百家讲坛〉为例》，硕士学位论文，湖南师范大学，2009 年。

［12］魏新春：《论全球化语境中的文化身份与民族文化》，硕士学位论文，广西师范大学，2003 年。

［13］胡辉：《在主流、大众和精英之间——转型期中国电视文化状况研究》，硕士学位论文，南京师范大学，2004 年。

［14］陈欢：《20 世纪 90 年代以来家庭伦理电视剧的流变及其特征》，硕士学位论文，湖南科技大学，2010 年。

## 三　期刊论文

［1］张爱凤：《2013—2014 国内原创电视文化节目建构的多元认同》，《现代传播》2014 年第 8 期。

［2］王莹：《身份认同与身份建构研究评析》，《河南师范大学学报》（哲学社会科学版）2008 年第 1 期。

［3］王宁：《文学研究中的文化身份问题》，《上海文学》1999 年第 4 期。

［4］石义彬：《大众传媒在文化身份再现和建构中的角色探究》，《武汉大学学报》（人文社会科学版）2011 年第 1 期。

［5］朱大可：《走出中国电影的文化瓶颈》，《电影文学》2014 年第

5 期。

［6］谭宏：《关于非物质文化遗产传播的思考——基于"拉斯韦尔5W 模型"的分析》，《新闻爱好者》2009 年第 6 期。

［7］徐立军、王京：《2012 年全国电视观众抽样调查分析报告》，《电视研究》2013 年第 2 期。

［8］邵培仁：《媒体的当下使命及社会责任》，《中国广播电视学刊》2006 年第 6 期。

［9］黄会林：《中国影视美学建设刍议》（下），《当代电视》1998年第 8 期。

［10］杨状振：《1978—2008：中国电视产业化经营三十年机制流变研究》，《郑州大学学报》（哲学社会科学版）2009 年第 3 期。

［11］齐勇锋：《解读关于深化文化体制改革的若干意见》，《出版参考》2004 年第 4 期。

［12］陆岩：《当代社会主义主流文化的内涵特征及发展对策》，《思想政治教育研究》2009 年第 10 期。

［13］胡智锋、王锟：《文化真人秀节目热播的"问"与"思"》，《电视研究》2014 年第 5 期。

［14］李建臣：《创新是根本　融合是关键——〈中华百家姓〉热播探因》，《传媒》2015 年第 12 期（下）。

［15］海震：《我们到底有多少"剧种"——对戏曲工具书中有关数据的分析》，《戏曲艺术》2014 年第 5 期。

［16］尹鸿：《冲突与共谋——论中国电视剧的文化策略》，《文艺研究》2001 年第 6 期。

［17］尹鸿、马向阳：《话语·身份·景观：从 2009 年谍战剧热看类型电视剧的生产、消费和意义生成机制》，《电视研究》2010年第 1 期。

［18］陈阳：《全球化时代电影民族文化符号的审美转换》，《人文杂志》2006 年第 2 期。

［19］张新英：《新英雄传奇的回归和传统叙事模式的魅力——评军旅题材电视剧创作的新倾向》，《声屏世界》2007 年第 2 期。

［20］南华：《从〈潜伏〉看谍战剧的热播与发展》，《当代电影》2009 年第 10 期。

［21］李迎丰：《军人意重战友情深——析电视剧〈士兵突击〉的审美意蕴》，《解放军艺术学院学报》2008 年第 1 期。

［22］陈菁菁：《从〈奋斗〉看国产青春偶像剧的创新思路》，《中国电视》2008 年第 1 期。

［23］闫玉：《中国传统婚姻伦理的现代演变》，《长春师范学院学报》（人文社会科学版）2009 年第 7 期。

［24］高鑫、姚皓韵：《亲情写真——关于电视剧〈大哥〉的几点感想》，《当代电视》2002 年第 8 期。

［25］韦晓娟：《“人伦和谐”的重构——近年来中国家庭伦理剧的艺术趋向探析》，《电影文学》2008 年第 2 期。

［26］王勇、李杨、李琰：《抗日题材电视剧扎堆生产的弊端及解决对策》，《民族艺术研究》2014 年第 3 期。

［27］张黎呐：《〈甄嬛传〉的“伪女性”叙事及宫斗剧的价值观异化》，《创作与评论》2014 年第 1 期。

［28］孙鹤齐：《山水情——试论中央电视台中秋晚会中的古典意境》，《大众文艺》2015 年第 10 期。

［29］胡智锋、周建新：《中国影视行业如何形成世界级竞争力》，《新华文摘》2016 年第 4 期。

［30］邱戈：《媒介身份研究的基本理论框架》，《浙江大学学报》（人文社会科学版）2007 年第 5 期。

［31］田凡、何圆：《浅析中国电视文化的电视传播》，《宝鸡文理学院学报》2014 年第 8 期。

［32］薛叶、周丽：《电视节目版权引进的隐性文化霸权主义》，《新疆职业大学学报》2014 年第 2 期。

［33］王一帆：《于正宫廷剧热播探析——以电视剧〈宫锁心玉〉为例》，《西部广播电视》2015 年第 6 期。

［34］前亦蕉、王倩：《〈蜗居〉：从房奴到小三》，《新闻天地》2010 年第 2 期。

［35］李佩菊：《消费时代对男权话语的欲拒还迎——论电视剧〈蜗居〉中女性意识表达》，《中国电视》2010 年第 8 期。